財閥の時代

武田晴人

角川文庫
22106

はしがき

この本は、近代日本における財閥の歴史について、一五回にわたる講義形式でお話しするもので、前著『日本経済の事件簿——開国から石油危機まで』の姉妹篇にあたります。『事件簿』が主として経済のマクロ的な視点からのアプローチが中心であったのに対して、『財閥の時代』と題されているこの本は、財閥というミクロの視点が中心になります。その意味では、この二つの本は相い補うところの多い、性格の異なる姉妹ということになります。

この本で私がお話ししたいと考えていることは、近代日本において、経済発展を担う主体として、また日本的な企業類型の主要なルーツとして、中心的な位置を占めてきた財閥が、どのようなプロセスで誕生し、日本経済の発展とともにどのように成長していったのかということです。第二次世界大戦後の財閥解体まで、政商としての誕生からの八〇年あまり、財閥は時代の変化とともにそのあり方をどんどんと変容させながら、常に日本の企業を代表する存在でした。本書が『財閥の時代』というタイトルをつけているのは、そうした意味からです。

ただ、あらかじめお断りしておくと、財閥の歴史のすべてが、ここで語りつくされているわけではありません。その意味では通史とは違っています。とりあげている問題は、その時代ごとの財閥の特徴を表現するようなテーマに限っていますし、それを通して、財閥がいかに特異な企業のシステムであったかを、同族という特殊な株主や持株会社の役割などに関心を払いながらまとめたものです。

今どき戦前の財閥の話にどんな意味があるのかと考える人も多いと思いますが、株主との利害調整、持株会社の機能、経営者の役割などさまざまな点で、現代企業が直面する問題群に示唆を与えることがたくさんあります。もちろん、そうした歴史のなかから直ちに適切な解答が得られるわけではありませんが、「企業」とは何かを考えるうえで恰好(かっこう)の素材にもなると思います。どのようなかたちでみなさんが受け取って下さるかわかりませんが、歴史を素材としているこの本が、なにかを考える手がかりになれば、歴史の語り手としてこれ以上の喜びはありません。

目　次

第一章　幕末維新の危機　富豪たちの明治維新

はじめに

この本では、財閥と称された三井、三菱、住友などの大企業グループが、戦前の日本経済の中心的な担い手であったという事実に着目して、財閥の歴史的な発展を追いかけ、そこから日本経済の発展の特徴や日本企業の歴史的な特質を考えてみたいと思います。

1　財閥の位置

まず、日本経済のなかで財閥がどのくらい大きなウエイトを占めていたかを問題にします。くわしいデータは第六章の表6－4にまとめてありますが、一八九六年から一九二九年までの四つの時点について比べると、一九一四～二九年には企業の総資産ランキングで上位一〇〇社の合計総資産額に対して、三大財閥に属する企業の占める比率は一貫して三〇％前後で変わりません。つまりトップ一〇〇社の三割を三井・三菱・住友の三財閥で占めていました。

私は三つの同族が日本のトップ一〇〇社の総資産額の三割前後を占める企業を支配しているのは注目すべきことだと思います。もちろん財閥系以外の企業を無視してよいわけではありません。たとえば、日本の産業革命の中心になる綿糸紡績業は、ほとんど財閥と関係がなかった産業の一つです。有力な紡績会社では、鐘淵紡績の株の一部を三井が持っていましたが、多くの紡績会社は財閥系ではありません。それからもう一つ、電力会社も第一次世界大戦後には企業ランクの上位に出てきますが、このグループも財閥系の影響力は小さいと言われます。

日本の企業史とか経済発展を議論するときには、そういう非財閥系の企業類型も視野に入れないと不十分ですが、対象を絞らないと話が複雑になるので、この本では財閥に焦点を合わせています。

もう一つ、日本の企業という観点から考えても財閥に注目する意味があります。第二次世界大戦後の日本型企業論・日本的経営論は、日本の企業は株主の権限が非常に弱いことを強調しています。また、日本企業の多くの社長、重役は、天下りを除けば従業員の中から昇進して選ばれていました。日本のトップ・マネージメントは従業員の代表者という性格をもっている一方で、株主の権限が弱いといわれていました。一九九〇年代以降は、すこし風向きが変わりますが、それまでは経営者は、株主の代表でも代理人でもなく、独自の立場で会社をコントロールしていると考えられていました。けれども、それでは日本の企業では昔から株主の権限が弱かったかというと、そんなことはありません。

もし、株主＝「出資している者」の権限が弱ければ財閥系列としてまとめることはできないはずです。同族が出資している企業群がまとまるためには、出資者が何らかの形でその企業をまとめる力をもっていたと考えなければなりません。日本の企業の歴史を財閥を中心に振り返ってみると、そこには株主の力が比較的強いはずの企業の姿が浮かびあがってきます。もし戦後の日本について言われてきた特質が正しいとすればどこかに転換があるはずです。その転換を探るために財閥の歴史的分析は意味があると考えます。

そういう視点で、財閥の家族・同族がどういう力をもっていたのか、あるいは持株会社を頂点とするピラミッド型の財閥組織が、どういう機能を果たしたのかを明らかにしていくことになります。おおよそそんな関心から、この本はスタートします。

2　財閥とは何か

さて、さきほどから財閥という言葉を頻繁に使っていますが、「財閥とは何か」と問われると、答えに詰まります。私は、あまり意味のある問いではないと思っていますが、「財閥とは何か」という議論は、財閥を対象とするときには必ず通らなければならない関所のようなもので、日本の経営史研究の分野ではたいへん重要な論争点の一つです。

財閥を定義するのは、本来、分析の対象をはっきりさせるためなのですが、それだけではありません。それは、もともと財閥という言葉がたいへんあいまいな言葉だからです。この言葉は、ジャーナリズムなどで「大金持ち」を総称して使っていたものを経営史や経済史という学問分野でも使うようになったものです。日常的に使われている言葉ですから、みなさんでも、研究者でもそれぞれ財閥とはこんなものだろうというイメージをあらかじめもっています。しかもそれがみんな少しずつ違います。だから議論がすれ違ったり、水かけ論になってしまうことがあるのです。

財閥という言葉がいつごろから使われはじめたかは、あまりはっきりしていないのですが、明治の終わりくらいに政商とか財閥という言葉を、山路愛山が『現代金権史』という本で使いはじめたと言われてきました。ただし、この点について下谷政弘さんが、山路愛山は「財閥」という言葉を使っていないと指摘しています（下谷政弘「いわゆる「財閥」考」）。おそらく、財閥という言葉がジャーナリズムに定着したのは昭和の初めです。高橋亀吉という経済研究者たちが、この時代の日本経済を議論するために財閥に関する調査研究をまとめています。後でお話ししますが、それが恐慌の時代の財閥批判などにつながり、財閥という言葉が日本の社会に定着していくきっかけになりました。

もともとは、富豪とか金持ちという意味です。政商という言葉も似たようなものですが、言葉の意味に即してみれば、時間を超えた普遍的な内容をもっています。この本では、そういう言葉をある特定の時代の企業の特徴を表すために使うことになります。言葉の由来はあいまいなので、議論を明快にするために、定義を試みたりしているのです。

たとえば財閥史の研究では第一人者である森川英正（もりかわひでまさ）さんは、「富豪の家族・同族の封鎖的な所有・支配下に成り立つ多角的事業経営体」と定義しています（森川英正『財閥の経営史的研究』）。これは財閥の定義として、「封鎖的所有支配」と「多角的事業経営体」という二つの要素をとりあげていることが特徴です。封鎖的所有支配とは、企業の出資者のグループが一つの同族や家族に限られている、出資が一〇〇％特定のグループによって担われ封鎖されていることを意味します。最初は誰も出資してくれない企業が多いでしょうから、一〇〇％自分で出したというのはよくあることですが、企業がどんどん大きくなっても他人からの出資を受けないで企業を経営していくという特徴をもっている企業群が財閥だということです。

たとえば三井物産という会社を例にとると、明治の初めに設立されてから一九四二年に発行株式の四分の一を公開に踏み切るまで、三井の同族会とか三井合名が、資本金がわずか十数万円の時代から二億円という巨額になるまで全額出資を続け、他からの出資がありません。他者の出資がないということは、他者が口を出せないということであり、他者に利益を分配する必要もない。そういう特徴があります。それが「封鎖的所有」で、そうした形で子会社を支配しているのが財閥です。

もう一つの要素は「多角的事業経営体」です。これは、出資している企業がいくつもの産業にわたって存在することです。ある人が銀行を一〇〇％出資（封鎖的所有）で経営していても、銀行しか経営していなければそれは財閥とは呼びません。財閥と捉（とら）えられるためには、積極的に事業を多分野に拡張していることが条件と考えられています。三井の例でいえば三井物産、三井鉱山、三井銀行といろいろな事業を展開しています。三菱の場合も、最初は海運、その後は造船、鉱山、それから商社、銀行と複数の事業部門をもち、それらを封鎖的に所有支配しています。

この森川さんの考え方は経営史研究者にはかなり広く受け入れられている定義で、財閥の重要な特徴を捉えています。それとは異なる意見としては、安岡重明（やすおかしげあき）さんが一九九〇年に出版した著作にある定義が有力なものです。安岡さんは、「財閥とは、家族または同族によって出資された親会社（持株会社）が中核となり、親会社が支配している諸企業（子会社）に多種の産業を経営させている企業集団であって、大規模な子会社はそれぞれの産業部門において寡占的な地位を占める」と定義しています（安岡重明『財閥の経営史』)。同様の趣旨のものに、石井寛治(いしいかんじ)さんの「同族支配下にある独占的地位を持つ多角的事業経営」という定義があり(石井寛治『日本の産業化と財閥』)、私も同じような立場です。どこが違うかというと、同族支配下にあることは共通の要素ですが、封鎖的という点はあまり強調しません。その点では森川さんよりゆるやかな規定です。それに加えて、「多角的事業経営体」に限定を付けるために、寡占的とか独占的という要素が入ります。この独占的という限定を入れるかどうかが一番大きな論争点になっています。もっとも、安岡さんは、その後、森川さんからの批判を受け入れて「寡占的」という要件を定義からはずしました。

なぜ、私は、森川さんの定義とは異なる意見を支持しているかというと、森川さんの定義ではいろいろな規模の企業群があてはまり、対象が広くなりすぎるからです。

三井、三菱、住友などの大財閥がこの基準に合格しているのは当然のこととして、問題は小さいもので、小さいほど封鎖的所有という条件を満たすものはたくさんあります。そのなかで、多角化が問題になりますが、たとえば、地主で米商人で高利貸しというのは財閥か、大きな問屋さんで銀行を経営し、工業や鉱山にも手を出しているのはどうかと考えていくと、「財閥」という概念で捉える対象が際限なく広がりうるのです。そんな規模や性格が違うものがすべて対象に入ってくる可能性があるのでは、研究対象を明確化するための定義としては使いにくいと考えています。

ただし、一生懸命に読んでいる読者には悪いのですが、最初に言いましたように、この論争自体はどちらかに軍配があがるというものでもありませんし、あまり意味のあるものではないと私は思っています。なぜかというと、論争の当事者たちの問題関心が違うからです。森川さんは、日本の企業の特徴の一つを同族の封鎖的所有と考えていますから、大きいところだけを対象にせずに、地方にも見いだされる三大財閥に似た類型の企業群まで対象を広げたいと考えています。「多数の富豪が財閥という共通の形態をとりつつ進化を遂げた事情」を重視し広く対象を選ぶわけです（森川英正『日本財閥史』）。ただ先ほど言ったように、規模が小さくなればなるほど封鎖的所有は満たしやすい要件になりますから、定義の外見とは異なって、財閥か財閥ではないかを分けるキーポイントは、森川さんの定義では多角化に重点があります。

それに対して私は、財閥が日本経済にどういう役割を果たしたかに関心があります。だから独占的な地位を問題にする方が、研究課題は明確にしやすいし、小さいものまで入れると論点が多岐にわたりかえって混乱すると考えます。そのためには対象を絞る方がよいと考えます。つまり、分析の目的の違いを認めればあまり論争にならないのですが、学者というのは「こだわり」の人間たちのようです。この論争については、一九九六年に橘川武郎（きっかわたけお）さんが『日本の企業集団』という書物のなかでわかりやすくていねいな説明をしていますから、参考にしてください。

さて、この本では話があまり広がらないようにするために、いいかげんに聞こえるでしょうが、紛れのない定義として、三井・三菱・住友の三つを財閥として、これに絞って日本財閥史を議論します。定義するのは分析の対象をはっきりさせるためですから、これで十分だと思います。帰納的にいいますと、この考え方からは、安岡さんの一九九〇年の定義の方が適切になります。少なくとも、どういう定義でも、三井、三菱、住友が財閥ではないという人はいませんから、重要なところを見落としてはいないはずです。ただし、議論の進行に必要な範囲で、安田、浅野、古河などについてもふれることになります。

何か変なことにこだわっているみたいですが、以前に森川英正さんに「やっぱり独占的地位を加えた定義の方がよいのではないか」と質問したところ、先生は「そう定義すると、小さいものが入らないし、明治時代には独占なんてないから、明治時代の財閥が対象にできない。だから定義としてはまずいんだ」と言われました。私は「たとえばカエルとは何かを説明するときに、その特徴づけがオタマジャクシを説明できないから定義として使えないと言えるだろうか」と思います。つまり企業のあり方は歴史的に変化し、進化するわけですから、カエルというのはこういうものですと説明したときに、ある時代に固有のものになることはありうる。独占的というのは、カエルについて足が四本ある生き物と定義に加えたようなものかもしれませんが、森川さんは「その定義ではオタマジャクシが含まれないからだめだ」と言っているのです。けれども「歴史的な概念だからどの時期を問題にするかという差を認めれば、それは反論にならない」というのが私の意見です。そういう種類の議論です。

3　幕末維新の危機

ところで、われわれが普通に財閥という言葉を使うときにはいろいろな企業家や企業の名前が出てきますが、それらを系譜から分けると大きくいって二つのタイプがあります。一つは明治の動乱期に成り上がったタイプで、この典型が三菱の岩崎弥太郎、安田善次郎、浅野総一郎、大倉喜八郎、古河市兵衛というような、新興勢力の商人たちです。それに対して、もう一つのタイプは、江戸時代から比較的豊かな資力をもっていたと考えられる一群の商人たちが、明治維新以降に財閥になったものです。その代表例が三井、住友です。財閥へと成長していくプロセスからみると、この二つには違いがあります。

まず、本章では、江戸時代からの長い歴史をもっているタイプをとりあげます。

彼らは江戸時代からの豊富な資産があったから財閥になれたのでしょうか。実は三井や住友も、幕末維新期にかなり深刻な経営危機にみまわれたことがわかっています。それを克服したあとに財閥への道が切り拓かれました。江戸時代に富豪といわれる人たちはたくさんいました。三井や住友だけでなくて、たとえば大阪の鴻池や維新政府の台所を預かることになる小野組とか島田組のような豪商たちです。そのなかで三井や住友はとくに抜きんでた力をもっていたわけではありません。鴻池のほうが住友より大きく、鴻池は明治の終わりまで大阪財界のトップ・ランクに位置していました。ただ、財閥といえるような経営の多角化をせず、結局は主業であった鴻池銀行を山口銀行、三十四銀行と合併させて一九三三年に三和銀行を作るだけです。

　スタートラインは鴻池の方が優勢だったのに、その後の実績では住友に引き離されます。それでも鴻池は残ったのでまだましな方で、完全につぶれてしまったものがたくさんあります。そこで、幕末から維新をどう乗り切ったか、彼らの明暗を分けたのは何かをまず最初にお話しします。

　山場は、幕末維新の動乱期と、維新後の征台の役のころとの二つがあります。幕末の危機とは、大規模な政変に伴うものです。維新の動乱をくぐり抜けて維新後にも生き残ったものには、討幕派に味方するものが多いといわれていますが、たとえば映画などでおなじみの新選組の揃いのいでたちは鴻池から金を借りて作ったと言われているように、鴻池は幕府にかなり肩入れしていました（石井寛治『大系日本の歴史12』）。この鴻池のようにはじめは幕府側が多かったようです。

　こうした商人たちのなかで、一八六七〜八（慶応三〜四）年のころ、つまり倒幕の最終局面には倒幕派に乗り換えるものもでてきます。もちろんこの時でも、態度のあいまいなものが多く、はっきりと態度が変わるわけでもありません。多くの大商人たちは諸大名にかなりの貸付（「大名貸し」）をしていたからです。江戸時代の後半になると、各藩は財政が火の車となったために、御用金と称して大商人たちから多額の金を借りていました。その金額が雪だるま式に増えていたので、その関係で旗幟を鮮明にできないという事情もありました。鴻池などはその典型例かもしれません。

三井にもいろいろな事情があったようですが、一八六八年一月の鳥羽・伏見の戦いのころには討幕派援助に傾いています。討幕派が最初にあてにしたのは、三井ではなくて小野組でしたが、小野組の番頭西村勘六が三井と島田を引き込んで、この三つが討幕派の援助にまわり、その功績もあって新政府の台所を預かることになります。

そのころの三井の事業の柱の一つは現在の百貨店・三越につながる呉服店で、これは幕末の混乱のなかで大きな赤字をかかえていました。もう一つの主力事業であった両替商も大名貸しのためにほとんど資金が固定してしまう状態でした。一八三七（天保八）年から六八（明治元）年までの三二年間に、三井組では合計一四回も経営再建のための倹約令が出されたといわれています（安岡『財閥の経営史』）。そのため、たとえば、一八六四（元治元）年、維新の四年前に、幕府から二六六万両という巨額の御用金上納を命じられて困ったことになりました。そのころ三井家大元方の総資産は一〇〇万両を割るほどでしたから、無理難題をふっかけられたわけです。もっとも、その背景には、三井組の「江戸呉服店が外国為替奉行所為替御用に関連して、関税収入約一二万両を焦げつかせてしまった不始末」があり、その弱みに幕府がつけこんだという事情がありました（森川『日本財閥史』）。その時に活躍したのが三野村利左衛門です。

三野村はこの時まだ三井の奉公人ではありませんが、幕府の有力者だった小栗上野介に顔が利くというので仲介役に登用されます。彼を介して幕府に対して、焦げつかせた金額に見合う一〇万両を出資したかたちにして、これを基金に貸金業（商品担保の市中貸出）を始めることとし、御用金の大部分は免除されました。

三野村利左衛門
（三井文庫所蔵）

以上のことから三井の経営状態がかなり悪化していたことがわかります。他の商人たちも同様に問題をかかえていました。戊辰戦争という内戦のなかで、かなり多くの大商人たちが、大名貸しなどのために資産状態を悪化させ経営危機に追い込まれていました。三井は三野村らの才覚で乗りきりましたが、失敗したらここで終わっていたでしょう。幕末維新の激動は、ちょっと舵取りを間違えれば江戸時代の大豪商といえども、存立の危機に直面させるものでした。

少し状況は違いますが、住友にも維新の動乱のなかで事業の主柱を失いかねない危機が訪れます。住友は、大坂での金融業とともに、別子銅山の開発と、その産出銅の製錬が主業でした。銅山は、戦略的に重要な資源ですから、一八六八年一月にはまず薩摩藩が大坂にあった銅の製錬所を差し押さえ、その直後には、土佐藩が別子銅山を押さえました。つまり、住友は明治維新の年に主要な事業資産を討幕派に差し押さえられてしまったのです。討幕派は銅山を接収して新政府の財政を賄おうという意図がありますから、住友は主業の一つを失う危険がありました。

その後の経過については、当時住友の番頭をしていた広瀬宰平が、別子の接収にやってきた土佐の川田小一郎（のちに日銀総裁になる人物）と語らって政府を説得し、その結果、別子の事業を住友が継続することの了解をとりつけたと言われています。

しかし、住友史料館の末岡照啓さんが、川田は別子銅山にやってきた時には、接収の責任者ではないので広瀬と談合ができたはずはないと指摘しています（末岡照啓「明治維新期の住友」）。川田と住友の番頭広瀬が一晩酒を飲みながら語り明かして意気投合し、政府を説得したという話の方がはるかにおもしろいのですが、実際は少し違うようです。ともかく住友は事業資産没収という最悪の事態をまぬがれました。

4　第二の危機

さて、こうして住友が難をのがれているなかで、新政府では三井、小野、島田が、会計事務局為替方を預かることになります。そのなかで、いちばん大きな勢力をもっていたのは小野組です。小野組が東北を中心に二六県の為替方を単独でおさえています。また築地にできた製糸工場も経営しています。尾去沢などの東北の有力な鉱山の近代的な開発を最初に手がけたのも小野組です。島田がもっとも勢力が弱く、三井は二番目という序列だったようです。

為替方は国庫に入るお金の出納や移送を行うのが役目ですが、この業務によって政府に納められる金が一時的に自分の手元に入ります。江戸時代から彼らがもっていた為替取引などのしくみで資金を動かすことになりますが、政府が実際に支出するまでの間は資金が滞留します。この滞留期間は、預かっている側には無利子・無担保の資金があるのと同じです。こういう官公預金と呼ばれる資金を、小野組は鉱山開発などに流用する、あるいは生糸の投機などに流用して利益を図っていました。政府の方は、はじめ、一府県あたり一万円の証拠金を出させただけで流用を放任していました。しかし、放漫な取扱いに警戒感をもった政府は、一八七三（明治六）年に取扱予定額の四分の一の担保を差し出すように決定します。それでもまだ規制はゆるやかな方でした。

ところが、一八七四年に状況が変わりました。これが第二の危機です。当時、征韓論の直後の政府は、台湾出兵とその後始末を巡って清国との開戦の危機に直面していました。そこで軍事費調達のため、それまで四分の一であった官公預金の抵当を、七四年二月に三分の一に引き上げたあと、一〇月二二日には一二月一五日までに抵当を官公預金の全額に相当する額まで増額する命令を出します。期限まで抵当を揃えるか、揃えられない部分については預金を返さなければならないのです。公債を抵当として出すためにはそれを買う必要がありますから、まず資金を回収しなければなりません。政商たちは政府預金を流用して貸していた金を回収するか、あるいは他から資金を借りて、抵当を揃えたり政府預金を返済するように迫られたのです。しかもそれをわずか二ヵ月足らずで実施せよという緊急事態になりました。

この抵当増額令に対して、小野組、島田組はまったく対応できませんでした。つまり、抵当の増額もできないし、不足する抵当相当額の官公預金も返せないために、破産に追い込まれました。三井だけは何とか生き残りましたが、その理由の一つは、当時明治政府の財政を握っていた井上馨（いのうえかおる）と三井の番頭・三野村が親しく、このルートであらかじめ情報を知っていた形跡があり、ある程度の準備があったというのです。

しかし、あらかじめ知っていたとしても、そんなに急に抵当を三倍に増やすという準備ができるものではありません。その点について、島田組や小野組の放漫な貸付けに比べて、三井は堅実な貸付けをやっていたから回収がスムースだったと説明されることもありました。しかし、実証的な研究が進むにつれて、三井の経営も相当に放漫であったことがわかってきました。石井寛治さんの研究によると、三井も貸付けの回収もできず、抵当の増額もできなかったために、不足した資金を横浜（よこはま）にあったオリエンタル・バンクから借り入れたことが明らかにされています（石井寛治『大系日本の歴史12』）。

明治の初めの日本政府は経済的な利権が流出するのを防ぐため、外国資本が国内に入ってくるのを懸命に防ごうとしていました。それにもかかわらず、三井は外国銀行からお金を借りて、経営的な危機を乗りきったのです。三井とオリエンタル・バンクとの関係はそれ以前からのものでしたが、相手は返済できない場合を想定して巨額の抵当を要求しました。三井はその条件を受け入れて、オリエンタル・バンクから一〇〇万ドルを借りて急場をしのぎました。

しかし、二年後の一八七六（明治九）年に返済期限がきたときに、三井はこの借入金が返せませんでした。七五年六月の調査で三井組には不良貸が三五三万円余りあり、これを差し引くと三井組には巨額の負債しか残らないという内情でした。もし返せないと、三井組が抵当として差し出していた三井銀行株の半数をオリエンタル・バンクに譲渡しなければなりませんでした。

この難局の打開に三野村利左衛門がまた登場します。三野村は、西南(せいなん)戦争が始まるかもしれないという状況のために緊張している明治政府のなかで、その財政を預かっていた大隈重信(おおくましげのぶ)に頼み込みます。大隈は、三井の要請を受け入れて政府の資金で立て替え返済させることを認めました。具体的には、進退きわまった三野村は、大隈に交渉して、一八七六年の七月に設立されたばかりの三井物産が政府米の輸出を請け負い、その輸出代金を三井組がオリエンタル・バンクの借入金返済に流用できるようにしました。その結果、政府は輸出代金の流用額と同じ金額だけ、救済融資を出して三井の経営危機を救ったのです。

これが抵当増額令による経営危機を三井が乗りきることができた真相でした。島田と小野はあっさりつぶれたのに対して、三井は一時的に外国銀行から借り、それが返せないために、最後は政府に助けてもらいました。

この時の政府の決定には不可解なところがあります。なぜなら、抵当増額令によって、政府の台所を預かっている三つの大豪商たちが経営的な危機になることを予測できないわけがないからです。それにもかかわらずこのような政策を強行した理由は何だったのでしょうか。政府が小野組と島田組をつぶそうと考えていたわけではないと思います。とにかく政府の資金をすぐに使える状態にしておきたい、清国と開戦かという危機意識が先行して、やや極端にいえば、豪商の一つや二つつぶれたって仕方ないという雰囲気なのです。これについて安岡重明さんは、国立銀行の設立に動いていた政府は三井組を含めて三つともつぶれてもかまわないと考えていたのではないかと推測しています。私には、政府がそこまで踏み込んだ判断をしていたとは思えませんが、そういう指摘もあります。

この時代には民間の預金はほとんどありませんから、商人たちが銀行のような貸付業務を営むとすれば、その運用資金のほとんどが官公預金を原資とすることになります。それを急に回収せよという政府の命令が出されて、回収できないものが破産したというのが二つ目の危機の実態です。こういう強引なやり方は、この時代でしか考えられません。そんなことをすれば有力商人の経営の屋台骨が揺らぐことはわかっているのに強行したところに、新政府がもっていた危機意識と、民間の事業に対する「お上意識」のようなものが表れています。事業経営が政府のさじ加減ひとつで潰（つぶ）される、営業の権利（営業の自由）が奪われる時代でした。そういう時代には、大富豪たちといえどもその荒波に巻き込まれ、明日をも知れない非常にリスクの高い状況に身をおかなければならないのです。もちろん、リスクが高いところには同時にうま味もたくさんあったわけですが、そうしてふるいにかけられたなかからいくつかの富豪たちが再出発をとげていきます。

第二章　政商の誕生　政府が生むビジネス・チャンス

はじめに

経済発展のなかで果たす政府の役割は時代とともに変化します。現代であれば、企業経営に対する政府の恣意的な介入は排除されていますが、前章で見たように、明治の初めころの政府と豪商たちの関係では、資本主義経済制度の根幹となるような「営業の自由」が未確立でした。そうした政府と企業との関係の下で、経済活動に占める政府の役割が現代よりもはるかに大きい時代に活躍したのが政商と呼ばれた人たちです。

「政商」という言葉も「財閥」と同じように、ジャーナリズムで多用される言葉です。一番一般的に「政商」は、「政治に密着して甘い汁を吸う商人」と言われています。わかりやすい定義ですが、これはいつの時代にも使えそうな定義です。ですから、「政商」も時代を越えて使われることもありますが、経済発展の特定の段階と結びつけることのできる概念でもあります。なぜなら、ある特定の時代には、政治と密着した経済活動が非常に大きな位置を占めるからです。政商という財閥の起源になる企業家たちが本章での話題の中心ですが、明治の初めには政府が殖産興業とか富国強兵と呼ばれた政策によって、日本の経済社会全体を近代化し、中央集権国家を作るために積極的な役割を果たしていました。その時代に政商と呼ばれる人たちが続々と登場してきます。

政商には悪いイメージがありますから、本当はこういう価値判断を伴う言葉ではない方が学術用語としては適当だと思います。けれども、代案がみあたりませんので、あえて「政商」を使います。ただし、ここでは価値評価・判断は含みません。仮に政治に密着して甘い汁を吸う商人がいたとしても、甘い汁を吸う商人の方に問題があるのか、甘い汁を出す政府に問題があるのかを判断するのはむずかしいからです。そういう構造が、その時代の特質かもしれません。ここではそのあたりから考えてみようと思います。

1　なぜ政商が生まれるか

明治初めには、工業もほとんどなく、民間の経済活動はそれほど大きくありませんでした。基本的な経済のしくみは、農民から年貢・地租を取り、この税金を原資に政府が近代化のためのいろいろな施策をすることで民間経済にお金が流れてくるというものです。これが一番太い資金の流れです。この時代には人口の七割から八割は農村に住んでいて、農業生産に従事しています。国内生産の七割くらいが農業生産物、それに農村の織物などの手工業生産を入れると八割を超える農村中心の社会です。その農業生産物のかなりの部分を政府が地租として吸い上げていくシステムですから、物やお金の流れからいえば政府を経由するパイプが他の時代と比べものにならないくらい太いのです。

現在では、物の生産を担う多数の企業があって、それを中心にお金が流れます。企業収入の一部は賃金として支払われ、その賃金は消費にまわされて、また企業の売上げに入っていきます。こういう流れの方が、税金で納められ、政府を経由することになる部分よりはるかに大きくなりました。

ところが経済発展の初期には、政府が圧倒的な経済的影響力をもっています。そのため、政府のまわりに物やお金の大きな流れが生まれます。それは、ビジネスの側からみると、チャンスが政府のまわりにたくさんころがっていることを意味します。つまり、経済活動が政府を中心に行われているために、野心的な商人たちも、そこに手がかりを求めて何か仕事を得ようとする。そのために不正な金が動くかもしれませんが、それは別にして、政府のまわりにビジネス・チャンスが存在する経済システムなのです。

その典型例が、前章でお話しした官公預金です。これによって商人たちは金融業を始めるチャンスを得ました。高利貸しは自分の金を貸しますが、人のお金を預かり運用してその差益をとるのが、銀行のような近代的金融機関の特徴です。官公預金を預かった商人たちは、そういう近代的な金融機関に一歩近づいた存在です。ただ預け手は政府でした。

当時は預金できる人はあまりいません。ほとんどは年貢で苦しんでいる人たちですから、預金の余力はありませんし、都市にいる職人たちは「宵越しの金は持たない」という人たちで、銀行に用はないのです。

官公預金による貸付けは、税金（地租）として納められる資金をある期間だけ商人たちが預かることができたことに基盤があります。しかも、それは無利子でした。毎年必ず預かることになる金ですから、資金を集める方法としてはこれに勝るものはありません。一県でも二県でも政府の出納業務を請け負って納められる資金を一時的に預かることができれば、資金量も増え利益も上がるという仕掛けです。

これは一つの例ですが、そういう形でビジネス・チャンスが、政府のまわりに片寄って存在していました。開港場の貿易取引を別とすると、ビジネスに進出するなら、政府のまわりにあるチャンスをつかまえれば成功する可能性が高い時代でした。だからこの時代は、政商の時代なのです。それは、この時代がまだ「年貢の経済」とでも呼ぶべき封建的な経済社会の構造を脱却できていなかったことを表しています。

もう一つ重要なことがあります。ビジネス・チャンスは誰にでも手の届くところにありました。それなりのノウハウとある程度の資金を持っている人には可能性があったはずです。そういう人たちは、江戸時代からの商人や動乱期に小金を稼いだ人たちです。

しかし、もっと可能性をもっていた集団が横浜や神戸などに来ていました。それは外国人です。彼らはそういうビジネスをどう展開すればより効率的にできるかを、日本人よりはるかに知っていたはずです。新しいビジネスを求めて日本に上陸してきた外国人は、自分たちのもっているノウハウを生かして成功する可能性を持っている人たちでした。ところが、日本はそういう外国人の投資家たちを徹底的に排除する政策をとりました。

この点は、第二次世界大戦後の東南アジアなどの国々の経済政策と大きな違いがあります。一九六〇年代より後になると、民族資本の優先策が明確化しますが、それまでは経済開発を目的とする海外からの援助や投資に門戸を開いていました。その結果、それらの国では、政府のまわりに有力な政商たちとともに、彼らと共生しながら「甘い汁」を吸っている外国人の資本家たちも生まれ、政財癒着が問題となりました。

明治の日本はそういう可能性があった外国人を排除し、「甘い汁」に寄ってくる経済主体を国内の主体に限定しました。この限定によって、政商と呼ばれ、後に財閥に発展してくる日本人の企業家たちを育てました。

徹底した外国人排除政策は、高島炭鉱の例に示されています。幕末から明治維新期にかけて経営の実権がグラバー商会を中心とした外国人の手に渡りそうになった直前に、日本は鉱山に関する法令（鉱山心得書）を新しく制定し、国内鉱山については外国人が採掘権を得ることができないという方針を明確にします。これにより外国人の侵入を防ぎます。最初の鉄道になった新橋・横浜間の路線もアメリカ人に敷設権がわたっていたのを政府が交渉によって回収しました。それが出発点になって日本の鉄道網ができあがります。

このように、政府のまわりにあるチャンスを外資を排除して日本人商人たちだけに提供することによって、明治政府は現実には政商的な発展を促進しました。

具体的な例として、明治一〇年代前半までに政府が支出した財政資金による民間融資を表2－1に示してあります。政府は通貨制度整備のために蓄えていた「準備金」と呼ばれる財政資金を活用するため、殖産興業政策に沿って民間事業へ貸し出していました。その融資先と時期・金額を示したものです。最大の融資先は三菱会社で、一八七五～七九年に二五〇万円弱です。法人向けの総額は七三〇万円強ですが、海運助成のために三菱に出された金額はその約三分の一に達します。その次の広業商会、三井物産、上毛繭糸は輸出振興政策を目的としたものです。明治初めの貿易は横浜や神戸にやってきた外国商館に握られていました。この商権を回復する意図で、明治政府は貿易商社の育成に努め、海外との直接取引を奨励するために資金を貸し付けました。それが広業商会・三井物産・上毛繭糸などへの融資です。

個人では、五代友厚に対する六九万円が一番多く、主として藍製造会社の創設資金です。その次は渋沢栄一と益田孝と原善三郎です。渋沢は第一銀行頭取で、益田孝は三井物産の経営者、それから原は横浜の生糸商、この三人に対して五〇万円です。これは横浜で過剰になった輸出用蚕種の処分資金です。三番目は薩摩の島津に対する鉱山開発目的の二五万円です。川崎八右衛門は、のちに川崎銀行を創設し「川崎財閥」と呼ばれました。田中平八は、「天下の糸平」と自称した横浜の生糸商人です。そういう人たちにかなりの金額が出されています。これが、このころの財政資金融資の実態でした。

同じ表には、この融資の返納率が示されていますが、島津と川崎だけは一〇〇%、田中平八は九八%、あまり政商として名前が知られていない人はきちんと返しているのですが、三菱は七七%、三井物産八五%、広業商会にいたっては一〇%しか返済していません。五代友厚も八%の返納率にすぎません。この準備金による資金援助は貸付金（融資）でしたが、返済されなかったものがかなりありました。

それでも政府は、近代化政策を遂行するうえでその担い手になる経済主体、たとえ

	融資先	年度	金額(円)	返納率(%)
会社	三菱会社	1875〜79	2,479,940	77
	広業商会	1877〜80	670,000	10
	三井物産	1877〜80	625,000	85
	上毛繭糸	1881	300,000	-
	その他とも計		7,339,697	49
個人	五代友厚	1875〜77	690,660	8
	渋沢・益田・原	1876〜1880	500,627	37
	島津忠義	1879、1882	251,062	100
	川崎八右衛門	1876	200,000	100
	田中平八	1876	180,000	98
	その他とも計		3,199,508	64

表２－１　準備金（財政資金）の民間融資
（出典：石井寛治『日本経済史』東京大学出版会、1991 年、130 頁）

ば三井物産のような輸出業者、海運業を発展させてゆく三菱会社を必要としていました。政府で全部はできないので、実行主体となる民間の担い手を保護し、援助を与えていました。そのため、政府の援助を受けた商人たちがそうした保護に基づいて利益を蓄積し経営を発展させるという関係がこの時代にできあがったのです。

その基盤には、「年貢の経済」とでも呼ぶべき経済構造があり、税金のとられ方にもその使い方にも注文をつけることのできない農民たちがいました。彼らが支払った税金がこうして政商たちを育てる資金に使われていきました。これが、なぜ政商が生まれるかについて私が答えられる範囲の答えです。それでは、具体例をお話ししましょう。

2 政商の保護

政商といっても、いろいろなケースがありますが、財閥としてこのあとにもふれることになりそうなケースを四つとりあげます。前章でお話しした三井の場合には、官公預金を預かって金融業務を始め、直輸出に関連して三井物産が保護を受けることになり、その二つが三井の政商的な活動の中心になっていきます。三井のケースでは、そういう活動に専念するために政府の意向もあって、それまでの中心業務の一つだった呉服店を別家の管理下に移しています。それによって政商的なビジネス・チャンスをつかみます。

三井は重要な例ですが、すでに大筋を前章で紹介しましたから、この章では、現在のみずほ銀行(旧富士銀行)につながる安田のケースと、大成建設につながる大倉のケース、三番目にあげるのは、今はほとんど何も残っていませんが、五代友厚のケース、それから四つめが三菱のケースです。あらかじめ指摘しておくと、これら全部はその系譜において江戸時代からの商人とは異なるタイプの人たちだという共通点をもっています。対照的に三井は、江戸時代からの豪商でした。前章にでてきた鴻池、小野組、島田組も同じです。これに対して、この章でとりあげられる人たちは、そういう伝統の重みをもっていない商人たちであり、安田善次郎、大倉喜八郎、五代友厚、岩崎弥太郎などは、ほとんど一代で富を築いた、動乱期の成り上がりのケースです。

〈安田善次郎のケース〉　安田善次郎は越中富山の出身で、父親は下級武士の株を買った茶坊主だといわれています。一八六三年ですからまだ明治維新の前、開港して数年後に、二六才で独立した善次郎は、小銭の両替商を露店で始めます。この時期には藩札が何種類も出ていたり銭がいろいろあってそれぞれ価値が違いましたから、それを取り替えて手数料をとる商売でした。

安田善次郎

こうしてコツコツと蓄財を始めたのが最初です。それが動乱とインフレのなかで目はしを利かせて蓄財し、翌年には資本金二五両で安田屋を開業し、さらに二年後の六六年には日本橋で両替専業の安田商店を構えるまでになります。翌六七年にはその通貨鑑定に関する抜群のノウハウを買われて、幕府の古金銀の回収の御用を務めることになりました。こうして安田善次郎は金融業者として急速に頭角を現します。一八七〇（明治三）年には彼の財産は五〇〇〇両に達したといわれています。

彼は、幕府の御用を務めたからといって幕府側というわけではなく、維新後にはいち早く新政府に食い込んでいきます。一八七四年、島田組と小野組がつぶれて、三井組だけになってしまった為替方（かわせかた）の間隙（かんげき）をついて官金御用に進出しました。こうして新しい時代に対応できるようなビジネスを作り上げていったわけです。

そして一八八〇年には安田銀行を設立します。すでに七五年には、のちに安田銀行の別働隊とでもいうべき銀行の一つになる第三国立銀行の設立に参加しています。第三国立銀行は国立銀行条例に基づくもので、金融制度を整備するという明治政府の方針にそったものです。その後普通銀行となった同行は大正期に安田銀行に吸収合併されて戦後の富士銀行・みずほ銀行につながる巨大銀行・安田銀行が作られました。善次郎はそういう事業を育てています。

小銭の両替からまっしぐらにかけ登っていって、第三国立銀行の設立に参加するまでになったのです。国立銀行条例に基づいて最初にできた銀行は四つでした。計画では一から五まであったのですが、第三は結局作られず、第一は渋沢を総監役に小野組と三井が作った第一国立銀行、第二は横浜に設立され、安田は繰り上がりの三番手（第三国立銀行、ただし開業は七六年一〇月）、そして第四国立銀行が新潟県で有力な大

a.安田善次郎のケース

1863年	26才で独立、小銭両替商に。
1867年	幕府の古金銀収集御用。
1874年	官金御用に進出。
1880年	安田銀行設立。

b.大倉喜八郎のケース

1854年	18才で江戸の鰹節店に奉公。
1857年	独立、乾物商に。
1873年	大倉組商会設立。
1875〜77年	台湾出兵、西南戦争で兵站輸送、軍靴製造で活躍、のち政府御用の土木建築請負。

c.五代友厚(薩摩藩士)のケース

1869年	大阪に金銀分析所設立。鉱山業に進出(半田銀山)。染料製造失敗。
1881年	官有物払下げ事件(1881)に連座。

d.岩崎弥太郎(土佐藩士、三菱)のケース

1870年	九十九商会設立。
1871年	汽船払下げ(36才)、4万両(原価25.5万ドル)。
1872年	三川商会設立。
1873年	三菱商会に改称。
1874年	三菱蒸汽船会社に改称。
1875年	第一命令書、官船の無償下付、年25万円の助成金。

表2－2　主な政商の活動

地主の出資で作られました。六三年に上京してから七五年までの一〇年あまりの間に安田はめざましい実績をあげ、金融業界の代表的な人物の一人になります。ただし、善次郎は金貸しの権化だという悪評をかって一九二一年に暗殺されました。

安田の事業の特徴は、「カネ」を中心にしてビジネス・チャンスをつかみ、政府に食い込みながら銀行業に事業を集中したことです。もちろん浅野総一郎など関係の深い事業家もいるのですが、安田家の事業としては、ほとんどが銀行だけで、それ以外は生命保険、損害保険などと、金融業をベースに成長していくことになりました。

〈大倉喜八郎のケース〉　大倉喜八郎も複雑な経歴をもっていますが、越後・新発田の名主の子として生まれたと伝えられています。一八五四年に一八才で上京し、商人の家に丁稚奉公したというのですから、名主とはいえ、それほど豊かな家ではないでしょう。それから三年後に独立して乾物商を営み、一八六五年には大倉鉄砲店を始めます。要するに安田が「カネ」なら大倉は「モノ」を扱う商人として出発します。

彼がチャンスをつかむのは、一八七五年から七七年にかけてのことでした。七三年に大倉組商会を設立した後、台湾出兵や西南戦争のために忙しい明治政府の裏方を切り盛りする役割についたのです。彼は商人としてのノウハウを生かして、兵員輸送、兵糧・弾薬の調達・輸送などの業務を担います。これには物を集めるだけではなく人を集める業務がかかわっていたはずですが、人を集め物を動かすという仕事に才能があったようです。このように、明治政府の戦争のための臨時的な調達業務で活躍し、かなり巨額の利益を稼いだといわれています。戊辰戦争のとき官軍に鉄砲を売ったことを彰義隊にとがめられた喜八郎は、「私は商売人だから」と開き直り、彰義隊からの注文にも応じたと伝えられています。

喜八郎は、ただ漫然と商売をやっていたわけではなく、一八七二年からしばらくの間はヨーロッパ・アメリカをまわっています。これは偶然か意図的かわかりませんが、この外遊の期間中に岩倉使節団と外遊先で知り合い、そこで新政府との接点ができたようです。どうも意図的だった気がします。国内で会ったとしてもそんなに感激はありませんが、ニューヨークで日本人に会えればこれは確実に覚えてもらえるからです。それにしてもずいぶん高いコストを払ったはずですが、外遊中に岩倉使節団の岩倉具視や大久保利通と知り合ったことが台湾出兵や西南戦争での事業活動の拡大に結びつきました。しかし、戦争にからんだ仕事というのは一時的な仕事ですから、彼はそこからの転進を図

大倉喜八郎

っていきます。

一つは、貿易業務です。これが大倉商事に発展し、明治後半期の中国では、三井物産と並んで日本商社の柱と数えられるほどになります。商社活動でも大倉のやり方は政商的で、政府が中国に借款を供与するときには必ず大倉が関与していたと言われています。

もう一つ、大倉は、人を集める能力を生かして土木・建築業に進出します。この時期には、極端にいえば技術がなくても人さえ集められれば土木工事などはできた時代でした。最初は同じ分野で競合していた藤田伝三郎（第三章参照）と組んで、日本土木という会社を作りました。これは政府発注工事を独占的に受注しようと意図したものでした。しかし、この計画は会計法が制定され、入札制度が導入されて見込み通りにはいかなかったため（武田晴人『談合の経済学』）、藤田は鉱山業の方に力を入れるようになり、喜八郎は単独で大倉土木という会社を作ります。これが現在の大成建設になります。なお、大倉喜八郎については、彼にゆかりがある東京経済大学が編集した『大倉喜八郎かく語りき』などの資料が刊行されています。

〈五代友厚のケース〉　五代友厚は華々しい経歴の持ち主です。前歴は薩摩藩士で、薩摩藩遣英使節団として英国に派遣され、薩摩藩の会計方で手腕を発揮する一方で、西郷隆盛（さいごうたかもり）や大久保利通などと一緒に倒幕運動にかけまわった維新の志士でした。それなりに目はしの利く人だったんでしょうか、維新になると政府の役職をいち早く辞めて、一八六九年に大阪に金銀分析所を作り、古貨幣の吹きわけなどで財をなし、そこから鉱山業に進出します。五代は、そういう意味ではかなり早い時期に成功した政商の一人です。

鉱山業では福島県の半田（はんだ）銀山などを経営し、東北ではこの時代に小野組の鉱山経営と並ぶくらいの規模に達します。鉱業生産額でいうと、一八七七（明治一〇）年前後に日本で鉱業生産額が一番大きかったのは住友ですが、その次が五代でした。五代はたった七年か八年で、二〇〇年の歴史を誇っていた住友に追いつく有力な鉱山業者に成り上がったのです。

五代友厚

その後、紡績業や織物業に目をつけ、それに必要な染料が外国から輸入されているのに対抗して良質の染料を日本で製造する計画に乗り出します。これも着眼は悪くないのです。日本の織物業は当時の工業生産のなかで非常に大きい産業だったわけですから、そこでうまく需要をつかめれば大成功することはまちがいなしでした。しかし、これは大失敗します。技術的に輸入品に対抗できず、高くて使いものにならなかったからです。前掲表2-1の準備金による五代への貸付金は、この染料製造に係(かか)わったものです。だから、政府もその事業は重要だと考えて援助しましたが、失敗しました。多少あせりもあったのかもしれませんが、起死回生をねらった次の挑戦が大事件を引き起こしました。

それが一八八一年に発覚する「官有物払下げ事件」です。官業の払下げを企図していた明治政府の方針によって、北海道開拓使の官有物の払下げが計画されました。この払下げが、明治政府による政商保護政策だと自由民権運動の闘士たちから強く批判されます。藩閥政府批判という反政府運動が盛んになる一方で、政府内部では大隈重信に主導権を奪われていた伊藤博文(いとうひろぶみ)や山県有朋(やまがたありとも)、井上馨が政権を奪い返そうと虎視(こし)眈々(たんたん)とねらっていました。この対立が表に出るのが「官有物払下げ事件」です。政府部内でも外でもこの北海道開拓使の官有物の払下げは、情実にもとづいた違法な行為だとの批判が強まり、結局、払下げは中止になります。この事件を利用して伊藤・井上は大隈を政府から追い出しました。この事件については『新版　日本経済の事件簿』で詳しくふれています。

こうして明治の政治史上、非常に大きな転機が訪れます。実はその裏で五代が動いていました。五代は開拓使の官営事業を安く払い受けて新事業を立ち上げようと画策していました。しかし、あてにしていた払下げは実現せず、染料の失敗に続いて五代の事業は頓挫してしまいました。この後も一八八五年に病没するまで、彼は大阪商法会議所の会頭を務め大阪財界の世話役として影響力をもっていましたが、五代家の事業としてはほとんど何も残りませんでした。

〈岩崎弥太郎（三菱）のケース〉

岩崎弥太郎

最後は三菱です。これが最も成功したケースです。岩崎弥太郎については短い評伝を書いたことがありますが（武田晴人『岩崎弥太郎』）、三菱財閥の基礎を築いたのが岩崎弥太郎です。岩崎家は土佐の地下浪人だったといわれています。それがわずか三〇年くらいの間に最大級の事業家に成長しました。

その成長のきっかけは、後藤象二郎の引き立てにより土佐藩の商会活動に携わるようになったことでした。この商会は、坂本竜馬が着眼した海外事業につながるもので、岩崎はその実務部隊の一人でした。この時の海運事業・貿易活動の経験を活かし、岩崎は藩営の事業が明治維新後の廃藩置県でできなくなると、新しく商会を作って事業を継承します。九十九商会と名づけられた商会は、藩営の海運事業をかなり有利な条件で引き継いでいます。具体的には一八七一年の藩有汽船払下げでは、伝えられている範囲で推測すると、土佐藩が約二五万五千ドル（両）で購入した汽船二隻をわずか四万両、つまり六分の一以下の値段で払下げを受けています。九十九商会をスタートにして一八七二年に三川商会が作られ、七三年に三菱商会という名前に変わっていきます。七二年の三川商会の時には岩崎が代表者ではなく、旧藩士である石川七財、川田小一郎、中川亀之助の三人の名義です。このような体制をとった背景には、弥太郎が明治政府に出仕し政治に関わることを希望していたからのようです。三菱商会へと改称した時には弥太郎の腹もようやく据わりました。

三菱商会は、それまで大阪にあった本店を七四（明治七）年に東京に移しました。そして社名を三菱蒸汽船会社と改称し、台湾出兵に際して政府の購入した外国汽船を運航して、海運業者としての実力を示しました。

この台湾出兵に関連した輸送業務について政府は、日本国郵便蒸気船会社という三井などの有力商人が関わる海運業者をあてにしていたのですが、断られたために三菱に任せました。弥太郎にとっては願ってもないチャンス到来です。そして、この実績に注目した明治政府の実力者・大久保利通が、殖産興業・富国強兵政策の課題の一つとして、海運業の保護についての提案を政府に出しました。この提案は海運業を放任するか・補助するか・官営にするかの三つの選択肢を示した非常に巧妙なものです。現代では民営化が望ましいという考え方が支持されますが、放任したら外国の汽船会社との競争に敗退するのでこの案は選べません。政府の台所の事情が苦しいので官営案も実現不可能です。この当時の状況を考えれば、大久保は「どれにしようか」と提案しながら実際にできるのは保護政策しか残っていないことを知っていたはずです。

こうして大久保は、閣僚たちに海運業保護政策をとることを決定させます。保護政策を実施するには相手が必要です。その受け皿が三菱でした。政府の保護とは、政府が購入した十数隻の外国汽船を三菱に無償で貸し下げ、三菱に運航を委ねるとともに、年二五万円ずつの助成金を支給するものでした。さらに三菱の海運業には巨額の財政資金が投入されていきます。すでにみた準備金の融資約二五〇万円は、本来であれば返済が必要なものですが、三菱は七七％しか返済していません（前掲表2－1参照）。また、第一命令書に関連して政府が支給した総額約六〇万円に対しては三七万円の返済で「契約上完済」とされています。

なぜ元金の六割強を返済しただけで「完済」なのでしょうか。どういう計算が根拠だったかというと、年賦で返済する借入について、期限前に返納する場合には、残存期間の金利を計算し、この金利累計額を元金から控除した金額を返済するだけで全額返納と認めるというものです。たとえば二五〇〇万円の住宅ローンの返済期間があと二〇年あるとします。その二〇年間に支払うことになる金利が仮に二〇〇〇万円なら、ただちにくり上げて返済する場合には五〇〇万円返せば返済になる。仮に金利が二五〇〇万円なら元金から金利を引くとゼロになりますから、この時点で完済の書類を書けばよい、それで元金も返したことになるというのです。信じがたい話でしょうが事実です。

これは、「たたみあげ返納法」とか、「利引一時上納法」と呼ばれたもので、これが当時の借金返済では通用したのです。このような返済が認められた結果、民間融資は融資ではなく、実質的な補助金としての機能を果たしたと言ってよいと思います。

三菱の場合も、この方式によって事実上、巨額の補助金を与えられました。しかも、その後、三菱が西南戦争の軍事輸送で活躍した時にも同様の助成が実現します。たとえば一八七七年、つまり西南戦争の年には、政府から八〇万ドルというお金を借りて船を購入し、政府御用を務めて、その一年で一七一万円の利益を得ています。その利益もあって、船舶購入資金として借りた累計一三二万円に対して八五年に六三万円を返納して完済となりました。

このように、三菱は財政資金の投入を受けて急激に海運業者として成長しました。これが政商と言われる理由ですが、政商活動はそう長くは続きませんでした。さきほど、五代のところで出てきた官有物の払下げ事件の前後から、大隈と三菱とのつながりが、あるいは政府と郵便汽船三菱会社との関係が批判されるようになり、政変後には三菱に対抗するために共同運輸という海運会社が作られ、両社は激しく競争することになります。反大隈派の新政権は三菱には冷たかったのです。本格的な競争が始まる前から、政変後に大蔵卿（きょう）となった松方正義（まつかたまさよし）の緊縮政策によって不況となり、海運需要が落ち込んだために三菱の経営は悪化していましたが、それに共同運輸との競争が拍車をかけました。

こうして保護政策が見直されていくのが一八八〇年代以降です。それまでは、政府のかなり徹底した保護政策によって、ビジネス・チャンスをつかんだ特定の商人たちはおもしろいように利益をあげられました。政商の時代はこうしたかたちで生まれました。

第三章　政商の資金源　事業と資金の出会い

はじめに

「地獄の沙汰も金次第」と言いますが、この章では、明治初めに政商たちが、どうやって必要な資金を調達したのか考えてみようと思います。三井組や鴻池は、江戸時代からのそれなりの蓄積があり、「のれん」もありましたが、他方で、古河市兵衛や藤田伝三郎などは、裸一貫で出発し一代で財をなした人たちです。こういう人たちにはスポンサーがいて、それが彼らの成功の支えとなりました。そういうケースをとりあげます。

1　事業家と資金との出会い

古河市兵衛は小野組の番頭でしたが、一八七四（明治七）年に小野組が抵当増額令で破産して無一文で失業してしまいました。彼の唯一の財産は、事業家としての意欲と経験だけでした。その能力を活かすために先立つものはお金です。それを提供した人たちがいたはずで、資金と結びつくことが事業家としての成功のためには重要でした。

この混乱した時代にビジネス・チャンスを見分けられたのは、ある程度の経験をもった商才のある人たちです。安田や古河などはビジネス・チャンスをつかむのに機敏な人でした。しかし、彼らは十分な資金（元手）を持っていませんでした。他方で、明治維新政府を別にすると、旧大名＝華族たちが、かなりの資金をもっていました。秩禄処分という明治維新の改革の結果です。明治維新は、フランス革命のように古い領主たちをギロチンにかけるというような過激な革命ではなく、領主としての権利を政府が公債を交付して買い取りました。大名家・有力士族は公債を受け取り、多額の資金・資産を持っていました。

しかし、公債のような債券は、インフレになると目減りしますから運用して増やそうとする人たちも出てきます。とはいえ、彼らのなかには運用の才覚をもつ人たちはそう多くはいません。その才覚・能力は商人にあります。お金を活かせる人間とお金を持っている人間が別々ですから、事業を発展・成長させるために、その二つを結びつける必要がありました。現代社会だと、株を買ったり銀行に預けたりすると、そのお金が資金市場や株式市場を介して企業への投資につながる仕組みができあがっていますが、この時代にはありません。したがって、相対の個人信用が主流です。それには血縁や地縁などが重要な意味をもちますが、ビジネス・チャンスをつかもうとしている事業家たちは、そんなつてをたどって資金を得る途を探しました。

もともと金持ちだから成功した人たちももちろんいますが、「成功したから金持ちになった」といった方がよい人たちもたくさんいます。そこで、裸一貫に近い姿で仕事を始め、必要な資金をかき集め、成功した人たちを、この章ではとりあげます。

2 古河市兵衛のスポンサー

古河市兵衛は、現在の古河グループを作り出した初代の事業家で、出身は近江(おうみ)ですが、丁稚(でっち)奉公からたたき上げた商人で、いくつかの商家を転々としたあと小野組に入り、才能を見込まれて小野組のなかで出世し、明治の初めには、小野組のほぼ東半分、関東から北にかけての事業の大半を任せられるくらいの大番頭になりました。

しかし、彼の奮闘にもかかわらず、小野組は、第一章でお話ししたように、一八七四年に抵当増額令により破産してしまいました。市兵衛自身も相当リスクの高い商売にも手をつけていたのですが、明治の初めには、彼は東北の鉱山業にかなり投資して収益をあげました。また、小野組本家は、生糸取引を投機的だとの理由で禁じたにもかかわらず、それを無視して生糸取引でも大きな利益をあげました。しかし、小野組破産による債務整理のために、小野組で彼が管理していた資産を全部抵当として差し出すことになり、さらに彼は個人的な財産も全部債務返済に提供したと伝えられています。

当時第一国立銀行の頭取であった渋沢栄一にこの潔い態度が気に入られて、事業家としての再スタートのチャンスをつかみます。市兵衛は四三歳で独立しましたから、事業家としては、かなり晩年に再出発して「銅山王」と呼ばれるまでの地位に駆けあがりました。

再スタートを切った方法は、小野組が破産した翌一八七五（明治八）年に、それまで小野組が稼行していて、破産清算のために処分財産に加えられていた新潟県の草倉という有望な鉱山に着目して、その事業を引き受けたことです。この当時、陸奥中村藩の相馬家は約三万両（＝三万円）のお金を小野組に運用させていました。ところが小野組の破産で、相馬家の債権の回収が怪しくなり、一八七五年に大蔵省による小野組の債務整理では、おおよそ二万二〇〇〇円、つまり、元本の七割ぐらいしか戻らないことがわかりました。そこで市兵衛は相馬家に掛け合って、その二万二〇〇〇円を受け取るかわりにその金額で草倉鉱山を

古河市兵衛

買い取ることを勧めました。「そうしたら私がうまく事業を発展させてもともとの三万両に増やして全部返してあげます」というわけです。

相馬家は、二万二〇〇〇円しか返ってこないと落胆していたところに、うまくいけば元金は戻るという提案を受けました。この交渉の相手が相馬家の家令であった志賀直道（志賀直哉の祖父）で、この条件で二人は合意しました。ただし、相馬家も慎重を期して「銅山を買うのではなく、市兵衛に二万二〇〇〇円を貸し付けるので、それで草倉鉱山を買い取る」ことになりました。つまり、この草倉のケースでは、相馬家は小野組への貸付金の債権整理で受け取った資金を市兵衛に貸し付け、運用益を加えて回収しようとしました。

こういう形で相馬家が対応したのには、それなりの理由があります。小野組と相馬家との関係はかなり古くからのもののようですが、緊密になるのは、明治維新以後に相馬家の年貢米の売りさばきを小野組が請け負ったころからだといわれており、六～七年のつきあいがあったと考えられます。小野組の東北地方の仕事は市兵衛が管轄していましたから、相馬家と小野組番頭・古河市兵衛は、旧知の仲でした。その小野組を信頼して、相馬家は持っていた古い金・銀・古銭三万両を運用させていました。出資して運用益をかせごうとしていたのです。成功していたかどうかは証拠が残っていませんが、それなりの信頼関係はあったと考えられます。この両者の信頼に基づいて、

1874年	小野組破産。
1875年	陸奥中村藩・相馬家が得た小野組の整理処分金 2万2,000円を借り受け、草倉銅山買収。
1876年	高松藩・松平家が得た小野組の整理処分金 3万8,000円を借り受け、幸生銅山買収。
1877年	古河・相馬家が買収金額4万8,000円を折半出費のもと 足尾銅山買収。
1880年	渋沢栄一足尾銅山の組合に参加。 2万円を限度に、第一国立銀行から運転資金供給。
1886年	相馬家持分を12万円で回収。 相馬の出資　2万4,000円 1882～85年の配当　約4万円 持分売却代　12万円 差引　+13万6,000円
1888年	渋沢持分を40万円で回収。 渋沢の出資　2万円 1881～87年の配当　18万5,000円 持分売却代　40万円 差引　+56万5,000円

表３－１　事業家と資金（古河市兵衛のケース）
（日本経営史研究所編『創業100年史』古河鉱業、1976年より著者作成）

資金回収のために市兵衛に融通して銅山を稼行させることにしたのです。

古河市兵衛は、小野組が破産したときに私財もなげうって債務処理に当たりましたから、彼自身が事業の元手にできるのは、生糸取引や銅山経営などの事業の経験だけで、それを活かす方法としてスポンサーを探していました。話のもっていき方はなかなか巧妙だと思いますが、これが草倉銅山の開発では成功します。

その後、これに味をしめて市兵衛は同じことをくり返しますが、その翌年の幸生銅山はあまり成功しませんでした。この時は高松藩・松平家から同じように三万八〇〇〇円を借り受け、幸生銅山を稼行します。この高松の松平家も、小野組に対して七万三六〇〇円という債権を持っていました。つまり、それだけのお金を貸していたわけです。幕末期の大名貸しと逆の貸借関係です。大名家が余裕資金を有力商人に預けて運用を図っていたのです。この預け金の原資は、年貢米の余剰資金などです。当座使わない金を商人に預けていた貸金が小野組の破産で回収不能になっていました。

高松藩ですから、東日本を活動基盤としていた市兵衛との関係はよくわかりませんが、相馬家の例と同様の形で話が進みます。小野組の財産整理で、松平家は回収できる金額が三万八〇〇〇円くらいとわかった時点で、その金額を幸生銅山の買収資金として提供し、古河市兵衛が、実際の事業を指揮することになりました。

相馬家は三万円を小野組に預けて二万二〇〇〇円、松平家は七万三六〇〇円を預けて三万八〇〇〇円ですから、この回収率の差が生じる理由は明らかではありません。おそらく松平家の方が不良債権が多かったのだろうと思います。それはともかく、こうして、古河市兵衛は、小野組の破産を逆に利用して、一旗あげて資金を回収しようと債権者に持ちかけて得た資金で鉱山を開発していきました。これに対して相馬家の家中では、このやり方を「危ない」と思う人がいたらしく、翌七六年末には草倉に関する貸付金を市兵衛から全額回収しました。市兵衛は第一国立銀行の渋沢栄一からお金を借りて返済しています。一年で返済資金ができたわけではありません。

最も成功した事例となる足尾(あしお)銅山の場合も、同じようなやり方でした。

足尾は、小野組とは全く関係がない銅山でしたが、草倉銅山で成功したことから、旧大名家に創業資金を出してもらう方法が、商売のやり方としてうまくいくとわかったのでしょうか、古河市兵衛は、「ボロボロの山だからやめた方がよい」という周りの意見をふりきって、一八七七年に足尾銅山を買収します。買収資金の四万八〇〇〇円を古河と相馬家が折半出資して組合を作り、足尾銅山の事業を始めたのです。この場合、相馬家は半額出資して利益の半分を受け取るという権利をもっていますが、事業に対してはまったく何の義務も負わないという条件でした。利益があれば受け取るし、出資分は保証されるという条件で資金が提供され、リスクはすべて市兵衛が負っていました。

ところが、足尾の開発はなかなかうまくいきません。この銅山が成功し始めるのは一八八四年から八五年くらいで、初期には相当苦労します。たまたま、草倉銅山の開発が成功してかなり稼ぐようになっていたので、草倉の利益を足尾に注ぎ込むのですがそれでも不足しました。そこで、一八八〇年には渋沢栄一を足尾銅山の組合に参加させ、三人の共同出資の事業組合に再編します。当時の契約書では、渋沢栄一の個人保証で、第一国立銀行から二万円を限度として運転資金を借り入れることができる、と約束されています。渋沢の保証で第一国立銀行に当座勘定が設定され、その限度額が二万円でした。この二万円を渋沢の出資分とみて良いでしょう。こうしたかたちで三人の組合が成立して、事業が継続します。

一八八四～五年になると、足尾では非常に優良な鉱脈がみつかり、生産額も急増していきます。そこで市兵衛は、八六年から八八年にかけて相馬家と渋沢栄一の持ち分をそれぞれ回収し、事業をすべて自分のものにしました。ここで「士族の商売」と「商人の商売」がずいぶん違うということがみごとに出ます。一八八六年に相馬家は持ち分を一二万円で古河市兵衛に売却します。相馬家にとってそんなに悪い商売でなかったことは、表3－1に示した数字でわかります。

簡単な計算書ですが、足尾銅山に相馬が出資したのは二万四〇〇〇円です。それに対して、わかっているだけで――一八七七年からの出資に対して相馬家への配当金がわかるのが八二年から八五年だけなのですが、八二年より前には利益がほとんど出ていないので計算に大きく狂いはないはずです――約四万円の配当を得ています。それだけではなく、二万四〇〇〇円の出資を一二万円で古河に売却しました。要するに、五倍になって返ってきましたから一〇年間で差引一三万六〇〇〇円、二万四〇〇〇円の出資で一三万六〇〇〇円の利得を得たことになります。

渋沢の持ち分は、相馬家より二年後の一八八八年に回収されました。相馬家と同じくらいの持ち分だったのですが、足尾が好調だったこともあって、買収価格は二年間で四〇万円に跳ね上がりました。市兵衛と渋沢の関係だから成り立ったことかもしれませんが、結果的には渋沢は八一年から八七年までに約一八万五〇〇〇円という配当を受けていたことも加えると、仮に二万円の出資だとすれば、五六万五〇〇〇円の利益を手に入れました。参加した期間は、渋沢の方が短かったにもかかわらず、渋沢は五六万円以上、相馬は一四万円弱の利益でした。士族の商売というのはこういうものを言うのかもしれません。

この間に古河は、非常に高い利益を挙げるチャンスをつかみました。当時、横浜の外国商館で英一番館（ジャーディン＝マセソン商会）と銅の長期取引きが成立して、安定的な輸出先を確保したのです。これが持ち分の回収ができた理由の一つだと思います。

このように市兵衛は、一八七五年ごろから八七年にかけて、旧大名とか小野組時代に培った渋沢との関係を生かしながら資金を調達しています。第一国立銀行から借りた形式をとっている部分もありますが、それも銀行が審査をして有望だから貸し付けている、というモダンな形式の貸付けではありません。明らかに渋沢栄一と古河市兵衛という個人の信頼関係に基づいています。そういう相対の個人信用が基盤でした。

足尾の例では、古河市兵衛も出資していますが、草倉銅山の場合には、資金の出し手との関係は微妙です。市兵衛の出資はゼロですが、草倉銅山の事業主です。それは、相馬家の出資が市兵衛個人への信用に基づいていて市兵衛個人への貸付けの形式をとっていることと対応しています。金を借りて事業に投資したのは市兵衛ですから、経営権だけでなく所有権も市兵衛にあります。お金を貸すのは仕事（企業）にではなく、人に対してだという信用（資金融通）のあり方が、仕事（企業）は金主のものではなく、実際に経営する人のものとされた理由でしょう。足尾の場合には、最初は二人、のちに渋沢を入れて三人の組合ですから、この時点では事業は共同出資でした。しかし、市兵衛が他の二人の持ち分を買収して単独の出資者になったので、途中経過は草倉と異なっています。

ところで、この市兵衛のケースでは、金主として出資した大名の側も損はしていません。松平の例については結果を示す資料がないのですが、幸生銅山は成功とは言えませんでした。しかし、足尾も草倉も成功したため、元本は確実に返済されたはずですから、松平家が損をしたとは考えられません。リスクを負わずにかなり巨額の利益を得るという点では、華族になっていく旧大名たちもこれらの融資でそれなりに利益を得たといえそうです。

ところが、なかなかそうはいかなかった例もあります。そして、決着がつくまでに長い時間がかかったケースとして、次にお話しする藤田組があります。

藤田伝三郎

3　藤田組と毛利家

藤田組は、一八八一（明治一四）年に藤田家の三人兄弟――二番目は久原家の養子になっているので名字は久原ですが――、藤田鹿太郎と久原庄三郎と藤田伝三郎の三人が共同出資で作った組合です。彼らは長州の出身で長州藩に地縁があり、明治維新政府の井上馨や伊藤博文らとは旧知の仲です。経営の中心になったのは末弟の藤田伝三郎ですが、彼は相当危ない商売もしていたらしく、この組合を設立する前には、井上馨と共謀して贋札を作ったと疑われ、しばらく監獄につながれたこともありました。この贋札事件の真相はわかりませんが、疑われる理由はあったようです。しかし、井上の政治力もあったのでしょうか、結局は無罪放免でした。その意味では「政商」的な胡散臭さをもった商人のイメージがつきまとっています。八一年に藤田組を作ってからは、前章で紹介した大倉喜八郎と共同で土木事業に従事したほか、八四年に日本で有数の銀山であった小坂鉱山の払下げを受け、そのころから藤田は鉱山業者として将来を構想するようになります。

藤田組設立時の資本金は六万円ですが、小坂鉱山の払下げ代金は、鉱山代金だけで二〇万円、それに半製品とか製品とかの代金も加えて合計二七万円ほどでした。しかし、手元にそれだけの資金はなく、運転資金すらほとんどないのが藤田組の実情でした。もちろん、払下げ代金は年賦返済ですからすぐに支払う必要はありませんが、当面の資金難を解決するために藤田はスポンサーを探しました。このスポンサーを仲介したのが井上馨だったといわれています。井上の助言で「頼むなら毛利の殿様に頼めばよい」ということになります。長州出身という地縁が利用されたわけです。

一八八五（明治一八）年ごろには、毛利家も資産運用については毛利家財産部を作り財産を管理しはじめていました。その財産部と交渉して、藤田組は二〇万円という大金を借り出すことに成功します。そしてこの貸付金は雪だるま式に増えていき、焦げつくことになります。毛利家から見ると、とんでもないことになっていきますが、最後に大逆転劇が用意されています。最初の時の条件は表3－2に書きましたように、小坂鉱山の鉱区を抵当に、期間五年間、利率七・五％でした。一見するときわめてモダンな形式を取りますが、その内実は少し違います。最初の貸付けのときから、毛利家は全面的に藤田を信頼していたわけでなく、貸付条件として、契約書には追加的な条件が付されています。たとえば第六条は次の通りです。

貸金期限中は毎期決算報告施工前之を毛利家に差出し、充分の調査を乞ふものとす。且平素藤田組商業不利を認むるかまたは業務上に付、毛利家より異見を提出する時は擲重に協議を遂げ其指示を乞うべし。藤田組に於て之を拒むことを得ず。

つまり、経営方針については藤田組では自由にできず、毛利家が事実上の指図をするという条件をつけていました。それだけではなく、この方針を徹底するため、第九条には、この貸付けの期間中営業上の監督として、毛利家の人選で一名を藤田組に派遣するので、これを雇い入れその意見に従いなさいと定めています。つまり、事業の監督という第六条で決めた内容を、役員派遣によって担保することになっていました。

現代的に言えば、金を貸している間だけ重役を派遣する、しかも、その重役の給料は藤田組で払う、そしてその人の指示に完全に従うという契約を結んだのです。

契約はさらに念を入れて、藤田組の三名の出資者、つまり鹿太郎、庄三郎、伝三郎に、この契約書とは別に「誓約書」を毛利家に差し出させています。その誓約書にもいろいろと書かれているのですが、表3-2の下の方に書いたように、「空相場は堅く禁ずる」、つまり、株などで投機をするな、から始まって、家の建て替え、不要不急の品物の購入、お金のかかるつきあいをやめること、人員を減らすこと、などが誓約されていました。

しかし、あとの経緯と比べるとこの時はまだ経営への介入が少ない方で、だんだんと条件が厳しくなっていきました。毛利家の融資で資金難を解決した藤田組は、小坂鉱山に資金を注ぎ込んで事業を進めましたが、当時、銀価格は世界的に下落し続けていたため、古河の足尾銅山のようにはうまくいきません。状況は日増しに悪くなり、小坂鉱山は欠損続きになりました。そのため、毛利家から借りたお金は五年間に一銭も返済されず、そのうえ、伝三郎が誓約書の禁を破って株式相場に手を出したために、藤田組は一八九〇（明治二三）年には破産寸前になってしまいます。

そこで九一年の一月に、毛利家にさらに五万円の追加融資を願い出る緊急事態に陥りました。しかも、この五万円だけでは足りず、その年の四月に入って全体の事業の

1881年	藤田組設立(藤田鹿太郎、久原庄三郎、藤田伝三郎)。
1884年	小坂鉱山払下げ(鉱山代20万円)。
1885年	毛利家より20万円借入、鉱山証書を抵当に5ヵ年金利7.5%。
1891年	追加融資、5万円。 第2次融資、15万円。累計借入額、40万円。金利6.5%、10年返済。
1896年	日清戦後恐慌。またまた株で失敗。 第3次融資(1896〜98)計56万円以上。累計100万円以上となる。 →小坂鉱山の放棄と児島湾干拓への専念を条件に融資。 その後、干拓事業を目的に追加融資。 1903年には約180万円に達した。

誓約書(1885年)

一、…空相場は堅く禁ずべき事
一、…家屋建築は勿論遠用なる物品買入等は決して致間敷事
一、…成る可く他の交際を減止致すべきこと
一、…成る可く人員を減する事

表3−2　事業家と資金（藤田組のケース）
（武田晴人「明治前期の藤田組と毛利家融資」『経済学論集』48巻3号より著者作成）

建て直しのために、さらに一五万円、累計で四〇万円の資金を毛利家から借りることになりました。条件は前回より緩和されて、金利は六・五%、二年間据置後一〇年の年賦返済です。最初は二〇万円、追加融資五万円、第二次融資一五万円で合計四〇万円ということは、一回目の借入二〇万円に対する金利が上乗せされていないので、金利だけは払っていたようですが、一回目の融資元本を九〇年までに一銭も返していないことから、この第二次融資の時はさすがに毛利も腹を立てていたらしく、徹底的な事業改革と奥向きの改革を義務づけています。

まず、事業に関しては、新しい鉱山の買収を禁止する、株式投資を禁止する、本店の人員を削減し、俸給を減額するなどの条件です。破産に瀕した企業に銀行から役員が派遣されて経営再建策を講じることは現代でもありますが、それと似たようなものです。

毛利家がとくに注文をつけたのは、「家計と経営の分離」です。藤田家が奥で自分の生活のために使うお金と表で経営のために使うお金とをきちんと分け、そして家計の方については徹底的に節減しなさいと命じました。毛利家が伝えた条件は衣食住全般にわたります。鹿太郎・庄三郎・伝三郎の三家に対して、申し合わせとして「月々の生活費の限度額を決める」ことにはじまって、「奥さんは家計簿をつけなさい」、「書画・骨董の類は買わない」ことはもちろん「二度と得られない物以外は全部売却しなさい」、「家や庭を改築したり手を入れることは禁止」、このあたりまではまだ妥当かと思うのですがだんだん細かい点にまで入っていきます。五番目の条件は、「外出時以外は綿服を着なさい」、「今後五年間は流行に関わらず、一切絹の着物を買ってはいけない」。六番目の条件は「劇を見に行ったり花見遊山をしてはいけない」、「貸し金や寄付をしてはいけない」。それから、「贈答品は有り合わせの物を用いて新しいものを買ってはいけない」、「食べ物はできるだけ栄養のあるものですませて高価な珍味を買ってはいけない」というものです。このほかにも「急な用事でない限り人力車にのってはいけない」などと、生活の細部にわたるまで毛利家が指示しています。そこまでやるかと思うくらいですが、藤田伝三郎という男は「そのくらいしないとどうも危険だ」と思われる人物だったようです。商才もあったかもしれませんが、浪費の才も多分にあったということでしょう。

この第二回目の融資でなんとか立ち直るだろうと毛利家は期待していましたが、何よりも小坂鉱山の経営が予想外に不振続きです。一八九五（明治二八）年ごろになると、いよいよ閉山する以外に道はないところまでに追い込まれました。それに加えて、またまた伝三郎が日清戦争後の株式ブームに乗じて株に手を出して、なんとか失地挽回を試みたようです。しかし、それも失敗して、九六年に藤田組はまた立ちゆかなくなってしまいました。

こうして、九六年から九八年にかけての第三次の追加融資として約五六万円が必要になり、毛利家からの借入額はそれまでの四〇万円とあわせて約一〇〇万円に達します。毛利家としては、途中でやめてしまうと貸金が丸損になるかもしれないので、ずるずると泥沼に引き込まれていったというべきでしょう。

第三次の融資では、事業全体のあり方にかかわる条件がつきました。それは、鉱山事業からは撤退し、児島湾干拓事業に専念するというものです。藤田組はもともと大倉組と土木業をやっていた経験もあり、このころには政府の払下げを受けて岡山県の児島湾干拓事業を始めていました。毛利家はこちらの方が有望だと判断して、干拓により完成した農地を小作地として農民に貸し、その小作料から貸した金を返済するという条件を出します。鉱山収益の変動は激しく見込みはたたないが、小作料であれば安定した収入が期待できると考えたのです。だから、児島湾干拓に専念するという条件で、毛利家は追加融資をしました。こうして借入は一〇〇万円を超えました。しかも、実際には干拓事業の資金としても年々の運転資金が必要で、一九〇三（明治三六）年にかけて八〇万円ほどが追加融資され、一九〇三年の初めには藤田組の借入額はおおよそ一八〇万円に達したと推定されます。

つまり、毛利家はいろいろ条件をつけたうえで藤田組に金を貸したのですが、泥沼に引きずり込まれて、約二〇年という時間が過ぎて、その間に貸金がどんどん増えていきます。とんでもない相手にひっかかってしまったと考えたに違いありません。

しかも、小坂鉱山の現場では、第三次融資で小坂鉱山の経営を放棄するという条件が付けられていたにもかかわらず、これを無視した方針が追求されていきました。無視したことが藤田組にとって幸いしますが、当時、小坂鉱山の所長は、出資者の一人であった久原庄三郎の息子久原房之助(ふさのすけ)でした。のちに日立鉱山から日産財閥の基礎を築く人物ですが、新任の鉱山所長として、若手の技術者たちを率いて小坂の改革を進めました。

小坂はもともと銀山でしたが、銀鉱石は掘りつくされていました。銀では見込みがない代わりに、複雑な組成をした黒鉱という特殊な鉱石が大量にありました。銅・亜鉛・鉛・硫黄などの鉱物の混ざり物で、当時の製錬技術では銅鉱石としては経済的な製錬はできない難物でした。しかし、この鉱石に着目した技術者たちは、これが製錬できれば小坂開発も大成功すると考えて製錬技術を必死に開発しました。一八九七(明治三〇)年に、久原は二～三年後には技術開発が成功すると考えていました。そこで、本店で「小坂の事業をやめる」という方針を聞いた久原は「とんでもない」と思い、藤田組本店を経由せずに井上馨に直談判(じかだんぱん)します。「小坂を続けたいので、あと四万円ほど貸してくれ」と交渉し、——まったく厚かましい話ですが——説得して四万円を毛利家から引き出したうえで、小坂鉱山放棄という第三次融資条件を事実上反(ほ)

古にしてしまいました。

この冒険が藤田組を救いました。一九〇〇（明治三三）年、第三次融資から三年後に、日本の製錬技術を大きく変えてしまう生鉱吹という新製錬法が開発され、一九〇五年には、小坂鉱山を日本最大の産銅額をあげる鉱山に成長させました。それまで首位にいた足尾銅山の産銅高を五年間で追い越してトップの座を奪います。この成功で毛利家もようやく資金回収のメドが立つことになりました。

藤田組の場合には、一貫して毛利家からの資金提供に頼っています。当初は見込みちがいが続きますから、毛利家という資金源がなければ、藤田組の事業は一八九〇年時点で、あるいは一八九七年時点で破綻していました。久原房之助の技術開発も毛利家から井上の斡旋で金を引き出せていなければ成功しなかったでしょう。破綻していれば、戦後の同和鉱業（現・DOWAホールディングス）につながる系譜の会社も生まれず、久原が創業した鉱山業の系譜を引く日本鉱業や日産自動車、日立製作所もなかったかもしれません。

4　その後の藤田と古河

このように旧大名家の資金が、藤田や古河の事業活動の支えとして、日本の近代化の過程ではかなり重要な役割を果たした時期がありました。

その後の経過を含めてさらに考えてみます。旧大名家がどのくらいの資金を持っていたかを推定するのは難しいことですが、明治半ばに島津家や毛利家は、三井・三菱に次ぐ資産家でした。また一八九七（明治三〇）年の銀行の資金力を調べると、総預金高は、三井銀行二五〇〇万円、第一銀行一一一八万円、住友・三菱銀行の各六〇〇万円でした。それぞれの銀行の預金はこの程度です。たとえば、このなかの一行が藤田組に金を貸す、つまり、一八〇万円を負担するということはかなり無理な注文です。三井銀行でも総預金額の七％を超える額を、先行きもはっきりしない鉱山事業に貸すのは難しいでしょう。

そんな多額の資金を貸し付けた毛利家の資金力がいかに重要な意味をもっていたかがわかります。この毛利家は、藤田との関係だけではなくて、たとえば小野田セメントにも貸し付けています。小野田セメントは毛利家の士族たちが授産事業の一つとしてはじめた企業で、金が足りない分は殿様に借りたのです。こうした形で旧大名たちが新しい事業に対する資金を直接供給していました。

一八九〇年代半ばから一九〇〇年代になると、藤田組と毛利家のような泥沼にはまった関係は少なくなります。このころには株式市場も広がり銀行も増えますから、旧大名たちも銀行に預けるとか、鉄道などの安心できる株式に投資するようになります。こうして華族の資金の出し方（投資方法）も変わっていきます。

他方で、企業の経営も近代化されていきました。古河では一八九六年に足尾鉱毒事件のために政府の命令で大規模な予防工事が必要になり、第一銀行に工事資金を借りようとしました。ところが、第一銀行では古河の会計経理の仕方ではとても危なくて貸せないとの返事でした。そこで、古河家二代目の潤吉——陸奥宗光の次男——が帳簿や事業経営の組織を改革し、返済計画まできちんと作って、改めて第一銀行と交渉して工事資金を借りることができたと言われています。それまでは、市兵衛の個人信用で取引をしていましたが、予防工事費のような巨額の資金は無理だったのです。確かにそう思います。一八九七年に預金を一一〇〇万円しか持っていない銀行に駆け込んで「一〇〇万円貸してくれ」というのですから、そんな右から左にお金が出ることはありません。それでも潤吉の改革の成果があって、その後も、古河と第一銀行の取引関係は続きます。

藤田組については、一九〇三（明治三六）年に借りていた資金の残額が一八〇万円くらいでしたが、藤田家の資料には、この一九〇三年に毛利家の保護から完全に脱却したと書かれています。返済の方法はその資料では分かりませんが、一八〇万円全額を一度に返済したようです。推定できる方法は二つです。一つは、事業利益による返済です。一九〇二年には小坂鉱山の経営が好転して藤田組は有力な産銅業者の一つになっていました。小坂の年間の利益だけで約八〇万円ありましたから、かなりの金額を事業利益に基づく自己資金で返せたと想像できます。もう一つは、銀行への借入先の転換です。岩下清周が開業した北浜銀行という大阪の銀行から金を借りたのではないかと推定されています。こうして一九〇〇年代半ばに藤田組は、毛利家からの資金供給から離脱して、北浜銀行を使って新しい成長の道をたどりはじめたと考えられています。

ところで、小坂の成功で一気に業績を回復すると、藤田伝三郎は、兄二人と共同出資であった――久原家は房之助の代に移り、鹿太郎家は小太郎と次の世代に移っていましたが――藤田組を解散し、兄二人の家の持ち分をそれぞれ四五万円で回収し、藤田伝三郎家だけの組合に組織変更しました。こうして兄の家二つを事業から排除します。この結果、久原房之助は藤田組から出て、茨城の海岸沿いにあった赤沢というらぶれた鉱山の開発に着手して、それを日立銅山という大銅山に発展させました。

しかし、この古河と藤田は、いずれもお金とはあまり良い関係を作れませんでした。藤田については、北浜銀行が第一次世界大戦の直前に経営破綻しました。そのためもあって、藤田組は大戦中に藤田銀行という自前の銀行を作り、預金を集め事業資金に利用しよう計画します。古河でも、第八章で紹介しますが、第一次世界大戦ブーム期にチャンスだと東京古河銀行を設立しました。古河銀行がすでにあったので東京をつけた行名になりました。

このように古河も藤田も第一次世界大戦期に、自前の銀行を作って資金を集めはじめます。ところが、これらの銀行が後発銀行として急成長するなかで、東京と大阪の銀行間の預金獲得競争に巻き込まれ、関係事業の不振もあって、結果的には藤田も古河も敗退し、一九二七年の金融恐慌をきっかけに銀行業から撤退します。当初はうまく時代をつかんで、資金の出し手を探したのですが、明治の終わりから第一次世界大戦期にかけては、時代の変化にあわせてよりモダンな銀行による資金吸収という方向を追求しながら、それに関してはあまりうまくいかなかったのです。

第四章　政商からの脱皮　多角化への挑戦

はじめに

この章のテーマは「政商からの脱皮」です。明治の半ばにかけて産業構造とか経済構造が変わっていくのに対応して政商と呼ばれていた企業家たちが、新しい環境に合わせるために自分の事業を再編成していきます。この再編成のあり方によって、政商のなかで財閥に成長したものもあるし、なれなかったものもいます。この転換が始まったのは、およそ一八八〇年代で、一八九〇年代の半ばの日清戦争のころまでに一段落しました。

1　転機としての一八八〇年代

一八八〇（明治一三）年から八一年は、明治維新政府の経済政策が大きく転換していく時期にあたります。一八八〇年に大隈重信は、インフレを終息させるために、政府財政を緊縮するという経済政策の方向転換を模索しはじめました。その第一段階が官業払下げと言われているものです。この方針に沿って動きはじめましたが、大隈はこの官業払下げでつまずいてしまいました。

一八八一（明治一四）年に、「明治一四年政変」といわれる政権交代が起こります。この政変では、第二章でもふれましたが、北海道開拓使の政府事業に関して「官有物払下げ事件」が起こり、これをきっかけに大隈が政権から追い出されます。大久保から大隈にかけての維新政府は、海運業において三菱に強力な助成策を推進したように、特定の政商への保護政策が目立っていましたが、この政変で様子が変わります。

一八八一年に成立する「連立政権」と呼ぶべき政権の中心は、伊藤博文と井上馨です。そのもとで大蔵卿（大蔵大臣）に就任した松方正義が、大隈による緊縮路線への転換を継承し、これを徹底したかたちでデフレ政策を開始します。それは、西南戦争などで大量に発行されていた政府紙幣や過剰発行気味の国立銀行券を回収するために、新しく日本銀行を設立し、日本銀行だけを紙幣発行銀行とし、この日本銀行券によって紙幣価値を安定させようと企図するものでした。こうして中央銀行制度に基づいた金融制度に転換していくと、官公預金の取扱いが日本銀行に集中し、政商のビジネスのチャンスは消えていきます。

このように経済環境が八〇年代初頭に大きく変わっていきます。官業払下げは、政府のもっていた工場・鉱山を払い下げることによって、民間の事業に移しました。こうして政府の外にビジネス・チャンスが広がる方向へと変化していきます。

官業払下げ過程については、表４－１に主なものを書き出してあります。そこからわかるように、八〇年代初めに払下げ実施を宣言したものの、「一四年政変」でつまずいたうえに、松方のデフレ政策のために払下げは思うように進みません。民間も金づまりになり、払下げを受ける人が出てこなかったのです。そのため、八一年から八三年までの間は、受け皿になる民間事業家はみつかりませんでした。

1884年	深川セメント工場 →	浅野総一郎
	小坂鉱山 →	藤田組
	阿仁銅山・院内銀山 →	古河市兵衛
1885年	品川硝子工場 →	西村勝三
1886年	札幌醸造所 →	大倉喜八郎
1887年	長崎造船所 →	三菱
	兵庫造船所 →	川崎正蔵
1888年	三池炭鉱 →	三井
1893年	富岡製糸所 →	三井
1896年	佐渡金山・生野鉱山 →	三菱

表４－１　主な官業払下げ

八四年ごろに、ようやく通貨も安定してデフレ政策が一段落すると、小坂鉱山や古河市兵衛に払い下げられた阿仁（あに）・院内（いんない）鉱山などが民営に移り、模範工場として創設された深川セメント工場や品川硝子が払い下げられていきました。

深川セメント工場は、浅野総一郎に払い下げられて浅野セメントになります。これが基盤になって、浅野財閥と呼ばれたほどに発展します。日本鋼管もその系統に属する事業です。浅野セメントは戦後に日本セメントと改称し、現在では太平洋セメントとなっています。

これらの官業払下げのうち重要なのは、八七年以降の大規模な有力事業所の払下げです。長崎の造船所、三池炭鉱、佐渡や生野の鉱山が代表的なものです。長崎造船所は、三菱に払い下げられて三菱重工業の基礎を築き、同じ時期に兵庫造船所は川崎正蔵に払い下げられ川崎造船所となります。戦前には三菱造船所とならぶ造船会社だった川崎造船所は、現在の川崎重工への流れを生み出します。

このように官業払下げは、野心に燃えた事業家たちに有力な事業所を払い下げることで成長のチャンスを与えたという意味をもっています。民営化によって新しい近代的な事業所、鉱山や工場を払い受けた民間の人びとが近代的な事業家として企業活動を続けていくチャンスをつかんだのです。

官業払下げは、そうした事業家にとってかなりお得な買い物だったと言われています。ほとんどの場合、政府は投資した資金の半分くらいしか回収できませんでした。創業期の試行錯誤に伴う損失を政府がかぶったことになりますが、それは突き詰めれば納税者である庶民の負担を増やす一方で、企業がお買い得品を手に入れたことを意味します。

買い手にとってかなり高い買い物と思われるのは、三池炭鉱と、佐渡・生野の二つの鉱山です。三池の場合は四〇〇万円を超える落札金額ですが、これは三井と三菱が競り合ったためでした（『談合の経済学』）。佐渡・生野は官営鉱山として開発され、後に皇室財産に編入されていた時代があるほどの優良な事業資産でした。他方で、長崎造船所などは官営事業としては赤字続きでした。

民間からみると、これらの官営事業ではさまざまな新しい技術の導入実験も行われていて、どの技術が使えるかもわかっています。技術導入につきものの初期の失敗は、政府が全部かぶってくれて、新しい技術を使えるメドもたっています。

それから、三池炭鉱を買収した時、三井の経営責任者だった益田孝は「三池は団という技術者と一緒に買わないとだめだ」と言っていました。後に三井の理事長になる団琢磨です。官業払下げの場合、働いていた外国帰りや工部大学校出身の若手の技術者たちが、払下げとともに民営の事業に移りました。これもかなり大きな意味があります。古河では阿仁と院内という中規模の鉱山の払下げを受け、この二つの鉱山に政府が導入していた機械のかなりの部分を取りはずし、技術者とともに足尾に移して足尾の開発に専念させます。のちに古河財閥のトップ・マネジメントを担う近藤陸三郎などは、官業払下げと同時に古河に入社しました。

このように官業払下げは、民間の事業にいろいろなプラスの影響ももっていました。デフレ政策や日本銀行の設立は、それまで政府に密着することによって得ていた事業機会を大幅に減らしましたが、その結果として政商は新しい機会（ビジネス・チャンス）を求めて、いろいろな形で経営の多角化をはかっていくことになったのです。

2　多角化が推進された一八九〇年代

事業経営の多角化のあとを追うと、三井の場合には、製造工業部門への投資を拡大する方向で工業化政策を模索します。産業革命のもとで発展しつつある日本の新しい製造業部門に着眼してのことです。それが一八八〇年代から九〇年代でした。

海運の三菱は、共同運輸との競争を経て海運事業を日本郵船に移すことになり、そのために新しい事業基盤を再構築する必要が生じていました。長崎造船所の払下げを受けて造船業を始め、鉱山業を拡張し、銀行業にも進出するなどがこの時代の新事業になります。丸の内の土地買収もこの時期のことです。

住友の場合には、幕末までは金融業と別子銅山を中心にしていたのですが、幕末の動乱のなかで大名貸しが焦げついて、一時期は金融から完全に手を引き、別子に専念するという経営方針を番頭の広瀬宰平が打ち出します。その鉱山中心主義から、より多角的な事業へと展開するために、この時代に銀行を設立し、のちの住友電気工業や住友金属工業に育つ金属加工業を中心とした重工業部門への進出が開始されます。

三大財閥の多角化のプロセスを比べてみると、三井と三菱のケースでは、どちらかというと新事業へのきっかけが場当たり的な印象があります。あまり相互に関係のない事業でも、チャンスがあればつかんでみようというところが見受けられます。これに対して住友は、銅山での採掘製錬から派生して金属加工業に進出し、また製錬や加工の技術を生かして鉄鋼にも出たというように、多角化の戦略にある種の有機的な関連が見られたと言われています。ただ、住友もこの時代には一八八八（明治二一）年に生糸の生産に手を出して失敗したり、樟脳製造所を経営したりしていますし、三井や三菱と同じようにいろいろな事業を試みていますから、違いは程度の問題です。

同じように、安田はもっぱら銀行業中心で、銀行と保険くらいに事業分野を限定したと言われていますが、この時代には北海道に進出して農場や鉱山を経営するなどの多角化に挑戦しました。ただほとんどが失敗して事業として残りません。だから、結果からみると一業に専念したようにも見えたり、多角化に有機的な関連があるようにもみえたり、反対にものすごく場当たり的な進出にもみえるのが実態でした。

別の言い方をすると、一八八〇年代から九〇年代の経済的な環境変化のなかで、ほとんどの事業家たちが「これはもうかるかもしれない」という話に飛びついていったようです。そのなかで、いくつかの挑戦が成功し、大半のものが失敗していったと考えてよいでしょう。こうした試行錯誤をへて、財閥と言われる多角的な事業体が形成されました。財閥は、結果的に勝ち残った側の代表と考えればよいと思います。

さて、では三井と三菱についてもう少し詳しく説明しましょう。

3　三井のケース

三井にとって最大の転換点は、一八八二年の日本銀行設立です。これによって、それまで政府の銀行としての役割を果たしていた三井銀行の地位が奪われました。この時代の三井については、粕谷誠（かすやまこと）さんの『豪商の明治』に詳しく検討されています。現在までの三井研究の到達点を示す研究ですから、是非参照してください。

中央銀行は、銀行券を発行することによって金融の中心的な役割を果たしますが、その役割には通貨供給の唯一の担い手という面と政府の銀行という面との二つがあります。明治の初めに国立銀行条例ができた時、この条例に基づいて設立された国立銀行は紙幣を発行することができました。その制度を廃止して日本銀行に発券を集中しました。同時に政府のための銀行の役割が日本銀行に移りました。これによって三井銀行は官公預金の取扱いを返上することになりますが、実際には直ちに全部返上することは実行不能な状態でした。八二年の時点で、三井銀行の預金の五五％が政府の預金（官金）だったからです。返上には貸出しを半分以下に減らさないとバランスがとれないわけですが、貸出しの方は四割が不良貸しで、返ってくる見込みがありませんでした。

こんな状態で、「銀行の経営者でございます」とよく言っていられたと思うのです

1882年	日銀の設立=官公預金取扱いの縮小。 三井銀行の預金の55%官金、貸出しの40%が不良貸し。 三井物産、三池炭鉱払下げで石炭中心に展開。
1891年 7月	三井京都支店取付。
1892年 2月	中上川入行、銀行経営の全権掌握。 官金取扱いの辞退、支店・出張所の廃止=政商路線の否定。
1894年10月	三井元方工業部設置。鐘紡、王子製紙、北炭、芝浦製作所、富岡製糸場などを支配下とする。
1897年	工業化路線の見直し。
1901年	中上川、死去。益田孝全権掌握。物産・銀行・鉱山の3本の柱へ。

表4－2　事業経営の多角化（三井のケース）

が、幕末の動乱期を乗りきる役割を果たした三野村利左衛門は、オリエンタル・バンクからの借入の始末をつけると間もなく七七（明治一〇）年に亡くなっていて、その後に三井は適当な後継者を得なかったのです。三野村の後継者は、官公預金を預かって運用する従来の路線をそのまま続けることだけを念頭に置いて経営していましたから、政府預金が引き上げられれば、三井銀行は相当危ない経営状態になっていたのです。

したがって、三井銀行の経営の再建が必要になりました。三井のもう一つの事業として成長しつつあった三井物産は、三池炭鉱の一手販売輸出を引き受けることによって利益をあげていました。三池炭鉱の払下げをまだ受けていませんから、このころには、物産と銀行の二本の柱でしたが、一本は腐りかけていたのが八二年です。

再建のための方策が検討され、具体策が動き始めるのが一八九〇年から九一年にかけてのことです。日銀設立から一〇年近く経っていますから、ずいぶんもたもたしていたと思いますが、三井には同族が一一家もあり、この人たちの意見がまとまらないために方針が定まらなかったようです。結局再建のための方針を定めたのは井上馨でした。

一八九〇年に井上が高橋義雄に「ちょっと三井がおかしいから調べてこい」と調べさせ、「とてもじゃないけれど、このままいったらつぶれそうだ」という報告を受けて、井上が中心になって再建策を実行できる人材を探しました。そして、福沢諭吉の甥で山陽鉄道の社長をしていた中上川彦次郎に白羽の矢を立て三井銀行の再建を委ねたのです。

井上は、三井物産が設立された時にこれに参加しています。一八七三年に江藤新平司法卿との対立から政府をやめて新しい仕事を探していた時代で、三井物産は、井上馨や益田孝などが始めた先収会社が起源です。それが三井の主要な事業に成長していました。そうした経緯もあり三井と井上は非常に親しい間柄でした。出資者ではありませんが、政府高官として三井の事業にも、あるいは同族に対しても、後見役として意見を言うことを役割と自認し、次章でふれる「家憲」の策定を勧めるなど三井の事業に関与しました。

その井上の肝煎りで、中上川が入社します。当然、今までいた連中はおもしろくありません。井上の推薦といっても、中上川は地方鉄道会社の社長にすぎませんし、福沢の甥です。福沢門下は三菱に関係している人が多いので、人間関係からはずいぶんとねじれています。そんなこともあって内部でいろいろな軋轢を起こします。

中上川はモダンな教育を受けた人で、三井銀行の経営体質を根本的に変えなければいけないと考えました。それはかなり正確な状況判断だと思います。まず、中上川は、できるだけ早い時期に政府の官金の取扱いを全廃するという方針を出します。その代わりに預金を集めて、そしてその預金を製造業を中心とした工業部門に投資する銀行へ転換する方針を提示しました。それが九二年の二月のことです。こうして中上川は全権を掌握すると官金取扱の辞退と支店・出張所の廃止を推進します。

それまで、三井にはたくさんの支店がありました。官公預金を扱うためには、地方のいろいろなところで集められる地租などの政府収入を預かる役割をしなければいけないからです。それを廃止するというのは、官金取扱の中止と対になった方針です。こうして中上川は「政商路線」を否定していきました。

二年後の九四年の秋には、三井元方に工業部を設置します。元方とは三井の一一家ある同族の資産全体を管理しているところです。それぞれの家には家計の部分にあたる奥がありますが、これに対して表の事業に関わる部分が元方だと思えばよいでしょう。そのなかに工業部という新しい組織を作ります。この他に銀行があり、鉱山があり、物産があったわけですが、工業部では三井銀行が貸出の担保などで保有することになっていた株式等を手掛かりにして、いくつかの新興の製造業企業を育てようとしたのです。

この工業部に編入された企業は、のちに有力企業に成長するものが並んでいます。当時最大の紡績会社だった鐘淵紡績をはじめ、王子製紙、北海道炭礦汽船、芝浦製作所（現在の東芝）、それ以外に富岡製糸場を官業払下げで獲得しています。業種は、綿紡績、生糸、紙、石炭、電気機械等ですから、成長期待の高い企業を傘下におさめていました。

もっとも中上川にも誤算がありました。芝浦製作所は収益が良くありませんでした。この時代の日本の機械工業の技術水準は劣悪で、芝浦は赤字会社です。その結果、「工業化」の努力に比べて思うように業績が上がりません。安岡重明さんは中上川の改革を「一種の試行錯誤的実験」と評価していますが、そのために九七年に中上川は、三井の内部の批判にさらされ工業化路線の見直しを迫られることになりました。

こんなに早く、新しい路線が放棄された理由の一つは、中上川自身が三井のなかで孤立していたことでした。中上川を送り込んだ井上も、中上川の不良債権整理の強行が井上の関係者に被害を与えたことで不満をつのらせていたといわれます（森川英正『日本財閥史』）。四面楚歌でした。斬新な方針自体はまちがっていなくても、うまく進まず、社内の支持が得られなかったのです。

「釜石の鉄」が傘下に入るのは後のことですが、北炭の子会社には日本製鋼所ができますから、中上川の改革が順調に進めば、三井はもっといろんな意味で工業部門に進出できたはずです。しかし、早い時点でこの工業化路線を放棄することになりました。鐘紡や王子、芝浦に対する持株率を下げていって――三井には傍系会社という言葉がありますが――、三井物産や三井銀行や三井鉱山などの三井の直系事業に組み込むことなく、傍系会社として位置づけて、芝浦や王子との関係を希薄にしてしまうことになりました。

その結果、第一次世界大戦から第二次世界大戦、そして戦後の高度成長期にかけて、三井グループ全体として製造業部門が弱いという後遺症を残します。中上川の路線自体が失敗してから――中上川は、その見直しが始まった四年後に失意のなかで亡くなっています――、益田孝が全権を掌握して、物産と銀行を中心とした三井財閥の発展を志向することになりました。三井は物産・銀行・鉱山という三つを柱とする方針を工業化路線の清算の後で確定しました。それが一九〇〇年代初めのことです。

三井の場合、物産は商社では競争相手のいないトップ企業でした。三井銀行も、十五銀行という華族が設立した銀行に比べると預金量は劣りますが、民間銀行としてはトップクラスです。金属鉱山では神岡(かみおか)鉱山で鉛と亜鉛を生産しており、三池などの石炭では業界第一です。さらに北炭も傘下に入りますから、三井鉱山と北炭を合わせると石炭産業における三井のシェアは非常に大きかったのです。

この石炭の取扱いが、物産の取引量の拡大を保証するような恰好(かっこう)で鉱山と物産という二つの事業が相互に依存しながら成長していきます。この時代の三井は、それぞれの部門が日本のトップですから、これだけで十二分に高利益を得られる体質をもっています。そのことがより一層の多角化、相対的に利益率の低い事業分野には消極的という状況を招いたと考えられます。そこに三井の多角化の特徴も限界もあります。

4　三菱のケース

三菱は、大久保政権のもとで起こった台湾出兵や西南戦争などの軍事輸送を担うことで海運事業を急速に伸ばしました。そこでは政府の保護が大きな役割を果たしました。

大久保暗殺後の大隈政権は、大久保の政策を踏襲しますので、三菱を国際競争力のある海運会社に育てる方向で動いています。ところが、この大隈の三菱に対する保護

1878年	大久保利通暗殺。
1881年	大隈重信失脚。
1882年	政府43%出資で共同運輸設立。 共同VS三菱の運賃競争。
1883〜85年	三菱社、赤字に転落。
1885年 2月 9月	岩崎弥太郎、死去。 日本郵船設立。
1873年	吉岡銅山買収。
1874年	高島炭鉱買収。
1884年	長崎造船所貸下げ(1887年払下げ)。
1885年	第百十九銀行買収→三菱銀行となる(1895)。
1887年	尾去沢・槇峰などの鉱山買収。
1889年	筑豊炭田に進出。
1890年	丸の内の土地8.1万坪払下げ。

表4－3　事業経営の多角化（三菱のケース）

政策が、民党からも、政府内部の藩閥勢力からも批判を浴びることになりました。「明治一四年の政変」で大隈が失脚させられると代わって政権を握った長州中心の政府は方針を大きく転換します。三菱一辺倒の海運保護政策をとっていた政府が自ら四割以上を出資して、大阪などの小さな船舶会社を集めて共同運輸という会社を作り、この共同運輸に肩入れしたのです。ちょうどデフレ政策の影響で経済活動が不活発になり、荷動きが少なくなっているという景気後退期で、共同運輸との競争がなくとも三菱の経営は悪化していました（関口かをり・武田晴人「郵便汽船三菱会社と共同運輸会社の「競争」実態について」）。これに加えて八五年にかけて、三菱と共同運輸が激しい運賃引下げ競争によって荷主を奪い合うことになりました。それまで、政府の保護のもとで政商として発展していた三菱は、「悪徳商人」として在野の自由民権運動から批判されるだけでなく、政府自身から競争を仕掛けられたのです。それでも、先発の企業として船も多く、航路も確保していましたから、三菱は、共同運輸の参入のはじめのころには余り気にかけていません。しかし、八四年から八五年にかけて運賃引下げによる競争状態が激化すると、さすがに対応を迫られることになりました。そんな時に三菱の総帥・岩崎弥太郎が亡くなっています。弥太郎の死後、両社の妥協が図られるようになります。さすがに政府もこのまま競争を続けていると共倒れになって、外国海運会社に近海の航路まで取られてしまい、困ると気がつきます。自前の海運業者は有事の軍事輸送などの時に不可欠です。三菱の成長もそうした要請に応えるために保護された結果であったことを考えれば、共倒れは避けなければなりません。

貿易面でも、輸出入貨物の輸送を外国の海運会社が引き受ければ、運賃収入は外国にいってしまう一方で、日本の会社が引き受ければ、日本の外資収入になります。これだけを考えても重大なのです。こうしたこともあって、生死を争うような競争は無意味だという判断が優先されるようになり、妥協が図られました。

一八八五年の九月に、三菱と共同運輸が合併して日本郵船が新設され、両社の競争状態は解消します。これは平和的解決ですが、三菱は主業であった海運の経営権を失い、大株主としての地位だけが残ります。空になった三菱の「のれん」の中を埋め合わせる事業を探す必要に迫られました。そのための経営多角化が、一八八〇年代後半から始まります。

三井の場合には、日銀の設立以降に官公預金の取扱いを徐々に縮小していくのですが、三菱の場合には海運業を一挙に手放しましたから、対応を急がなければいけません。このような事情から、転換は急激に進みます。

まず、一八八五年に第百十九銀行を買収し、これを三菱系の銀行として育てる方針を打ち出します。そしておおよそ業務に慣れた一〇年後に、三菱合資会社銀行部という後の三菱銀行の起源へと再編成しました。

これより先、一八八四年には長崎造船所を手に入れています。これは政府と激しい海運競争をしているときのことです。だから、この話にもいろいろな憶測があって、赤字続きの事業所を三菱に押しつけたという解釈もあります。しかし、実際には工部省の側から修理を中心とする造船業を継承可能な事業者として三菱に狙いを定めて払受けを持ちかけたようです。こうして三菱は造船業という新しい事業を育てるチャンスをつかみ、見事に収益事業として、長崎の造船所を再編成していきます。ただし、長崎の進出には、三菱もそれなりに慎重で、八四年には払下げではなく事業全体を借り受ける方法で事業に着手しています。工場設備の貸下げを受けてから、三年後（八七年）に払下げを受けています。

これが三本目の柱です。もともと海運以外の事業として吉岡銅山と高島炭鉱がありましたから、これに銀行が加わり、造船が加わることで三本の柱になります。さらに八〇年代の後半には、鉱山部門を拡張します。地方の有力な商人たちが稼行していた鉱山、たとえば尾去沢・槇峰・荒川などを買収し、金属鉱山業の拠点を築いていきました。さらに、八〇年代末から九〇年代にかけては、筑豊炭田に進出して石炭事業が拡張されます。それから、一八九〇年には、これもどのくらい見込みがたっていたかわからないのですが、丸の内界隈の土地約八万坪を一二八万円で買収して開発に乗り出します。これがのちの三菱の丸の内ビル街建設となり、事業としては三菱地所につながります。

こうして三菱の場合には海運から一挙に事業内容を転換し、鉱山・造船などへと多角化しました。そして九五年に銀行部ができるころまでに、事業の再編成がほぼ終わったと考えることができます。

一八九五年というのは、住友が銀行を作った年でもあります。一八九〇年代の半ばぐらいには、財閥はその後の事業の柱になるものをおよそ作っています。住友の住友電工や住友金属の出発点になる事業がスタートするのは、一八九七年です。このように一八九〇年代にのちに財閥と呼ばれることになる事業家たちは、経営多角化によって産業革命の展開に沿った新しいビジネスを作り上げていったと考えられます。

結果からみると、銀行業と鉱山業は、三つの財閥にほぼ共通しています。そのなかで、商事部門が非常に強かったのが三井、造船などの重工業部門が強かったのが三菱です。住友もどちらかといえば三菱に近いタイプで、重工業部門に進出していました。このことは、その反面で、日本の産業革命の中心的な紡績業や生糸などの部門に財閥はあまり積極的に進出していないことを示しています。もっとも、まったく出なかったわけではありません。たとえば、三井では、中上川の改革路線で鐘紡の経営を試みていますし、富岡製糸所も買収しています。住友も生糸へ進出を試みています。つまり、手をつけたことは事実ですがいずれも中核的な事業には育たず、多くの場合は撤退して、さきほどまとめたような事業分野に特化していったのです。

このような特徴が生まれた理由の一つには、紡績では、綿と糸の値段の変動が激しく、市況品として相当に投機的な動きをみせていたことが挙げられます。そういう投機的な取引に関するノウハウや現場の技術の蓄積が財閥にはありませんでした。鉱山は山師という言葉があるくらいに投機的な事業だと思われていますが、この時代には鉱山の方がはるかに安全性が高く、財閥にとっては生糸や紡績の方がビジネス・チャンスとしては危険が大きいと考えられていたのです。これが、財閥の政商からの脱皮への過程の特徴です。

第五章　家政改革と家憲　総有制の知恵

はじめに

この章では、明治の後半期における財閥の組織整備がテーマです。明治前半の動乱期には多様な商人たちが新しいビジネス・チャンスを求めながら競い合っていました。そして、そのなかから勝ち残ったグループは、新しい時代の事業の発展に対応しながら、その時代に応じた組織を作っていきます。

その場合に、財閥の同族は出資者としてみると特異な性格をもっていると考えられるので、それを議論の出発点として財閥の組織の問題を考えてみたいと思います。財閥の組織面での特徴が典型的に表れている三井を中心に、ここでは議論します。

1　「総有制」という特異な事業財産管理

三井は、江戸時代からの長い伝統をもった商人です。当然、その長い歴史の激動を生き抜いてきた三井には、それなりの知恵がありました。その三井の経営の基本的な理念は、近代的な経営が成り立つうえでも重要な意味をもっています。とくに営業用資産や資金と生活のための費用・支出を、どういう形で区別し管理するかは、事業経営のあり方の発展を評価するうえで重要なものでした。

わかりやすく小さな商店を考えてみると、商店では「表」のお金は売上げであり、それが仕入をする資金になります。ところが、放蕩息子がいて、その売上げで自分のほしいものを買ってしまうと、本来は営業用に使うべきお金が、生活の費用に費やされてしまいます。これではこの商店の経営は、だんだん左前になります。利益や売上げをきちっと管理ができなくなるからです。

近代化のプロセスで会社が会社として家計から独立するためには、個人や家族の支出と営業の支出との二つを分離することが大きな課題でした。とくに大きなお店になればなるほど奥向きの入費、生活費もかさみます。奥向きの使用人もいますし、表の使用人もいます。これらの給料も本来は家計支出と営業支出とに分けられるべきものです。

近代になればそれがはっきりと分かれていきます。一般的には生活する場とお金を稼ぐ場が離れていますから、二つの支出は空間的にも分かれていきます。そうなる以前は、このような家計と経営の分離が問題でした。

第三章で話した藤田組について、融資した毛利家が、絹の着物を着るなとか、骨董品を買うなとか、食べ物にまで注文をつけたのは、家計と経営の分離ができていない状態だったからです。したがって貸付金の安全を考えると、藤田組に対して生活の出費まで制限をしなければなりませんでした。

一つの経営を維持するためには、家計をどう分離するかは近代以前から問題になりうることはわかります。江戸時代の商人たちにとっても、あるいは、土地をたくさん持って地主化しているような農民でも、あるいは、造り酒屋のような工業的な営業をしている人たちでも問題でした。

そういうなかで生まれてきた江戸時代の知恵が「総有制」と名づけられたものです。耳慣れない言葉ですが、三井では江戸時代、本家を含めて当時九つの家があって、その九つの家が共同で営業の資産を所有しています。これが近代的な経営ならば、株式を発行して九つの家で分割して持てばよいわけです。株式のように譲渡可能な証券にして分けられれば話は簡単なのですが、お金とか土地とかはともかくも、たとえば「のれん」や信用などは分けられるような資産ではありません。

しかも全体が一つにまとまっているからこそ力はあるが、バラバラになったら力を失う危険性もあります。三井は近代になると一一家になりますが、それぞれの出資分を九家とか一一家に分割するのではなく、営業資産全体を分割せず一体のものとして捉(とら)えることにしています。三井組の営業資産を複数の家で共同で持つという考え方に立ったのです。こうして営業用の資産を明確にすることによって、同族各家の家計との分離もはっきりさせることができたのです。

営業資産を一体のものとして持っているのは独特の所有のあり方です。ここで「総有制」と呼ぶものですが、この特質については、安岡重明さんが「総有的財産」という表現を用いて『財閥の経営史』のなかでていねいに説明しています。総有は、所有権という意味ではあいまいな概念です。なぜかというと、物を所有していることの決定的なポイントは、自由に処分できることですが、総有では処分の自由がないからです。この「総有制」の特徴は、営業資産を一体のものであると考え、出資者それぞれに持ち分を決め、それに応じて利益を配分するけれど、その持ち分について各同族には自由な処分権を与えないということにありました。

これは、株式の場合と対照してもらえればわかります。近代の企業は、一〇人でも一〇〇人でも一万人でもよいのですが、たくさんの株主がその企業の株を持つというかたちで共同出資しています。この場合、企業は株主の持ち分に従って、一〇〇〇分の一とかには分割できませんが、出資者は、その一〇〇〇分の一の権利を株式の形式で自由に処分することができます。株式という出資形式だから、こういう処分（所有権の移転）ができるのです。会社の資産も分割してしまうと力を失うので、それを防ぎながら出資する側には、証券の形で分割譲渡できるようにしているのが、近代の株式会社の制度的工夫なのです。

ところが三井の場合には、出資しているのに出資者各自が出資分を引き上げることも、処分もできませんでした。処分の自由がないという意味では所有とは異質なのです。この状況を表現するために使われているのが、「総有」という言葉です。それぞれが分割できず全体を一体として、本家と分家がみんなで持っているのです。

これに一番近い例が入会地（いりあいち）です。ある村の入会地について、その村の人はそこで下刈りして燃料をとるとか肥料をとることができました。村全体がその入会地をみんなで持っていて、そこから自分たちの生活に必要なものを受け取っていました。この場合も、「おれはあの入会地のあの部分がほしい」と言っても所有はできません。「入会地はいらないから金に換えてくれ」といっても金には換えてはもらえないのと似ています。

総有制は出資分を分割・処分できないために、出資者の行動が制限されるだけでなく、出資されている営業資産を増やすこと、つまり、元本を保全するだけでなくて、さらに増加させることを優先する考え方が強調されていた点に特徴があります。

特徴の第一の点は、出資者の権利の内容でしたが、第二の点は、どういう義務を出資者が負っているかです。同族全体に営業の元本を保全し増加させる、つまり、先祖代々受け継いだ三井組の営業資産を協力して減らさないように、増やすように努力する義務を負わせていました。現役世代は、持ち分に従って利益の配分を受けるとはいっても、営業資産全体は先祖代々受け継がれてきたもので、彼らはそれを一時的に預かっているだけということなのです。だから、現役世代は、その資産を減らすことは許されず、むしろ増大させて次の世代に渡す義務を負うのです。

そのために、年々の利益についても、できるだけ利益を分配せずに営業資産に加えていくことが同族には求められていました。これが「総有制」のもう一つの特徴です。つまり、出資者の権利をできるだけ制限したうえで、三井組という一つの企業体が発展することが総てに優先するという考えに立っています。出資元本を分けることもできないし、そこからの利益の配分も制限されています。それによって営業資産の永続的な発展を願う考え方が、この「総有制」にあるというわけです。

この考え方は、三井の場合には二代目の三井高平が一七二二年に残した「宗竺遺書」によって、代々の当主や三井組に勤めている番頭手代たちが守るべき原則を明確化したときから継承されています。つまり、同苗（同じ根から出ているという意味で同族のこと）の持ち分を決め、「九軒身上一致之家法」という三井家全体を協力・共同させるための家の規則を作ったのです。

こうした経営理念に従って三井組は江戸時代を乗りきってきました。三井は呉服商であり、両替商に進出し、江戸に店を出すなど事業が拡大していきますが、そのなかで、三井組の営業資産は全体が一つのものとして考えられ、利益が上がれば再投資されて事業の拡大につながるように運用されていくことになりました。

ところが、前からお話ししているように、このやり方でも時代の激動に呑(の)み込まれそうになるわけで、増やすつもりで貸したお金の返済が滞るなどのこともありました。大名貸しが貸し倒れになってしまい、江戸時代の終わりに三井組は経営的な危機を迎え、そこで三野村利左衛門という人が登場する話はすでに紹介した通りです。

2　三野村利左衛門の「反逆」

三野村は、三井にとって救世主になりました。しかし、実は、なかなかの曲者(くせもの)で、乗っ取りとまでは言えませんが、三井組の「総有制」的な事業方針を変えようと画策し、実際に彼が生きてるあいだには、その可能性が出てくるほどでした。

それが三野村利左衛門の「反逆」です。反逆とまでいえるかどうかの評価はむずかしいのですが、三野村は、本家以下の同族が介入するために経営に問題が生じている、「このままでは三井の事業全体が危ない」と考えたようです。だから、できるだけ同族の影響力を排除し、自分たちの力を強めて危機を乗りきろうとします。その第一歩として一八七六年に三井銀行を創立した時には出資金二〇〇万円を、三井組大元方から一〇〇万円、三井同苗五〇万円、三井組手代五〇万円としました。銀行が三井組の事業だと考えれば、総有の資産に加えられるべきものですから、この時には一一家になっていた三井同族全体が共同で出資する形式をとるのが原則でした。しかし、実際には、三井同族が出資できたのはわずか五〇万円で、その下で事業資産を管理していた三井組大元方一〇〇万円、合わせて一五〇万円でした。それに加えて三井組手代などから五〇万円が出資されています。これまでは、本家・分家と同族に限られていた出資について、実際に経営に当たっている手代たち、およそ三七〇人ほどで合計五〇万円、全体の四分の一を出資する形になったのです。

創立時点では、三井銀行は三井同族と三井組の従業員による共同出資の私立銀行という形式をとりました。したがってその時の三井銀行は、三井組の「総有制」的な出資のあり方を逸脱したものでした。このような逸脱を決定づけたのが、三野村が七六年に同族たちと交わした「盟約書」です。

この「盟約書」の中には、いろいろなことが書かれていますが、次のような文章があります。

……既ニ会社法を設けし以上ハ此銀行之資本ハ株主一同之物にして三井氏一族之物ニあらず、又旧三井大元方之資財ハ三井一族之共有物ニ非す、又同苗中各己之私有物ニもあらず(『三井事業史資料編三』)。

注目するのは「旧三井大元方之資財ハ三井一族之共有物ニ非ず」というところです。この場合「大元方」として対象になっているのは東京大元方だけのようですが、「総有制」のもとにあると思われていた営業資産全体を三井一族の共有物ではない、また同族それぞれの家の所有物でもないと明言しています。最後の同族の私有物でもないというのは、分割できないという限りでは「総有制」的な原則を確認しているだけです。したがって、改革の要点は「総有制」的な原則を維持しているようにみせながら同族一一家の所有から三井銀行を切り離し、従業員も出資に参加する企業にしたことです。これが三野村の「反逆」の到達点でした。

ところが、三井同族の反撃にあって、この改革は必ずしも成功しませんでした。なぜなら、改革の推進者だった三野村がこの「盟約」の翌年に五七歳で亡くなってしまい、支柱を失ってしまうからです。

三野村は、維新政府の藩閥官僚と結んで政商路線をひた走って三井組を再建した功労者で、古い体質をもっている感じの人ですが、従業員の出資も認め、三井組の事業を同族の所有から分離しようとするモダンな面をもっていました。

彼は、三井銀行を作ったときには、今でいう頭取——当時は総長と言いましたが——を誰にするかについて株主全員の選挙をしています。その選挙で彼は、全体の約八割の七二票集めて当選しました。ただ、彼は辞退して三井家のご当主に総長を譲るのですが、このように三井組の手代たちに支持されていたようです。だから根本原則をこれだけ変える改革ができたと思うのですが、彼自身がそうした改革の先を見届けられずに、七七（明治一〇）年、西南戦争の年に亡くなります。

翌年になると、ただちに同族の反撃が始まります。七八年には、三井組の同族の各家からいろんな意見書が出て、結局「盟約書」が改訂されました。改訂の内容は、さきほど注目した「共有物ニ非す」というところを「共有物ニシテ」と直すというものです。たった二字だけですが、この二字の変化が大きな違いをもたらします。まったく逆の意味になるわけで、ここで改めて営業資産すべてが三井家同族の共有物に戻されます。資本参加したつもりだった手代たちの権利があっさりと奪い去られました。

この「盟約書」の改訂の主旨に沿い同族による一元的な出資を目指して、手代たちの出資分の回収が進められます。ただ、この手代出資分の回収はそう簡単ではなく、九三（明治二六）年までかかりました。同族の方に買い取るだけの金がなかったからです。そのため、事業からの配当金を貯えて、三井組の手代たちの出資分をプレミアム付きで買い上げて、三井銀行の出資に関しては、九三年に全額同族の出資にしました。

こうして、三井銀行に関しても総有制的な原則に立ち戻りました。結局、三野村の試みは挫折しますが、ここには、その後に三井財閥がかかえこむことになった重大な問題点が典型的に表れています。

すなわち、三野村は、三井組の将来の発展のためには、同族の口出しが制約になる、邪魔になると考えていました。同族の出資を排除しようと思ったのではありません。それはそのままにして、自分たちの営業に対する権限を強化しようとしたのです。それは、経営能力をかわれて専門的に経営している番頭たちと、三井組を構成し出資者となっている同族たちとの関係が問題だったということです。事業の発展をめざすなかで金をもっている人間と経営能力をもっている人間の力のバランスをどうとるかという問題でした。

三井には本家分家合わせて多数の同族がいるために、何か変えようとしても、あちこちからいろんな意見が出てきます。蜂の巣をついたようになってしまうのです。たった一人がいても経営者との意見の調整に時間がかかるかもしれないのに、一一家もあるのですから、とても意見の調整が難しい組織というのが、三井組の実態です。だから、同族の顔を立てなければならない番頭はかないません。その点が後々まで三井では問題になります。

前章でお話ししたように、三野村の死後、三井組の経営は芳しくありません。同族のものに取り戻してみたものの人材を得ないから、中上川彦次郎が入ってくるまでのあいだ、三井は経営的には停滞します。しかも、中上川の改革も必ずしも成功しません。そういう状態のなかで一八九〇年代に、三井組の事業の再編のために家政改革が着手されました。

3　三井の家政改革

一八九〇（明治二三）年に、すでにふれたように、高橋義雄が井上馨の命をうけて三井銀行の経営状態を調査し、二〇〇万円あまりを日本銀行から借り入れて固定貸しを償却しないと危ない状態であることが判明します。この報告を受けた井上は、九一年から九二年にかけて三つの改革方針を示します。

第一に、一八九一（明治二四）年に、仮評議会という組織を作って、改革案の検討を始めます。第二に、家の憲法ともいうべき家憲の制定準備に入ります。そして第三に、前年から物色していた人材として中上川彦次郎を入行させ、三井銀行の再建を任せます。この第三については、すでにお話ししましたから第一と第二を中心に続けます。

一つ目の仮評議会は、九一年一二月に番頭たちを中心に、三井の事業の再編成、改革の方針を審議する目的で設置されます。そして、おおよそ二年ほどの審議の結果、三井家同族会を作るという組織改革が提案されました。

改革の骨子は次のようなものです。まず、三井全体の資産を管理するため、同族会を組織する。そこに一一の家が全部加わり、同族の意思を統一する機関とする。その上で実際の営業を指揮する組織として三井元方を分離する。これが、トップ・マネジメントの組織になる。その下に三井銀行や三井物産を置く。三井元方は、同族会の意向を受けて同族会の事務を行う一方で、最終的な意思決定（経営方針の決定）をすることになりますが、さらに分離を徹底させるために、九六年に元方の下に三井商店理事会（一九〇〇年三井営業店重役会に改組）を作ります。

ピラミッド型の組織ができて、積み木を重ねるようにして同族が上へ上へとまつりあげられていきます。実際の営業は、営業店の重役、たとえば三井物産なら益田孝、三井銀行なら中上川彦次郎が経営の責任をもつことになります。そうした重役たちが集まって、三井全体の営業方針も決めるわけです。この方針は同族会へ報告されて承認を受ける必要がありますから、非常に強い権限を同族がもっているようにみえますが、同族は現場からどんどん遠ざけられています。「飾り物にした」と言うと語弊がありますが、実質的には同族の経営への介入を小さくする方向で組織が再編されました。形式的には最終的な権限は同族会にあります。「盟約書」をひっくりかえしたことに表れているように、同族の力は無視できません。しかし、そういう人の声が営業店（ここでは銀行、鉱山、物産などですが）に直接には届かないように幾重にもスクリーンをかけました。意見を集約して、そして、それをふるい分けていくのです。上意が下に伝達される時の伝わり方をコントロールする組織を作っていったと考えることができます。この組織整備は、最終的には、一九一〇年前後に営業組織のピラミッドの頂点が持株会社化することによって完成します。

このような組織改革と同時に検討しはじめていたのが事業に関する規程面の整備です。

組織を改めても、それぞれの役割が明確化しなければなりませんから、組織規程・分掌規程を定めていく必要があります。それは、同族が守るべきこと、重役が守るべきことなども含めて全体の営業にかかわる基本的な枠組みを決めるものになります。それが家憲（三井家の憲法）です。時代も変わりましたから、宗竺遺書を改訂する必要性があったでしょうし、組織の改革を明文化しなければならなかったことは間違いありません。

一八九〇年の高橋の調査を受けて井上は、ただちに三井の家憲制定を準備するように側近に命じます。具体的に立案にあたったのは、当時帝大にいた穂積陳重（ほづみのぶしげ）という法律学者です。『三井事業史』（本篇第二巻）に紹介されているところによると、井上はこのときいろいろな人に相談しました。そのなかで日本の商法・会社法を制定するのに功績のあったロイスレルというドイツ人の法律学者が、ドイツのユンカーとかの大貴族たちの例を引いて、「法律でやるのはとても無理だ。しかし、ドイツのなかでも貴族たちは自分たちの家や家族・同族・血縁だけに通じるような、習慣的な規則を定めているところはいくつもあるから、それを参考にするのがよろしかろう」というアドバイスをしました。井上には、三井などの財閥系の企業全体をコントロールできるような法律を国のレベルで作ろうというアイディアもあったようですが、ロイスレルのアドバイスを受けて、家憲制定という方針が定まりました。

こうして制定の準備が始まりますが、一回決めれば簡単には変えられないという心配もありましたから、利害関係者からさまざまな意見が出て調整に時間がかかり、ようやくまとまったのは一九〇〇（明治三三）年、検討を始めてから一〇年近くたっていました。

井上は、家憲制定を祝う披露の式に出て演説し、制定のねらいの一部を話しています。ここに井上の考えや家憲の制定を必要と考えていた人たちの意図がにじみでています。井上は、「……方今十一家、現在ヲ見ルニ只、馬車ノ競争、奢侈（しゃし）の競争ハ出来ルモ、営業上ノ競争ハ措テ問ハズ……」と指摘します。遊びやぜいたくで競うことはできても、同族には営業上の競争はできないと痛烈に批判しているのです。こうした視点から同族に対して注文をつけています。たとえば、井上は同族にその家計の部分での浪費を戒めながら、もっと経営に専念しなさいと言っています。しかし、他方で「同族ができることは少ない」とも言っています。これが家憲の大きな枠組みに反映されています。

非常にむずかしいことですが、奢侈に走るなどと助言しておかないと、三井が事業活動に必要とする資金を元方や重役会に集中させていくことができません。それを同族に納得させることが難問でした。同族の側には、激動の時代ですから「俺がやったらうまくいくのではないか」と思う人もいるはずです。しかも三井の資産のうち自分の持ち分がそれ相応にある。そこらの商人よりも潜在的にははるかに元手を多く持っているはずですから、同族のなかでも野心的な人たちは、何かやりたいと思っているし、持ち分を分けてもらえないのであれば、三井組の事業で手腕を発揮してみたいと思うのは自然の成り行きでしょう。そういう人たちをなんとか抑え込まなければならないのです。

したがって、家憲では、同族に対して、①政治に関与すること、②負債をなすこと、③債務の保証をすること、④「私ニ商工業ヲ営ムコト」、⑤「私ニ……株主」となること、などを禁止しました。

④の「私ニ」というのは「ひそかに」と読むのでしょうか、同族会のメンバーは元方・営業店など組織内の事業に対して責任を負っていて、それ以外に同族会に無断で勝手に自分のやりたい事業をやったり会社を設立してはいけないと決められました。⑤では、さらに徹底して、株主にもなってはいけないと定めています。同族が受け

取る配当金は当時の金額ではバカにならない大きな金額ですから、ちょっと才覚があれば、どこかの会社に投資したいと思うこともありえたでしょうが、それも禁じられていました。

このように三井同族に対しては、お金の使い道をできるだけ制限しています。万一の場合に各家が勝手にやった事業が失敗して三井全体に迷惑が及ぶことを危惧（きぐ）しているのです。だから仕事も制限しています。同族会に専念しなさい、三井の事業に専念しなさい、これが、家憲の制定の基本的な「ねらい」の一つです。このほかに表5－1に示した目次のように、三井家憲は第一章から第十章まで全文十章一〇九ヵ条という日本国憲法並みのスケールで、「一、同族」「二、同族の義務」「三、同族会及び同族会事務局などの組織のあり方」、それから、婚姻、相続、さらに制裁まで定めてあります。

第一章	同族
第二章	同族ノ義務
第三章	同族会及ヒ同族会事務局
第四章	婚姻、養子縁組及ヒ分家
第五章	後見、禁治産及ヒ準禁治産
第六章	相続
第七章	重役会
第八章	財産
第九章	制裁
第十章	補則

表5－1　三井家憲の大要

この詳細な規定を通して、三井家の事業はコントロールされ、さらに同族各自の行動もある範囲内に抑え込まれることになります。これは経営という観点からみれば大きな前進でした。三井同族の人たちが、「それで良い、あとは年々入ってくる配当でのんびり暮らそう」という気分になってくれれば、経営をまかせられた方からみれば都合が良かったからです。しかし、同族の方はそれではおさまらず、その後も内部に波風を立てることになります。同族の方は口を出したい、営業店の方は金を出してくれるのは歓迎だが、口は出してほしくないという対抗が続くことになります。

家憲の財産の規定では、「総有制」の原則が確認されました。「総有制」を認めるかわりにあまり口を出すなという考え方になっているところが、三野村のめざしたところとの違いです。もう一つ、「総有制」の特徴である利益の事業外への流出をおさえて再投資させるという考え方も確認されました。家憲とその後の規程整備で同族への配当に上限を定め、内部留保を優先する方針が明確にされていくからです。

この三井のケースが特殊なケースなのかどうかは議論の余地がありますが、井上はこのほかにも古河家にも家憲制定を助言しています。古河の場合には、家憲の制定までいかなかったのですが、「仮家則」を作ります。井上は家憲には執着していたようで、あちこちで家憲制定をアドバイスしています。家憲制定の動きは、ちょうど大日本帝国憲法ができた一八八九（明治二二）年の翌年からです。憲法ブームというのがあったのかもしれません。そういうこともあって、それぞれの大店（おおだな）が家の憲法作りを始めました。これと似たような動きで、よく対比されるのが、「住友家法」を定めた住友家の事例です。

4　住友家法の特徴

住友の場合には、やはり江戸時代からの家の規則のようなものがありました。これを広瀬宰平(さいへい)が一八八二（明治一五年）年に改訂し、住友家法を制定し、さらに九六年にそれを再改訂しています。

この規則は、一九二八（昭和三）年に社則が制定されるまで住友の営業の基本規則となりました。これも三井の家憲と同じように家の法律ですので、住友家の婚姻とか、あるいは養子縁組とか奥向きのこととか相続のことなどを定めていますが、三井より早く一八九六年前後に再改訂されたのには、住友家固有の理由がありました。

この時代の住友では、本家に健康な男子がいなかったために、相続をすべき人間が明治二〇年代に途絶えそうになってしまいます。そのため、徳大寺(とくだいじ)家から養子をもらいます。住友友純(ともいと)ですが、彼は同じ徳大寺家からの養子で、西園寺(さいおんじ)家に入り最後の元勲と呼ばれることになる西園寺公望(きんもち)の弟です。そういう人を養子に迎え当主としました。養子選びをしたのは番頭たちですから、迎え入れた当主のもとで彼らが中心になって事業を進め、「当主は君臨すれども統治せず」という経営のあり方に落ちついていきます。同族が口を出さずに番頭たちにまかせたこと、つまり同族と番頭の間の緊張関係が弱いのが、住友の特徴です。この家法の制定と改訂が問題になったのは、当主のリーダーシップが不在のまま、住友の事業をどう継承・経営していくかを考えていく際に、家の相続とか事業経営の基本的な方針を決めておく必要があるとの判断からだったろうと思われます。そのために広瀬は、一八八二年に家法を制定し、そのあとをついだ伊庭貞剛（いばさだたけ）は、養子縁組という事態に対応しながら、それを改訂して住友の営業方針を確認しています。

家法の冒頭にある「営業ノ要旨」がそれです。住友家の営業の基本方針をまとめたものです。表5－2にあるのは、麻島昭一（あさじましょういち）さんの『戦間期住友財閥経営史』から転載したものですが、時代によって変遷があります。

一八八二年制定の家法では、営業方針として考えられているのは、ここに出ている第二条と第三条で、第二条は、住友にとって別子銅山が一番重要な営業資産だということを、そして、その盛衰が住友の営業のゆくえを左右するものだから別子の発展に全力をあげることを規定しています。第三条は、住友の営業の基本的な理念だとして現在でもしばしば引用される「浮利を追わず」という営業方針が示されています。

このうち、別子銅山重視の方針には、広瀬は特別の思い入れがあったと思います。というのは、幕末・維新期に政府の没収処分を免れた別子銅山は、住友の資金難のために一〇〇万円で売却という方針が決定されかかったことがあるからです。このとき、

明治15(1882)年制定の住友家法(全19款196条)

第一款「家憲」

第二条　豫州別子山ノ鉱業ハ万世不朽ノ財本ニシテ斯ノ業ノ盛衰ハ我一家ノ興廃ニ関シ重且大ナル他ニ比スヘキモノナシ。故ニ旧来ノ事跡ニ徴シテ将来ノ便益ヲ謀リ益盛大ナラシムル事

第三条　我営業ハ確実ヲ旨トシ時勢ノ変遷理財ノ得失ヲ計リテ之ヲ興廃シ苟クモ浮利ニ趨リ軽進スヘカラサル事

明治24(1891)年の家法改正

第一編一般ノ規程　第一章「営業ノ要旨」

第一条　我営業ハ信用ヲ重ンジ確実ヲ旨トシ以テ一家ノ鞏固隆盛ヲ期ス

第二条　我営業ハ時勢ノ変遷理財ノ得失ヲ計リ弛張興廃スルコトアルベシト雖モ苟モ浮利ニ趨リ軽進スベカラズ

第三条　豫州別子山ノ鉱業ハ我一家累代ノ財本ニシテ斯業ノ消長ハ実ニ我一家ノ盛衰ニ関ス宜シク旧来ノ事蹟ニ徴シテ将来ノ便益ヲ計リ益盛大ナラシムベキモノトス

昭和3(1928)年制定の「社則」

第一条　我住友ノ営業ハ信用ヲ重ンシ確実ヲ旨トシ以テ其盤固隆盛ヲ期スヘシ

第二条　我住友ノ営業ハ時勢ノ変遷理財ノ得失ヲ計リ弛張興廃スルコトアルヘシト雖苟モ浮利ニ趨リ軽進スヘカラス

戦時体制下の新「社則」

「経営ノ要旨」

第一条　吾住友ノ事業ハ其ノ国家的使命ニ鑑ミ全力ヲ竭シテ報国ノ実ヲ挙ケンコトヲ期ス

第二条　吾住友ノ事業ハ信用ヲ重ンシ確実ヲ旨トシ全住友一体ノ精神ヲ遵守シテ協心戮力其ノ前緒ヲ纘キテ之カ更張ヲ図ランコトヲ期ス

第三条　吾住友ノ事業ハ時勢ノ推移事態ノ緩急ニ応シテ弛張興替スルコトアルヘシト雖恒ニ心ヲ百年ノ長計ニ存シテ大本ヲ誤ラサランコトヲ期ス

表５－２　住友家法の変遷
(出典：麻島昭一『戦間期住友財閥経営史』東京大学出版会、1983年、47-48頁)

広瀬は熱弁をふるって別子の売却を阻止しました。彼の作った家法の第二条に別子銅山のことを書き込んだのは、このようなことが二度と起こらないようにという広瀬の強い意思表明とみることができます。それゆえに、この考え方は一八九一年の家法の改正でも貫かれてはいますが、第二条と第三条の順番が入れ替わっています。広瀬退陣後の九一年には、別子銅山が大事だというのが第三条にまわっています。

一九二八年に定められた社則では、この変化がさらに明確になります。別子のことは文面から消えてしまい、「信用ヲ重ンシ確実ヲ旨トスル」ことを第一に、これに「我住友ノ営業ハ時勢ノ変遷理財ノ得失ヲ計リ弛張興廃スルコトアルヘシト雖苟モ浮利ニ趨リ軽進スヘカラス」というのが続いています。

ところが、「浮利を追わず」という方針は、戦争中にはなくなっています。年次がわからないのですが、戦時中に作られた住友の新「社則」では経営の要旨は、第一条から第三条までありますが、要するに時代の変化に合わせることが強調されています。麻島さんも「浮利を追わず」の文言を廃したと書いていますが、住友は、この経営の指針を戦争中にいちどは捨てたらしいのです。

以上のように住友では、営業の方針を宣言することに家法のかなり重要な面があったことがわかります。そして時代の変化とともにその条文は住友の営業のあり方に指針を与えつつ、一面では住友の営業のあり方を反映して改訂されていったということができます。

ところが、三井の家憲には、これに相当するようなものが明示的にはありません。この違いが生まれた理由は、三井の家憲では番頭たちが同族の行動をどう制限するかを念頭において作ったからではないかと思います。それに対して、住友の場合には三井の同族会のような力を同族がもっていません。そして、実際の権限を掌握している重役たちには、たたきあげの人も、外からスカウトされてきた重役たちもいます。そういう人たちに対して、住友の事業として何を守るべきかを規定することに家法のねらいがありました。だから、営業方針が全面に出てくる構成になっているのだと思います。

以上の点が、住友家法と三井家憲の違いです。くり返しになりますが、この違いが出てくるのは、同族と経営者たちとの関係が、三井と住友では大きく異なったためです。

もっと極端な例が三菱で、三菱には家憲に当たるものがありません。「組織の三菱」と形容する人がいますが、この時代の三菱の場合は、初代岩崎弥太郎の弟の弥之助が陣頭指揮をとり、一八九四年からは弥太郎の長男久弥の時代になっています。つまり、出資者が経営者でしたから、三井とは異なり、同族と専門経営者の対立が生じない。社長がオーナーでもあるわけですから、三井のような問題にはなりにくかったのでしょう。また、新興企業で三井や住友のもっている伝統の重みもありませんから、それをどう変革するかという課題もかかえてはいなかったと言うこともできます。

三菱の場合には、成文的な規則類で具体的に作られたのは、いろんな意味での組織規程だけです。そこでは三菱合資会社をどういう組織にするかが問題にされています。のちの時代になれば本社と子会社との関係などについて明文の規定がつくられますが、財閥解体まで、同族と専門経営者という関係での問題は生じませんでした。ちなみに、三菱の経営理念を示すと言われる「三綱領」が定められるのは、一九三四年のことです。それも、本社ではなく三菱商事会長の三宅川百太郎(みやけがわももたろう)がまとめたものです。

三菱のもう一つの特徴は、岩崎弥太郎と弥之助の二つの家が一九〇〇年頃には本家と分家という形で分離され、三菱の商号で営業する事業は三菱合資会社の下で経営されている一方で、本家も分家も、それぞれ三菱合資会社への投資のほかにも株式投資などを行っていることです。三井の場合には禁止されていましたが、三菱では、同族の家計それぞれが、株式などに投資することを認めていました。

こうして比べると、同族との関係が、それぞれの財閥の特徴を出しているということができます。そしてこの時代には、そのような個性的な制約のもとで近代的な企業としての性格をもつような組織形態に変えていこうという努力が、それぞれの財閥で独自の取組みとして試みられていたと考えることができると思います。

第六章　コンツェルン化と持株会社　巨大化する組織の整備

はじめに

「見立て番付」というものがありますが、そのなかで富豪の番付表が一八七五（明治八）年と一八八八（明治二一）年に出ています。阿部武司さんがこれを整理したものを、スペースの関係で少し簡略化して転載しました（表6－1、表6－2）。これによると、七五年のトップは、三井の本家の三井八郎右エ門です。それから鴻池、白木屋、それから三井の分家、天王寺屋五兵衛という名前があって、たとえば三菱の岩崎弥太郎はまだ出ていません。住友がかなり下の方で鴻池の方がずっと上にいます。それから小野組の小野善治郎・小野善九郎の名前もみえます。このへんが七五年前後の状態です。

一八八八年には、鴻池と三井がトップで三番目が山形の大地主だった本間家です。その後は小西酒造で、住友がその次にランクされています。岩崎弥之助の名前の字が元の番付で間違っていますが、岩崎家は八〇年代終わりにはかなりのし上がっています。

番付	住所	氏名	職業等
勧進元	東京	三井八郎右エ門	三井総領家。金融業
差添人	大坂	鴻池善右エ門	鴻池本家。金融業
行司	大坂	鴻池市左エ門	鴻池同族か?
行司	東京	白木屋彦太郎	木綿呉服商
行司	伊勢	三井元右エ門	三井同族か?
行司	大坂	天王寺屋五兵衛	江戸時代の両替商。幕末に没落
行司	伏見	下村庄右エ門	呉服商
行司	西京	岩城升屋徳右エ門	呉服木綿商
行司	東京	小津清左エ門	紙店、綿店
行司	大坂	越後屋八郎右エ門	呉服業。三井同族
行司	東京	大丸屋正右エ門	綿商と思われる
行司	東京	田端屋治郎右衛門	木綿問屋と思われる
行司	西京	島田八郎左エ門	金融業
行司	長崎	小野善治郎	小野同族
行司	大坂	小野善九郎	小野同族
行司	出羽	本間又太郎	大地主と思われる
行司	東京	須原屋茂兵エ	出版業
行司	東京	大倉屋喜八	大倉喜八郎
行司	横浜	越前屋清兵エ	生糸売込商か?
行司	横浜	丸屋善八	早矢仕有的　書籍・洋品商
行司	東京	伊勢屋勝三	西村勝三。製靴。製革業
行司	西京	炭屋善五郎	江戸時代の富豪
行司	東京	丁子屋甚兵エ	杉村甚兵衛。洋織物卸商
行司	大坂	錺屋六兵エ	江戸時代の金融業者
行司	東京	堀越角次郎	引取商。飛脚屋
行司	東京	和泉屋甚平	江戸時代の本両替
行司	東京	京屋弥平	飛脚屋
行司	大坂	米屋清吉	江戸時代の両替商か?
行司	大坂	近江屋休右エ門	薬種商か?
行司	大坂	山本伊右エ門	江戸時代の両替商
大年寄	大坂	住友吉治郎	吉左衛門。産銅業

番付	住所	資産(万円)	氏名	職業等
鳳	大阪	300	鴻池善右工門	銀行業、倉庫業
麟	東京	300	三井八郎右衛門	銀行業、商業、鉱業
	出羽	250	本間久四郎	大地主と思われる
大関	伊丹	200	小西新右衛門	清酒醸造及販売
大関	大阪	200	住友吉左衛門	鉱業、金融業
	東京	150	岩崎弥之介	「弥之助」。鉱業、造船業
	東京	90	鹿島清兵衛	1898年多額納税者
	伊勢	80	三井元右衛門	「源右衛門」(三井同族)か?
関脇	東京	70	鹿島清左工門	地主
	東京	70	大倉喜八郎	商業、土木建築業
前頭	阿波	60	久次米兵次郎	藍商、材木商、銀行業
前頭	東京	60	下村正右衛門	呉服商
前頭	伯州	60	近藤喜八郎	鉄山業、1898年多額納税者
前頭	大阪	60	逸見佐兵衛	江戸時代に諸藩の蔵元・掛屋
前頭	東京	60	田端治右工門	伊勢出身の木綿問屋と思われる
前頭	備中	60	大原孝四郎	大地主、紡績業、呉服業など
前頭	東京	60	堀越角次郎	引取商
前頭	伊勢	60	小津清右衛門	伊勢出身の紙店、綿店と思われる
前頭	大阪	60	芝川又右衛門	舶来模造雑貨製造販売
前頭	大阪	60	山口吉郎兵衛	銀行業
	東京	60	安田善次郎	銀行業
	大阪	60	藤田伝三郎	鉱業
	大阪	60	広岡久左衛門	江戸時代に諸藩の蔵元・掛屋か?
	大阪	60	和田久左衛門	蔵元・掛屋

(右) 表6－1　見立て番付　1875年頃の富豪
(左) 表6－2　見立て番付　1888年頃の富豪
(出典はどちらも、阿部武司「政商から財閥へ」法政大学産業情報センター・橋本寿朗・武田晴人編『日本経済の発展と企業集団』、1992年、16-19頁)

それから大倉喜八郎などのなじみの名前もありますし、まったく消えた人もいます。住友の広瀬宰平は『半世物語』で大阪商人について、旧家で維新後破産したものに七五年のランク上位六位の天王寺屋五兵衛など二四家を、逆に旧家でまだ歴然たる勢力をもつものとして住友や鴻池など八家をあげています（安岡重明『財閥の経営史』）。旧家では没落したものの方がはるかに多かったのです。

注目すべきことは、一八八八（明治二一）年では岩崎、安田、藤田伝三郎という新興の事業家名が登場することです。わずか十数年の間に、新興の勢力が急成長して番付でも上位に位置するようになったことがわかります。

これがちょうど政商から財閥への転換期におこった財界勢力図の変化です。つまり富豪（商人）たちの地位が大きく変わり、没落した人もいる。そういう死活の競争を通して残ってきたもののうち、有力なものが三井、三菱（岩崎家）、住友、鴻池であり、古河、安田、大倉、藤田などだったのです。

1　多角化の進展

第四章で説明したように、富豪たちは、一八九〇年代にはいろいろな事業に新しく着手し、政商的なビジネス・チャンスを追いかけるだけではなく、鉱山業や製造業とくに重工業に手を出し、銀行を始めるなど多角化にチャレンジする動きを見せていました。

多角化に対するチャレンジという点でもっとも消極的な富豪は、鴻池だと考えられています。鴻池も一八九〇年前後にはいろいろ試みたようですが、鴻池銀行の経営に事業を絞り込んでいき、一九〇〇年代から大正期にかけてはそれだけになりました。

同じように銀行に専念していたといわれていた安田の場合は、安田銀行だけでなく第三銀行や、岐阜の大垣共立銀行などを傘下におさめています。こうして安田銀行を中心とした銀行集団が作られていきます。安田は、銀行業の拡張だけでなく、保険業などの金融業にも進出しますが、これらの限定された分野で成功し、戦後の富士銀行、芙蓉グループを作りあげましたが、鴻池は一九三〇年代に大阪の三十四銀行、山口銀行と合併して三和銀行になり、財閥としては鴻池の名前は残りませんでした。

このような消極的な経営方針をとった鴻池の場合には大きな問題は生じませんが、事業が多角化していくと、枝分かれしている各種の事業をどのような形で統合していくか、管理していくかが重要な経営課題になってきます。手を広げれば手がいっぱいになってしまい、トップにいる少数の経営者の能力を超えてしまうので、組織としてどう対処し、どう管理するかが問題になります。

そこでまず、多角化の成果を財閥の投資分野という視点で三井・三菱・住友について確認しておくと、表6－3のようにかなりいろいろな事業分野が増えていますし、

	1896			1914			1919		
	三井	三菱	住友	三井	三菱	住友	三井	三菱	住友
鉱業	8,129	6,638	6,222	57,692	13,719	11,017	132,562	67,980	20,748
金属			357			5,138			28,836
鉄鋼				29,125			41,057	46,942	11,033
輸送機械		2,056			11,255			167,752	
電気・機械				5,147			22,134		
化学							24,831		
窯業	295			3,808			7,954		
紙パルプ	1,230			13,968			46,673	11,261	
繊維	3,284			40,285			84,316		
水産・食品				30,152	3,066		53,519	8,783	
合計	12,938	8,694	6,579	180,177	28,040	16,155	413,046	302,718	60,617
海運(上位50社)		18,330	3,865		73,189	34,694		232,134	132,658
商事	5,447		348	172,555	7,026		516,754	44,843	
銀行	34,257	11,114	2,133	131,777	66,798	83,461	477,269	292,927	554,086

(単位:1,000円)

表6－3　財閥の投資分野
(出典：武田晴人『日本経済の発展と財閥本社』東京大学出版会、2020年、57頁)

	1896	1914	1919	1929
鉱業	90.7%	64.4%	59.1%	48.6%
金属	31.0%	30.7%	51.3%	43.2%
鉄鋼	ー	83.8%	43.7%	51.4%
輸送機械	69.7%	15.5%	38.7%	28.2%
電機・機械	ー	58.5%	28.4%	40.4%
石油	0.0%	0.0%	0.0%	0.0%
化学	0.0%	0.0%	20.5%	13.7%
窯業	14.3%	21.5%	16.6%	32.0%
紙パルプ	38.0%	40.4%	41.0%	35.8%
繊維	8.1%	17.3%	13.8%	14.6%
水産・食品	ー	20.3%	17.5%	25.6%
合計	35.1%	28.1%	30.5%	27.8%
海運	87.4%	43.9%	37.8%	38.5%

鉱工業企業の総資産額上位100社の産業別総資産額に対する財閥企業の構成比率。財閥の資産額は表6-3による。

表6－4　上位100社の中の財閥企業
（出典：前表に同じ）

同時に、その事業規模が大きくなっていることがわかります。

三井では、一八九六年と一九一四年を比べると、九六年には鉱業に三井鉱山、窯業は小野田セメント、紙パルプが王子製紙、繊維が鐘淵紡績、商事会社が三井物産、銀行が三井銀行です。一九一四年になると、金属で日本製鋼所、機械で芝浦製作所が加わり、表ではわかりませんが、直系事業として東神倉庫が独立しています。また鉱山で北海道炭礦汽船、食品で台湾製糖が傘下に入ります。

三菱では、鉱業部（三菱鉱業）、造船部（三菱造船）、それから日本郵船、銀行部（三菱銀行）だったのが、食品（麒麟麦酒）が加わり、商社（三菱商事）が独立するなどして事業が拡大していきます。その後、さらに製鉄会社を作るなど大戦期にも増えていきます。また、地所部や東京海上なども傘下事業の柱となりました。

住友の場合には、見かけはそんなに変化はないのですが、別子銅山を中心とした鉱業が、一八九六年から一九一四年にかけて、石炭部門にも拡張したため急激に大きくなります。金属では、のちの住友金属・住友電工となる製鋼所や伸銅所が着実に成長します。大阪商船への投資も増えています。このほか、表には出ていませんが、神戸に住友販売店があり、肥料製造（住友化学）などの部門が育ちつつあります。このように多角化が進み、事業分野が拡大していることがこの時代の財閥の特徴です。

この多角化の結果、財閥は日本の経済の発展とともに、重要な地位を占め続けます。三大財閥の系列企業が、鉱工業部門のトップランク一〇〇社の総資産額に占めるウエイトは、一九一四年で二八％くらい、三つのグループで四分の一強を占めています（表6－4の合計欄）。一八九六年から比べると少し落ちていますが、それ以後一九年も二九年も同じくらいの数字をずっと維持しているわけですから、三井・三菱・住友は日本経済の発展とともに着実に自らも成長していったのです。

2　増大する利益と巨大化する組織

こうして多様な事業分野の大企業が財閥傘下に集まってきました。そうなると、全体としての事業をどう管理するか、どういう形でそれぞれの分野を育てていくかが問題になります。前章の組織改革では、同族と経営者との関係をどう整備するかが課題でしたが、事業組織の面では、さらに本社と子会社、そして子会社の経営者どうしの関係など、事業全体の組織が問題です。

そこで視野に入ってくるのが、コンツェルン化・持株会社化です。この問題を財閥の「総有制」的な原則との関係に注意しながら、追加投資の資金をどう調達・配分するのかという資金面でのコントロールを中心に考えてみようと思います。

どの分野に追加投資するのか、どの分野を新しい成長分野とみなしていくのかは多角化を成功させるうえで決定的な点です。多角化が成功したことは、新しい事業のチャンスをつかみ、それまでの利益をそこに配分し投資していることを意味しています。それぞれの事業分野には対応した専門知識も必要になります。それは一人の経営者がすべてできることではありません。進出の際には、誰かがこれはチャンスだと考え、別の角度からみている人たちと議論して、「それではやるか」となるのが普通のプロセスでしょう。多角化のチャンスをつかまえる人たちは、それぞれの仕事に即して考えています。たとえば商社と鉱山では見えるところが違いますから、チャンスのつかまえ方も違います。それぞれが集めてくる情報を総合し、新しい事業分野を選び出して投資していくために、意思決定を組織していく必要があったのです。

三井を例にとると、同族がいる、統轄のための本社組織がある、そして子会社があります。こういう組織形態ですが、その成長は子会社の成長に支えられています。すそ野がどんどん広がっていくと同時に、子会社の一つひとつが大きくなっていきます。それを通して財閥は巨大化し、子会社から配当される利益が増えます。その利益については、同族への配当を抑え、本社でプールして子会社などに再投資することが財閥の成長を図るために必要です。三井財閥の場合には、家憲によって同族への利益の流出を制限し、この方針に沿って本社に集まる利益をできるだけ事業に再投資しています。

それでも子会社が上げた利益を子会社が自分の事業分野に使う、たとえば三井物産であげた利益を三井物産で使うかぎりでは、本社は何もしなくてよいはずです。子会社の責任でやればよいことです。それでは本社は何を管理しなければいけないのでしょうか。

一つは投資の原資になる利益の再配分です。ある子会社の利益の一部はそこで再投資するけれども、一部は他の子会社にもまわすなど、全体を通して資金を調整し、融通することが多角化のためには必要です。また、ある子会社にいる技術者を他に移す

			1895-99	1900-04	1905-09	1910-14
三井	石炭	純益金	3,866	4,594	9,882	<6,253>
		起業費	6,140	5,737	8,284	6,960
三菱	石炭	純益金	2,254	1,886	3,424	3,703
		起業費	2,528	3,868	3,139	7,928
	金属	純益金	1,891	4,942	7,658	7,650
		起業費	955	1,743	3,583	6,374
住友	別子	純益金	ー	7,017	4,702	<6,845>
		起業費	ー	2,700	3,364	<2,131>

(単位:1,000円)

表6－5　鉱山部門の収益と投資
(出典：武田晴人『日本経済の発展と財閥本社』東京大学出版会、2020年、47頁)

など人材の再配分も必要になります。このように全体を見まわして調整をしなければならない仕事が、本社組織に課せられてきた役割と考えることができます。

そういう課題が一八九〇年代後半になると現実のものになっていました。その例として表6－5を見て下さい。三井・三菱・住友の鉱山部門がどのくらいの利益を上げていたか、その期間中にどのくらいの設備投資（起業費）が行われたのかを示したものです。通常、鉱山は、投資が小さく利益が大きいと思われていますが、この表でわかるように、たとえば、三井の石炭部門は投資が利益を超過しています。少なくとも一八九五年から九九年、それから一九〇〇年代前半は、起業費の方が純益金より大きい。それから、三菱の石炭部門も、一九〇〇年代の前半までは投資の方が利益より大きい。この傾向は、一九〇五年から一九〇九年だけ一時緩和されますが、石炭に関しては一貫しています。

一方、三菱の金属部門や住友の別子は、利益の方が投資よりはるかに大きい。そこで、たとえば、三菱では、金属部門の利益の一部を本社で吸い上げて投資資金を必要としている石炭部門に融通したと考えられます。そうでなければ、石炭部門は投資資金を、銀行などから借りなければなりませんが、実際には財閥内で利益をプールして融通しています。この時代の三菱では長崎造船所も多額の投資資金を必要としていましたから、それも内部の調整で確保されました。

この利益プールの最初の例といえるものが、一九〇〇年前後の三井にあります。このとき三井では三池炭鉱の事業拡張のために、三池炭の積出港を作ることを計画していました。この計画の実行には、三井鉱山だけの利益ではとても足りませんでした。そこで三井物産と三井銀行が協力して利益をプールしてこの計画の資金を捻出することとし、三井元方と重役会の間に管理部を新設して、そこに資金を集中させ、三井全体で三池築港という新しいプロジェクトを成功させようと動きます。

こうした形で本社部門が独立の機能を果たさなければならなくなりました。財閥が多角化して事業が拡大していくなかで、増大する利益を管理し、巨大化する組織を統轄する本社組織を整備することを考えていくことになりました。

そうした動きの到達点が、持株会社の成立です。三井では一九〇九年から一一年にかけて銀行と鉱山と物産という三つの主力事業を株式会社に改組します。そして、その上に新たに三井合名会社を置き、三井物産・三井銀行・三井鉱山の株式を一〇〇%所有する持株会社としました。さらに、三井合名は、同族会が保有していた他の会社株も保有し、それらの株式も管理する持株会社になりました。それ以前と比べると、同族会、元方、重役会という序列のなかで、同族会の下部組織であった元方と重役会とを持株会社である三井合名に統合したということができます。こうして三井合名は一〇〇%所有の株主として傘下事業に対峙することになりました。それまでの重役会は各部門の代表者でもあり、本社の役員でもあるという渾然一体の姿でしたが、持株会社設立によって、本社独自の役割を委ねられた三井合名は、子会社の経営とは一線を画し、三井の本社部門として三井の事業全体について金も人も含めて全て管理する役割を担うことになっていきます。

三菱の場合には表面上は合資会社に統合された組織を維持します。明治三〇年代には事実上の本社部門が東京にあり、銀行部とか鉱山部、地所部とかが置かれていました。外見的な形態は一緒ですが、一九〇八（明治四一）年にこの組織がそれぞれの事業部門の独立性を強めることによって、コンツェルンの形に近づきます。それまでは、三菱合資会社の各部から利益を吸い上げ、各部が必要な資金は合資会社本社から出していました。これを、鉱山部など各部の資金をあらかじめ定めて、この資金を基礎に事業を展開して利益があがったら一定額の納付金を本社部門に収めるやり方に改めました。つまり、一つひとつの部があたかも一つの企業として計算されるような組織に変えたのです。

このように、三井より相対的に小さかったこともあり、三菱は合資会社という一つの組織のなかで、一九〇八年に独立採算制に近いかたちの「事業部制」をとりました。その後、一九一七（大正六）年から一九年にかけて、各事業部を株式会社に改組します。つまり株式会社三菱銀行、三菱鉱業、三菱造船というように地所部を除いて株式会社化して分離します。これにより三菱合資会社は、それらの株式を保有する持株会社に変わりました。

こうして三井や三菱では、明治末から大正にかけて本社部門と子会社部門が分離し、本社が持株会社として独自の役割を果たすことになりました。

住友のケースは独特で、一九〇九年に住友総本店を名乗りますが、個人商店のままです。法人に準ずるような組織にはなっていますが、法的な組織形態として法人格をきちんともっていません。その総本店の下に別子銅山や住友銀行などが内部の事業組織として並んでいました。ただし、明治の終わりには、本社部門から一定の金額の資金が供与されていて、本社に納付金を収めるという三菱の「事業部制」と似たやり方になります。また、銀行は一九一二年、住友製鋼所は一九一五年には株式会社化していいます。しかし、住友の「財本」とされた別子銅山が、独立して株式会社になるのは一九二七（昭和二）年です。この変化は、前章でふれた社則の制定と対応していると思います。それまで別格の扱いで、営業の中核として重視されていた別子銅山の位置づけは、別子の分離と社則における「財本」としての規定の消滅とによってはじめて他の事業部門と同格の扱いが可能となったと受け止めることができます。また、住友総本店が、法人格をもつ合資会社になるのは一九二一（大正一〇）年です。なしくずし的にゆっくりと変化していきますが、三井・三菱の持株会社組織の形成と同じ方向に歩んでいたことは確認できます。

巨大化していく組織を統轄するために、なぜ持株会社が必要だったのでしょうか。まず同族との関係では、すでにふれたように同族への利益流出をおさえ、三菱、住友、三井という「のれん」の下に管理されている事業全体の利益をできるだけ事業成長のために使いたいと考えています。そのためには、その利益をプールして管理する組織を同族の権限から距離を置いたところに作りたいので、三井では同族会ではなくて、三井合名という新しい組織を本社として作りました。もしその必要がなければ、同族会を持株会社にしてしまえばよかったのですが、それをしなかったのは、同族からの距離を保ちながら、事業の成長をはかる方向が追求されたからです。

そして、本社に課せられた役割は、多角化して拡大する事業のそれぞれを成長させながら新しいチャンスをつかんで適切に対応することでした。部門ごとの成長のスピードの違いや利益額の違いを調整して、全体の発展を図り、将来にむかって好ましいと判断した事業に資金を投下し、人材を投入していく総司令部であり、参謀本部が必要とされており、それが持株会社だったのです。

3 「法人成り」と持株会社

その場合に、なぜ子会社を株式会社にするのか、なぜ三菱は「事業部制」にとどまって持株会社化が遅かったのか、という問題はまだ明らかではありません。

これに関連して、おもしろい事実は、表6－6のように、この時代に持株会社と称するものがたくさんできていることです。トップを切った三井合名にはすでに説明したようにそれなりに理由がありました。最大の財閥が本社部門の分離の必要に迫られて、三井合名を中心とする、三井合名体制と歴史家たちが呼んでいる体制をとったわけです。

その後、安田財閥が安田保善社（一九一二年）を設立し、それから渋沢栄一も渋沢同族という会社を作ります。それから三菱合資ができ、古河合名ができ、合名会社大倉組ができます。さらに合名会社藤田組、森村同族、浅野総一郎の浅野同族、山口銀行の山口合資、合資会社川崎総本店、大川合名、合名会社久原本店、住友合資、鴻池合名、野村合名とたくさん設立されます。これ以外にも規模の小さい同族会社・持株会社もできます。時代の流行のようなかたちで、持株会社が設立されました（粕谷誠・武田晴人「両大戦間の同族持株会社」）。

設立年次	社名（払込資本金）
1909	三井合名（5,000）
1912	（名）安田保善社（1,000）
1915	渋沢同族（330）
1917	三菱合資（3,000）、古河合名（2,000）、（名）大倉組（1,000）、（名）藤田組（600）、森村同族（500）
1918	浅野同族（3,500）
1920	山口合資（1,000）、（資）川崎総本店（1,000）、大川合名（1,000）、（名）久原本店（1,000）
1921	住友合資（15,000）、鴻池合名（1,700）
1922	野村合名（2,000）

（単位：万円）

表6－6　持株会社の設立
（東京興信所『銀行会社要録』、1914年・1919年・1924年版を参考に著者作成）

その時代背景を考えておかなければいけません。結論から言うと、どうやら具体的な契機は「税金対策だった」と推定できます。よく言えば節税ですが、税金を払うのをできるだけ減らすことが、この流行のねらいでした。節税のために法人組織にする理由は、法人のほうが個人よりも税率が低かったからです。

この時期には法人税という独立の税はなく、所得税の中の第三種というのが現代の法人税にあたりますが、この法人に対する税率が、株式会社と合名会社では違っていました。法人に対する所得税率では、株式会社の方が税率が低く、それ以外の方が高かったのです。だから、税金対策という点では、利益が多ければ、株式会社にする方が税金は少なくなります。三井物産合名会社より三井物産株式会社の方が税金は少なくなるのです。こうして節税のための「株式会社化」が進みました。この推定が間違いないと思える理由があります。この法律には例外規定があって、株主二〇人以下の株式会社は、合名会社や合資会社に準ずる高い税率を適用することになっていました。日露戦争の時に実施された所得税の増徴からこの区別が設けられ、そのために、たとえば三井物産の株主数は設立時三二人、三井銀行は二五人、三菱造船が株式会社になる時には二五人、三菱鉱業は二六人、三菱銀行は二九人、住友電線製造所は二一人、安田銀行も二一人です。

間違いなく数字合わせをしています。本来「総有制」の原則に従えば同族だけしか株主になれないし、持株会社では株式保有はそこに集中されるべきですが、当時の商法上の規定により取締役になるためには株主であることが必要だったこともあって、頭数を合わせるために重役クラスを一〇人くらい、名義的な株主として名簿に並べています。その際に、二一人以上であれば税金が少なくなるので、この数が株主数の目安になったのです。

そういう「節税対策の法人成り」から株式会社化が進められます。株式会社の税率は累進税率だったので、利益が大きくなればなるほど効果的ですから、利益が小さい時にはあまり考えなくてもよいことです。三菱合資の場合には、たとえばこの時代の造船部は利益が少ないなど、各部通算で利益計算してもそれほど大きな金額にはなりませんし、不採算部門があれば、単独の税負担より通算の方が節税になる場合もありました。

そうした違いから三菱と三井の対応の差が出てくると考えられます。大戦期になると三菱造船も巨額の利益をあげはじめますから、節税対策に関心が向きます。こうした理由で子会社が株式会社化して分離されることが、本社部門が持株会社化していく理由の一つなのです。

もう一つ理由がありました。三井は組織改革をする時に、内部でいろいろな比較検討作業をしています。中心になった益田孝はヨーロッパの会社制度を視察して帰国後に、現業部門は株式会社にしなければだめだと報告しています。

その理由の一つは税金対策ですが、もう一つあげているのが責任の限定です。株式会社は有限責任制です。自分の出資した分だけ責任をとればよい。会社が破産したときなど出資分をあきらめさえすれば、それ以上つぶれた会社の債務について返済義務は負わない。ところが、合名会社の出資者は無限責任を負っていますから、破産によって生じた債務の返済は出資額にかかわらず無限定に負うことが原則です。だから、現業の子会社を合名会社にしておくと、万が一のときに同族に損害を及ぼす可能性がいくらでもある。実際には、たとえば三井物産がつぶれかかっても知らないふりなど、三井同族としてはできないはずです。そんなことをしたら銀行も鉱山も信用はガタ落ちして、三井全体が困りますから放置はできません。しかし、法的には責任を限定できることが株式会社化の利点だというのが益田の主張です。そういう理由もあって事業部門を株式会社にして、「有限責任制」を導入することになりました。

さて、税金が安いならなぜ、本社は合名会社のままで株式会社にしないのか、当然そのことが次の疑問点になります。実際に、株式会社にした例もないわけではありません。表6－6に並んでいるなかで渋沢同族などは株式会社で、さすがに「合本主義」の渋沢ということでしょうか。

ところが、基本的には本社部門は株式会社化しませんでした。株式会社にすると、いろんな面倒なことがあるというのが一つの理由です。

それは、現代流に言えばディスクロージャーの問題です。株式会社では経営内容を公開する義務が生じます。株主に対して公開すると同時に指定された銀行などに所定の会計書類、決算書類を公示しなければいけません。それは避けたいのです。

その判断に法人への課税の仕方が後押しします。持株会社は基本的には子会社の配当金が収入源です。この時代の所得税制度では、受取配当から生じる所得は非課税でした。なぜ非課税とされていたのかというと、子会社の利益にはすでに法人所得税が課せられているので、その利益を分配した配当金に課税するのは、企業利益に対する二重の課税になるから配当所得には課税しないという考え方に立っていました。だから、配当金の収入は、税額を計算する所得計算から除かれます。このために持株会社は税法上ではほとんど利益が上がらず、税負担が小さく、節税対策を考慮する必要はなかったのです。

したがって、ディスクロージャーをする義務を負う株式会社にする必要はまったくなく、合名会社・合資会社という組織形態を維持していればよい。本社は合資会社か合名会社――合資会社の方が圧倒的に多く、三井は合名で、住友と三菱は合資ですが――、その下に複数の大きな株式会社が存在する、これが財閥の基本的な構図になります。

以上が、一九一〇年代までに持株会社化が進む時期に税制が企業組織のあり方に対して与えた影響です。子会社は株式会社化によって節税をし、受取配当が非課税であったことから、本社部門はそのままの組織にとどまることになりました。

4　本社の役割

こうしてできあがった財閥のコンツェルン的な組織では、本社部門がほとんどの子会社に対して一〇〇％出資という封鎖的な所有を原則とします。別の言い方をすると、本社が子会社配当金のすべてを受け取っています。二一人の株主がいたり、二九人いるのですから、おかしなことですが、三井合名の決算表を見ると、同社が全額子会社の配当金を受け取っていることになっています。このつじつまの合わない点から、株主はすべて名義株主であって、株主名簿に名前は載っているけれど、配当金すら受け取っていない株主だということがわかります。配当金相当額くらいは給料で面倒を見ているのでしょうが、会計記録上では配当は全額、本社に集まっています。

お金の面では持株会社に権限が集中する方向にありますが、経営の具体的な指揮権限については、次第に変化していきます。子会社がそれぞれ拡大していくと、本社が各分野についていちいち細かくみるのは難しくなります。銀行のことを良く知っている人が鉱山のことをわかるとは限らないからです。それぞれの自立性、専門性が高まってくると、本社部門がやれることは限定されます。子会社を統轄しようと思っているのですが、いろいろと子会社から稟議が上がってきても、その当否について正確に判断できる力が不足する状態になります。本社部門を参謀本部、総司令部にして何かやろうと考えていますが、実態は本社の機能が次第に形骸化していきます。これが組織改革後の持株会社、コンツェルンの実態です。

それは、子会社である事業会社そのものが専門性を高めると同時に、現場にいる人たちの知識の方が経営方針を決めるうえで有効性が高くなるからです。ですから、そうした人たちがどれだけの力を発揮できるか、子会社がどれだけ経営の自由度がもてるかが経営発展の鍵を握るようになりました。子会社が大きくなると、たとえば、鉱山の専門家には鉱山事業をまかせて、その拡大に専念させるのが合理的なのです。

持株会社を設立した当初は、たとえば三菱では本社が子会社の重要な事業計画・投資を掌握し、実行には本社の許可を必要とするような組織規程が整えられています。つまり、集権的な組織が構想されていました。この点は住友でも同様です。しかし、事業の発展にともなって、分権的に事業の現場に近い方に権限を移す方向に実際の運営は変容していったと考えられます。これが本社機能の「形骸化」と評価した理由です。

しかし、これには重要な留意点があります。それは財閥が封鎖的所有を原則とする限り、本社は子会社が立案した事業計画に必要な資金を調達する義務を負っているという点です。本社の資金は無尽蔵ではありませんから、本社には子会社の計画の実施の規模や順序などを調整し、必要な資金を配分する役割が残ります。つまり、子会社が事業計画を自らの事業分野に即して立案することが専門性を活かす意味でも尊重されるようになる一方で、資金面での調整が本社の重要な役割になります。事業計画の当否について、事業分野に即した判断と金融的な側面からの判断とが、子会社と本社の間で「水平的に」分担・分業されるようになっていくのが、財閥持株会社組織がこのあとにたどる道になると、私は考えています。こうした関係を支えるために、第一二章などで明らかにするような「内部資本市場」を作り出すことになりました。

ところで、このような意味で本社部門が何か調整的な機能をもつ方向に歩むことは、この時代の流行のようになった「持株会社化」全体の共通の特徴というわけではありません。統轄機能をもつ、もとうとしている三井合名、三菱合資、住友合資などのような本社がある一方で、単なる資産保全会社、つまり、傘下の会社・事業に対してそれほど影響力をもたないものに変わってしまうものもあり、この二種類に分かれます。

出資者との関係では、出資者がいて本社（たとえば合名や合資会社形態の持株会社）と事業部門があることは、大は財閥から小は「地方財閥」といわれるものまで、単純化すれば、みんな同じ形態に近いものになります。しかし、資産保全会社では傘下の事業があっても、他の保有株式は配当目当ての単なる投資で、投資先の企業の経営に関心がない投資家もいます。そういう人たちも、持株会社を作って運用をそこに一括し、管理する形にするものもありました。外見的には、大は三井から小は「地方財閥」まで相似形の構造ですが、持っている役割はだいぶ異質です。

そうした相似形の構造を持つ企業組織のなかで、傘下の複数事業が発展して事業分野が多角化し巨大化していったのが財閥であり、そうした場合には、本社部門が多角化した事業を統轄する（経営方針の決定に関与する）ことも必要と考えられていました。それが三井合名などの例です。それに比べると小規模な事業家・資産家が一九一〇年以降に持株会社を設立した事例では、本社機能をもたず、資産保全を目的としたものといわれていますから財閥ではないのです。そういうものも含めて、経営のあり方や規模、法人への税制などの経営環境というような多様な条件が重なり合って、持株会社の時代が訪れました。

第七章　専門経営者の登場　現場の知恵と現場の管理

はじめに

財閥の成長とともに組織が大きく変わっていくなかで、その組織運営には複雑な問題が生まれます。それを財閥がどう解決していったかがこの章のテーマです。このテーマを語るために、ここでは専門経営者、英語ではサラリード・マネージャーというのが適当だと思いますが、そうした経営者を、オーナー型の経営者と対比して取り上げます。

1　家産に基づく所有と経営能力

専門的な経営者が登場してくる理由はいくつかあると思うのですが、もっとも根本にある理由は、企業を経営する能力を誰もがもっているわけではないし、それは経験などを通して培われるものだということです。企業という組織は、基本的には出資者によって作られます。最初は誰かが自分のお金を出して、設備を調え、人を雇って仕事が始まるわけですから、最初のところでは、企業の所有者が企業の経営を担っているはずです。

財閥の例では、江戸時代から歴史をもっている同族たちが、「総有制」という原理のもとで、傘下企業も含めて財閥組織全体を所有しています。しかし、創業者＝出資者はともかく、二代目・三代目のオーナーたちが経営を分担し、企業組織を動かしていくために必要な才覚、能力を十分にもっているかは保証されていません。

組織を動かすためには、いろんな資質が必要です。名プレーヤーが必ずしも名監督にならないように、金持ちが必ずしも名経営者にならないのはごくあたりまえです。いかに相続税が高くても金持ちであり続けるくらいの大金持ちはいます。しかし、その資産運用や事業を家族や同族たちが自分で担うことが、家産の維持にプラスになるかどうかは定かではありません。これが専門経営者を必要とする第一の理由となります。

別の角度から言うと、その家業なり家産を発展させていく、経営していくノウハウをもち、それを十分に発揮できる人間は、オーナーやその家族とは別のところにいるかもしれないので、そういう資質を持つ人に任せる方が組織にとっては都合が良いはずです。

それでは、組織を動かす経営能力はどういう形で育成されるのでしょうか。それがすべて先天的な資質だと考えるのは妥当ではありません。企業にはそれぞれ個性がありますから、その組織を動かすためには、その組織固有の特性などを上手に活かせるノウハウが必要です。それは、生まれつきのものではなく、後から学んで自分のものにしていくものです。つまり、経営能力は後天的に獲得される面が強いので、学習能力と機会、そして経験とに影響されているのです。オーナーは生まれながらにオーナーであることはありますが、経営者はそうではありません。この差があるかぎり両方を十分に備えている場合の方が少ないと言えるでしょう。そこに専門経営者が登場してくる理由があります。

財閥の前身になる日本の伝統的な商人たちは、そういう専門経営者を育て選抜していく組織原理を古くからもっていました。一番良い例が三井や住友で、幕末から明治維新期の動乱の時代を乗りきった人は、三井では三野村利左衛門でした。彼は三井家の人間ではなく、三井の外にいた商人でそれを番頭としてスカウトしたのです。住友も住友家の当主ではなく、たたき上げの番頭だった広瀬宰平が指揮をとりました。江戸時代から伝統をもっていた三井や住友の場合には、そういう有能な手代・番頭という人たちが、実際の経営について、出資している同族からの委任を受けて事業を進めています。番頭に登用したり、娘婿にむかえたりして経営能力のある人に事業をまかせています。こういう方法を時代の流れのなかで、経営の知恵として蓄積していました（武田晴人『日本人の経済観念』第一章）。

ところが明治時代になると、そういうタイプの企業ばかりではなくなります。明治の時代に急速にのし上がってきたタイプの財閥は、どちらかというと創業者であるオーナーの力が強いという特徴があります。三菱では岩崎弥太郎・弥之助が陣頭指揮をとって事業を拡大していきました。もちろん、その下には中堅の専門経営者たちが出てくるのですが、やはり三菱を語るときには、岩崎兄弟が中心になります。安田は安田善次郎、古河は古河市兵衛が主役になります。

そういう創業者は、とても個性的な存在ですし、自分で事業を育てますから、金も出すし口も出すなど縦横に活躍するタイプですが、そうでなければ成功しなかったでしょうから、そういうオーナー型の経営者が多かったのです。

しかし、時代の推移とともに次第にオーナーたちの影が薄くなります。三菱では銀行は豊川良平（とよかわりょうへい）、鉱山は南部球吾（なんぶきゅうご）というように、事業分野ごとに経営トップが別々の顔で登場してきます。これが時代の趨勢（すうせい）となります。最初は創業者タイプの人たちも実質的に経営の指揮をとっていますが、だんだんと専門経営者が経営権限をもつようになるのが、企業成長の特徴です。

もしそうだとすると、なぜ、いつごろそのような流れに変わっていったのでしょうか。

2 経営の専門的能力の必要性

必要とされる能力には、いろいろな面がありますが、一般的には三つくらいのポイントがあります。小さい組織の場合には、仕事を分けるほどではないので、そうした規模であれば、オールラウンドの経営者になるでしょう。そんなに専門性の高い能力が要求されない面があるからだと思いますが、組織が大きくなればなるほど、専門家の力が必要になってくるのが、企業に限らず組織の一般的な特性と考えることができます。その意味で、大きな組織がなぜ専門的な経営能力を必要とするかを考えていきましょう。

第一は企業が大きくなると、そこで大量の情報が生まれることです。組織は大きくなればなるほど、組織を構成する一つひとつの小さな単位の仕事が全部独自のものになっていきます。企業内の組織はそれぞれ役割分担をもった分業と協業の組織ですから、その一つひとつの組織単位は特定の限られた仕事を任せられています。つまり、それぞれ違うことをしています。関連していますが、別のことをしています。ピラミッドの下へ行けば行くほど横の単位では相互に何をしているかは見えなくなるし、またトップからは一番下がよく見えない状態になります。こういう状態の組織をうまく動かそうと思ったら、どこで何が起こっているか、そこにはどんな問題があるか、それにはどういう解決方法をとらなければいけないのかを常に考え、対策をとる必要が出てきます。そのために意思を決定する司令部が組織のトップに置かれます。この組織全体が一つの動きに同調するためには、意思決定する中枢部分が必要になります。

企業の場合にはこれをトップ・マネジメントと呼びますが、これが機能するためには、トップ・マネジメントが状況を的確につかんでいなければなりません。判断するためには、組織のなかがどういう状況で、何を解決しなければいけないかについての情報が必要です。そのために、組織が大きくなればなるほど発生する情報量はどんどん増えます。

そして、その発生する情報を適切に的確に処理していかないと、意思決定がうまくいきません。これが第二の重要なポイントになります。組織が小さければ一人の人間がすべてのことがらを現場から直接に聞いて「よし、じゃあこうしよう」と、本田宗一郎さんが初期の町工場時代にやっていたやり方でも通用します。そういう時代もあります。しかし、組織が大きくなると、情報を的確に集める、意味のある情報か意味のない情報かを選り分ける能力も必要とされます。

日本の企業には、稟議制度や実績の報告、提案のためのさまざまな制度があります。このような制度では、階層的な組織のどのレベルまで情報を上げていくのか、この報告は部長あてなのか、取締役あてなのか、社長あてなのかということが重要になります。どんな組織でも、発生した情報をトップレベルのところに全部集めたら絶対にうまくいきません。報告書を読んでいるうちに、決めなければならない時間が過ぎるからです。反対に、情報なしでいい加減にやったら適切な決定ができない危険性が高くなります。社会主義が崩壊したのは、中央集権的に全部を計画的に進めようとしたからで、国のレベルでそんな情報を全部集めては、今のコンピューターの能力をもってしてもとても処理できない情報が集まってしまうからだと言われます。情報の処理能力は見落とされることがありますが、とても大切なのです。

処理能力を高めるためには、処理する人の専門性が高くなる必要があります。本来、分業とはそうした専門性を高めることによって組織の効率性を向上させる手段です。そして、本当に必要な情報だけを伝えることが重要になります。たとえば、ミドルのレベルの人たちが自分のところへ集まってくる情報の中から、上位の役職者に報告しなければいけない情報を選択して上げていくことが重要になります。下で大量に発生している情報をふるいにかけながら、必要なものを上に集中し、不必要なものは捨てていく情報の濾過器のような役割をそれぞれが果たすのです。そして、有能な経営者は、トップでもミドルでもうまく濾過できる判断力をもっていて、そうして集まった精選された情報に基づいて必要な決定をすることになります。

ミドルの人たちであれば、上にどれだけの報告ができるか、自分の権限でどこまで決められるかを判断する能力を求められます。一方、トップは最終的な意思決定を下します。このように立場ごとにすることは違いますが、全体の機能としてみると、本質的には変わらないことをしています。

三つ目に重要なことは、権限は誰が持っているかということに関係しています。情報を上に上げるというのは決定する権限が上にある事項だからです。したがって、必要な情報をどれだけ上げていくかという問題をはっきりさせるためには、誰が何を決定できるかをあらかじめきちんと決めておかなければいけません。全部を上で決めるのはとてもできることではありませんし、権限がある程度分散し、分権化するとすれば、それに応じてどういう情報をどこに流すかが問題になるからです。

企業の経営なら、経営に関するあらゆる権限を、たとえば取締役会や常務会や社長にすべてを一任していたのでは、動きがとれなくなり、効率が悪くなります。簡単なことは「下に任せる」はずで、これで決定の効率性を高めることができます。

もっと積極的に、下にまかせることで、より良い決定が出ることもあります。たとえばある一つの問題について、下の方のセクションで責任をもっている人間の方が、上で責任をもっている人間より質の高い大量の情報を、その問題に関してはもってい る可能性があるからです。つまり、社長より現場の職長の方が、現場の細かい作業上の問題点を知っている専門家ですから、工程の改善だったら、そのフロアのレベルの人たちの方が良い解決策を出せるかもしれません。また、資金の調達や運用にはそれなりの専門的な知識が必要だからお金の専門家に任せることが有用でしょう。

したがって権限を委譲することは、決定の効率性を高めると同時に、決定のレベルを下げて、その問題についての専門的な能力を持つ人に委ねることによって適切な決定を引き出す可能性をひらくことになります。だから分権化は、合理的な経営のあり方なのです。

ただ、これには危険も伴います。目が届かなくて、下のセクションが独走してしまい、組織全体としてバランスを欠いてしまう危険性があります。だから、常に上に求心力をもたせておいて、組織全体としてはきちんとチェックし、権限を与えると同時に上下のつながりを強めて、監視を行き届かせる必要もあります。そういう問題が、企業の経営能力を考えるうえで、見逃せない問題なのです。

3 財閥の個性・特質

こう考えていったときに、巨大な組織のなかから出てくる一般的な問題と比べると、財閥で発生する問題は少し特異な面を持ちます。一般的には情報を的確に処理する能力や、それを効率的に処理する正確さをもつ階層的なマネジメントができあがってきて、それによってそれぞれがそれぞれの分野での専門家になっていきます。こうして、中間のレベルでも専門家が育っていきます。しかし、財閥の場合にはそういう側面と同時に、やや異なった歴史的な経緯があると考えられます。

〈地域分散的組織をもつ現業部門〉それは、財閥の個性と考えることができるものです。財閥の主要な事業には銀行や商事会社・鉱山・造船などの事業部門があります。これは、たとえばイギリスの産業革命期に紡績業で企業がたくさん生まれる状態と比べるとずいぶんと違います。違いは、紡績会社がイギリスで誕生する時には、多くの場合には工場が一つしかない単純な形態です。日本でも初期の紡績会社は同じような形態です。しかも、ランカシャーなどの中心地ではまわりに同じような工場がたくさんあって、同じような会社ができあがります。一社一工場という形態となるのが製造業の一般的な姿でした。

しかし、財閥の組織は、はじめから複数の事業所が日本全国に分散しています。三井では江戸時代から、大坂と江戸と京都に店があり、この三つの店は、為替取組でつながり、金融業なども営んでいました。明治になると、一番大きな事業所は三池にありました。これに対して、三井銀行も三井物産も本店は東京にあります。この他に、筑豊の炭鉱、神岡の鉱山、北海道の炭鉱があります。さらに三井物産は海外に支店もできます。三菱では、東北にいくつかの鉱山、長崎に造船所、本店が東京にあって、この他、筑豊に炭鉱、そして岩手に小岩井農場、新潟にも農場があります。

このように財閥は、全国に非常に多数の事業所をもっています。しかも、コンビナートのように特定地域に集中しているわけではなくて、全国的に分散しています。そうした分散的な組織に対して、本社がそれぞれの事業を統轄することが求められます。しかし、北海道から九州まで、全国に展開している事業所に指示し、管理するのは、明治時代にはとても大変でした。なぜかというと、情報の伝達速度が遅いからです。たとえば、三菱の長崎造船所で新しい設備計画を考えたときに、決定の権限が本社にあるとすると、長崎で立案された投資計画が本社（本店）に送られ、そして、本店で協議され決定されたのちに造船所に計画実行の可否が伝えられる手順になります。

簡単だと思うかもしれませんが、明治前半期には、現代のように飛行機や鉄道はありません。行程の半分くらいが徒歩か馬であとは船便です。つまり、情報の伝達速度がものすごく遅く、人が動くのと同じようなスピードでしか情報は伝達されず、その人間の移動でも東京・長崎間なら三日も四日もかかります。

三菱のこの時代の記録文書を調べてみると、仕事上の重要な決定は手紙による報告と指示で行われるのが通例でした。往復するのに早くて三〜四日、普通は一週間くらいかかります。それも即断できてのことです。本社で時間をかけずに了解が得られればのことで、協議検討していたら何日かかるかわかりません。一ヵ月くらいの時間はすぐに経ってしまいます。そういう状況ですから、権限のある人間を現場に派遣し、その人に全権を委ね、重要な決定でも本店は関与しない方がスムースにいきます。あるいは、情報の伝達速度を速めるためにいろいろな手段を考えなければいけなくなります。三菱では、緊急を要する場合には暗号の電文が使われています。しかし、暗号の電報ではくわしい説明はとてもできませんから、「詳しくは書面で」ということになります。

　そのために、財閥のような分散的な組織では、発展している現場に強い権限を与えるような組織構造にならざるをえなかったのです。たとえば三菱では、払下げを受けたあとの長崎造船所の合理化・拡張が明治三〇年代にかけて課題となります。そのために造船所からいろんな起案が来るわけですが、本店とのやりとりが円滑にはいきません。そこで三菱は、当時の本店で岩崎の直属の部下であり、従業員としてはトップの地位にいた荘田平五郎を、本店の管事（岩崎久弥・弥之助に次ぐポスト）のまま長崎に派遣しました。つまり、最上席の常務取締役にあたる人物を本店の代表責任者のまま長崎へ送り込んだのです。長崎赴任を命じられた荘田は、四年ほど長崎に留まり、本店は管事不在のままです。こうした形でなんとか造船所の改革を進めました。迅速に判断し実行・指揮をするためには、権限をもった人間が移動した方が良いと考えられたほどの状況なのです。

　別の例を紹介すると、古河の場合には最大の事業所は足尾銅山です。足尾は山間僻地にあり、日光から峠を越えるか、群馬県側から渡良瀬川沿いに歩いていかなければなりません。足尾・東京間の手紙のやりとりは、足尾開発がはじまった一八八〇年ごろには一週間くらいかかっていました。市兵衛は一週間に二通とか三通の手紙を書いていますが、常にやりとりが行き違うことになります。届く手紙は向こうが一週間近く前に出した手紙ですから、すでに別の手紙を書いていることが多い。そういう行き違い、すれ違いをくり返しながら東京の指示が足尾に伝えられていきます。

そこで、市兵衛は手紙を書くときに、いちいち「何日付の手紙で〇〇と言ってきたことについては」、というように足尾の用件をていねいに書いたうえに、自分の意見を添えて返事としています。そのため、残っている市兵衛の手紙を読むと足尾が言ってきた内容もよくわかります。それも一つの知恵だったのでしょう。それだけでなく、彼は自分が一番信頼していた木村長兵衛や木村長七を足尾の責任者にすえ、かなりの権限を委譲しています。そういうやり方をせざるをえないのです。地域的に分散しているために情報の流れが非常に悪いから、それを人による管理で補わざるをえない、これが財閥の形成期における組織上の特質の一つだということになります。

〈購買・販売の集中〉それでは財閥は、この時代にはまったくバラバラの組織状況だったかというと別の面もあります。たとえば三菱では東北にある荒川・尾去沢や生野

（兵庫県）などの金属鉱山の生産物は全部が大阪に集められてそこから主に神戸港経由で輸出されます。また、筑豊の炭鉱の石炭は、若松支店に集中されます。つまり、製品を売る窓口は一本化されています。一本化されているから、販売部門がノウハウを蓄積し一人立ちして商事会社に成長していく可能性が開かれます。バラバラのようだけれども、販売は一本化され、集中されています。鉱山産出の金・銀・銅は、それぞれの事業所の周辺で買い手を見つけられるような製品ではありません。筑豊でいくら石炭をとっても、隣の山でも売るほど掘っていますからどこかに持っていって売らなければいけません。そのために販売の専門家が必要になります。現場には掘る専門家はいますが、販売の専門家は別のところ、たとえば若松や大阪に配置されています。これは三井でも同じです。

販売が集中するだけではありません。長崎造船所の製品を売ったり材料を買ったりの役目をしているのは長崎にいる現場の責任者ではなく、主として東京の本店です。一番重要な顧客は海軍省や日本郵船ですから、東京に契約担当者がいてこちらで商売の話をし、長崎で建造したり、修理したりという関係になります。材料の購入や必要な機械設備の輸入は神戸だったようです。こうして材料の購入や製品の販売が特定の拠点に集中します。資金調達も東京の本社の役割になりますが、販売代金は若松や大阪で収納され、東京が帳簿上管理するというような関係が作られます。組織は外見的には地域分散的だけれど、特定の購買や販売の機能・権限は集中している組織なのです。

典型的な例が古河で、古河はこの時代には、銅山専業という単純な業態です。足尾と東北にいくつかの鉱山があり、それらの生産物は全て横浜に運ばれて、外国商館を通して輸出されます。製品は鉱山から港へと流れ、それを東京の本店が管理しています。

したがって本店では、購買・販売を集中すると同時に必要な資金を管理する機能をもちます。東京の本店は横浜での製品の流れをみることによって、各事業所がどのくらいの成績を上げているかも見当がつくし、どれくらい収入があるかもつかむことができます。収入は直接には現場に入りませんから、現場は必要に応じて本店からの送金によって賃金の支払いなどに充てます。本店は送金の求めに対して、適切だと判断した場合には送金すればよいのです。こうして本店は販売と資金配分を担うことによって、現場に対してかなり強い権限を行使できます。信頼できる部下を現場に送っていますが、サイフのひもは手元でしっかりと握っているというのが古河の組織だということができます。

三菱でもすでに話したように、金属鉱山の売上げは大阪・神戸の支店に入り、そのまま本店の管理下に置かれます。そういう組織がつくられているのが財閥の特徴なのです。だから、資金の管理を集権化していることも財閥の特質になります。

しかし、こうなると現場はものを作っていますが、自分で売っているわけではないので、作ったものがいくらで売れたかがわかりません。そのために困ったことが起こります。なぜなら、ものを作っている側、現場の責任者からみると、自分たちが作ったものがいくらで売れるかに関心を持てなくなるからです。掘りさえすれば、造りさえすればよいことになり、売るのはあなたまかせです。こうなると現場の効率性に目が行かなくなる危険性があります。自分が責任を持つ鉱山が利益を上げなかったのは、鉱山の作業が非効率なのか、販売に失敗したのかはっきりせず、その結果、責任の所在があいまいになる危険性があるのです。

その問題を解決するために、期首に予算を作り、そして現場責任者にその目標予算をどれだけ達成できたかを報告させます。つまり、今月は石炭一〇〇トンをトン当たり六〇円で掘ります、というような詳細な予算書を現場から本社に申請し、それを本社が査定して決定します。そして、一ヵ月経って実際に一〇〇トン掘れたのか、六〇円で掘れたのかを報告させて現場の責任者の評価を決めることにします。そういうシステムを明治時代に作り上げていきました。これは発生史的にみると、分散した組織だったことから生まれた経営上の工夫でした。現代の企業では、事業部門間では「振替価格」という方法がとられています。たとえば、大手の電機メーカーの半導体の部門からコンピューター製造部門に半導体をいくらで売るかという価格が設定され、それによってそれぞれの事業部門の収益がきちんと計算できるようにしています。そういう問題がまだ明確には意識されていない時代に、これに代わるものとして予算制度による目標管理が利用されたと思われます。

〈財閥の所有集中と資金から自由な現場重視の経営者〉以上のように財閥は、地域分散的な組織であること、その分散的組織は現場に強い管理権限を与えていること、そして、販売や資金に関しては集権的であることなどの特徴をもっていました。この特徴は専門経営者登場の背景として、とくにおもしろい事実です。専門経営者が登場してくる背景として一般論として言われているのは、アメリカのミーンズという学者が一九三〇年代に行った調査から導き出した仮説です（高橋伸夫『経営の再生』）。それは次のようなものです。株式会社がどんどん大きくなると、オーナーだけではとても出資できなくなり、株式市場を通して多くの人たちに株に投資してもらうようになりました。つまり、株主が多数になり、オーナーの持株率が下がります。その結果、分散した株を持つ小株主が多くなって株主の発言力が弱くなり、経営の実権は専門経営者に移っていくという説明です。これは所有の分散と言われる現象です。

所有の分散が株主の権限を弱めて、経営者の権限を強めたことを見出したのがアメリカにおける調査の結果で、それが現代企業の特徴だと考えられています。この調査をふまえてアメリカでは「経営者資本主義」という議論が盛んになりました。専門的経営能力をもっているサラリード・マネージャーが実質的なリーダー・シップを握る企業が増えており、それによって資本主義社会の初期にみられた資本家と労働者という対立の時代をのりこえ、専門経営者が経済社会を実質的に動かしている新しい階層になりつつあると主張されたのです。このように「経営者資本主義」は、資本主義の新しい時代の到来を語っていました。ただし、現在のアメリカでは、この見方は修正すべき状況になりました。株式は機関投資家の手に集中し、それによって株主の発言権がかなり強くなっているからです。会社は株主のものという見方は、そうした変化を表しています。

それはともかく、株主の力が分散していることからアメリカでは専門経営者の登場を説明するのですが、これは財閥にはあてはまりません。所有は同族に集中しているわけで、子会社に関しても本社がほとんど一〇〇%の株を持っているからです。所有は全く分散していないのに専門経営者が登場したことが日本の財閥の特徴です。

その理由について、私は次のように考えています。所有が分散していくアメリカでは株式市場が発達していました。そのため、株主は経営に口を出さない可能性が高まります。なぜなら、経営に不満があるのなら株を売って別の会社の株を買うという選択肢があるからです。経営の仕方が気に入らない、株価は上がらないし配当もよくないと思ったら、もちろん株主総会で異議申し立てもできるのですが、有望だと思う株式に乗り換えればよいのです。つまり、その企業から逃げ出す選択肢を株主はもっています。

ところが財閥の場合には、同族は絶対に逃げられません。それが「総有制」です。だから、財閥は、どうやって同族の権限を制限するかに、努力したのです。しかも、すでに説明したように、同族に専門的な経営能力が備わっているわけではないので、歴史の中で育まれた経営の知恵としての番頭政治、専門経営者を登用し、経営を任せるという仕組みができたのです。これが歴史の浅いアメリカとの違いです。

この財閥の組織では、同族は財閥の各企業からみると株を絶対に売らない非常に安定した株主になります。第一次世界大戦後になると株式公開も一部で始まりますが、基本的には安定株主がいるので経営者は企業買収によって乗っ取られる可能性がまずありませんから、安心して経営に専念できます。しかも、同族の一〇〇％出資という原則が維持されるかぎり、企業の拡張資金は同族が提供することが原則です。出せなければ封鎖的な所有をやめる、他人の出資を仰ぐことになります。同族は傘下会社の必要資金を提供する義務を負っているといってもよいのです。そのため、専門経営者はお金の心配をせずに済みます。子会社の方では金の心配はせずに、現場をしっかりと見ていれば評価される、そんな経営者が育っていきます。子会社の経営者は、資金に対しては本社に依存しながら、実際には委ねられた狭い範囲の事業を徹底的に追求すれば良いことになります。そういう性格のスペシャリストとして財閥は専門経営者を育てていきます。

4　財閥の専門経営者

そう考えてみると、財閥の専門経営者は、基本的には内部昇進で育てられた人が最も望ましいこともわかります。その企業のことをよく知っている、戦後の日本企業の特徴になっているような内部昇進型が望ましいのです。ただ、本当に初めから内部昇進型だったかどうかというと、それは全く違います。

森川英正さんがまとめた明治期財閥経営者一覧表（『日本財閥史』九五－九八頁）をみますと、三井・三菱・住友・安田で明治時代には同族以外で登場してくる本社や各事業会社の役員クラスの人の名前がわかります。組織の大きさが違いますから、登場人物はずいぶん違いますが、たとえば三井だと三野村、中上川彦次郎、益田孝、団琢磨などが、それぞれ銀行、物産、鉱山を経営しています。そういう人たちの学歴や前歴を調べてみると、三野村は両替商から三井にスカウトされています。団琢磨は、MIT出身の技術者で、官営三池炭鉱の払下げと同時に三井に「払い下げられた」人物

	1905年	1930年
内部昇進	8	247
中途入社	22	149
派遣役員	7	50
不　明	2	24
合　計	39	470

表7－1　専門経営者の職歴
（出典：森川英正『日本経営史』日本経済新聞社、1981年、78-80・153頁）

です。

三菱のトップにくるのは、荘田平五郎です。慶応義塾出身で教員からの転職組です。住友の広瀬宰平はたたき上げの人ですが、伊庭貞剛は裁判官からの転職組でもとは神官です。変わった経歴ですが、住友の精神的な支柱になった人です。三代目の大番頭になる鈴木馬左也（住友本店総理事）は帝大出身で農商務省の参事官からの天下り組になります。

ざっと見ると、転職組が多いのです。財閥系以外の企業の経営者も含むデータですが、専門経営者の職歴で一九〇五年の内部昇進者は八人です（表7－1）。この時点だと、丁稚奉公からはじまっている番頭タイプの人です。三九人中の二二人は、どこか他で働いていた中途入社組です。この中途入社が明治期の特徴です。ところが、一九三〇年になると、内部昇進者の方が多くなって全体の半分以上を占めるようになっています。

一九〇五年についてももう少し別の角度からみると、年齢の若さが目立っています。森川さんによると、役員に就任した時点で、四〇才未満だった人が全体の四二・八%であり、また、学歴でみると帝大卒、慶応義塾大卒、海外留学を含めて六二%が高学歴者という結果が示されています。

次に表7－2で企業ごとに専門経営者の有無を調べてみると、専門経営者がいない企業数は明治時代にはそんなに変わりませんが、昭和にかけて大きく減っていきます。

専門経営者の数	1905年	1913年	1930年
ゼロ	47	48	15
1人	22	38	27
2人以上	5	29	113
2人～半数	―	―	71
過半数	―	―	42
不明	1	0	3
合計	75	115	158

取締役中の専門経営者比率	1913年	1930年
ゼロ	26	2
3分の1未満	24	18
3分の1以上2分の1未満	13	16
2分の1以上3分の2未満	5	15
3分の2以上	1	14
合計	69	65

(上) 表7－2　日本における経営者企業の発展
(下) 表7－3　経営者企業の比重増加
(出典はどちらも、森川英正編『経営者企業の時代』有斐閣、1991年、15頁)

こうして一九三〇年には専門経営者が二人以上いる企業が圧倒的な多数を占めることになります。取締役中の専門経営者の比率（表7‐3）も、一九一三年と三〇年を比べてみればわかるように、はじめの時期は取締役の中に専門経営者がほとんどいないケースが多かったのですが、昭和の初めになると逆転していくことがわかります。明治から大正・昭和と時代が移るにつれて、日本の企業では専門経営者の時代になりました。これらは財閥系企業に限定されていない日本企業に関する調査結果ですが、財閥系企業にも当てはまるものです。

このように、日本の場合に内部昇進を通して専門経営者になっていく理由を財閥を中心に考えてみると、財閥独特の人材育成システムが関係していたと考えることができます。それは人の管理が中心だったということです。信頼できる部下に広い権限を与えて現場を委ねるという状況が初めのころにはありましたが、その頃から多くの財閥では、将来の幹部候補生になるような人材を一括して本社で採用しています。その頃には本社と事業部門との区別もはっきりしませんでしたから当たり前なのですが、この一括採用方針はのちのちまで維持されています。つまり、住友なら住友本店で採用していますし、三井なら三井合名で採用してから、三井物産や三井鉱山や三井銀行へと幹部職員を割り当てています。人事に関しては本社集中が財閥の特徴です。本社は将来の子会社のトップになる人材を一括採用して、それぞれをスペシャリストとして養成していきます。もちろん、本社にそのまま居続けて経理の専門家などになる人たちもいますが、造船会社、鉱山会社というそれぞれの専門経営者を育てていくのが、財閥の人材養成の特質でした。

もちろん、組織が大きくなればなるほど、だんだんとていねいなキャリアパスになり、いくつもの階段を上がるようになります。その点については、表7－4に時期を分けて役員に就任するまでに何年かかったかを、森川さんが計算したものを示してあります。

明治から大正にかけては、入社から役員になるまで平均一八年くらいかかっています。大学出であれば四〇才ぐらいで役員になります。四〇才未満の役員が四三％であったと説明しましたが、表7－4からもそれが裏付けられています。

それが、昭和になると二一年と三年くらい延びています。階段が三年くらいは長くなっていますが、役員になるまで勉強しなければいけない情報量も増えたり、人材の選抜も慎重になったのかもしれません。表示されているなかでは財閥直系企業の方が就任までの期間が少し長いようです。その意味では慎重な選抜は、財閥においてより明確なものでした。そのなかでも学歴による差別が、こういう企業経営の専門家、幹部候補生の選択にはあったのではないかと思います。

学歴については表7－5と表7－6とに出ています。これも森川英正さんが作成さ

1913〜1930年

氏名	会社	入社年次	役員就任年次	期間(年)
石井健吾	第一銀行	1895	1918	23
加藤武男	三菱銀行	1901	1919	18
菊本直次郎	三井銀行	1892	1918	26
岡橋林	住友銀行	1906	1929	23
各務鎌吉	東京海上	1888	1917	29
高田直屹	王子製紙	1893	1914	21
津田信吾	鐘淵紡績	1907	1926	19
朝倉毎人	富士瓦斯紡績	1907	1920	13
関桂三	東洋紡績	1908	1926	18
斯波孝四郎	三菱造船	1899	1922	23
納富磐一	芝浦製作所	1897	1919	22
竹内維彦	日本産業	1899	1918	19
三谷一二	三菱鉱業	1896	1918	22
藤岡浄吉	三井鉱山	1897	1922	25
村田省蔵	大阪商船	1900	1920	20
大谷登	日本郵船	1896	1923	27
永留小太郎	川崎造船所	1906	1920	14
大谷登	日本郵船	1905	1927	22
				(平均)21.3

表7－4　役員に就任するまでの期間
(出典：森川英正『日本経営史』日本経済新聞社、1981年、154頁)

1905年以前

氏名	会社	入社年次	役員就任年次	期間(年)
近藤廉平	日本郵船	1872	1889	17
渡邊專次郎	三井物產	1879	1895	16
山本条太郎	三井物產	1881	1904	23
土岐　僙	第一銀行	1887	1905	18
山辺丈夫	大阪紡績	1880	1895	15
				(平均)17.8

1905〜1913年

氏名	会社	入社年次	役員就任年次	期間(年)
林民雄	日本郵船	1891	1911	20
福井菊二郎	三井物產	1883	1909	26
藤正純	鐘淵紡績	1893	1907	14
南部球吾	三菱合資	1881	1908	27
岸敬二郎	芝浦製作所	1895	1911	16
牧田環	三井鉱山	1895	1913	18
池田成彬	三井銀行	1895	1909	14
喜田又蔵	日本綿花	1894	1910	16
木村駒吉	大阪電燈	1895	1909	14
井坂孝	東洋汽船	1896	1910	14
				(平均)17.9

れたものですが、表7－6からは、役人では圧倒的に法学士が多いのに、会社の役員クラスは工学士（技術者）の方が多いことがわかります。それからもう一つ特徴的なのは、表7－5からもわかるように帝大出が圧倒していることです。大企業の専門経営者の五人に二人は帝大出で、三人に一人が東京帝国大学だったことが、一九三〇年の調査でわかります。

もっとも、学歴にどのくらい意味があるのかは、はっきりとはわかりません。要するに、人事採用のノウハウは確立していたわけでなく、学校による選抜というような

学歴	人数	割合
帝国大学	191	40.6%
東京帝大	160	34.0%
その他	31	6.6%
法科	62	13.2%
工科	122	26.0%
農・理科	7	1.5%
高等商業	89	18.9%
高等工業(高校工含む)	26	5.5%
その他専門学校	11	2.3%
私立大学	69	14.7%
慶応義塾	40	8.5%
「早大」	8	1.7%
その他	21	4.5%
外国留学	8	1.7%
文科系	5	1.1%
工科系	3	0.6%
実業学校	10	2.1%
文科系	6	1.3%
工科系	4	0.9%
その他	42	8.9%
不明	24	5.1%
合計	470	100.0%

表7－5　1930年の大企業専門経営者の学歴
（出典：前掲『日本経営史』、148頁）

	法学士		工学士	
	人数	比率	人数	比率
総数	7,097	100.0%	5,054	100.0%
官庁	3,289	46.3%	1,713	33.9%
大学研究所	176	2.5%	477	9.4%
自由業	763	10.8%	24	0.5%
会社A	2,869	40.4%	2,840	56.2%
うち鉱工業会社B	1,203	17.0%	2,684	53.1%
B／A	41.9%		94.5%	

表7－6　法学士と工学士の職業比較（1921年）
（出典：前掲『日本経営史』、151頁）

他力の選抜システムに依存していたと考えれば良いと私は考えています。能力があるかどうかをどの大学に所属しているかで判断するのは、採用基準を独自にもっていないからです。高等教員のなかの選抜システムに企業の人事採用が依存しているのです。

企業が必要としているのは、企業の現場に必要なノウハウをもった人間ですが、そのノウハウは企業の外では教えてくれないものです。学校では教えてくれません。学校で教えているのは非常に一般的な知識であり、知識を処理する能力というか理解力という意味での一般的な学力です。

企業に固有のノウハウは、将来の専門経営者にとってはとても大事ですが、それは企業の外で教えることはできません。また、特定の企業についていろいろなことを知っていても、他企業では役に立たないことも多いものです。

だから入社のときに専門家である必要はまったくありませんでした。大学教育は実業の現場には役に立たないと思われているのと一緒です。企業でそれぞれに個性的な現場を入社後に教えることを前提にすると、企業への入り口では一般的な学力で差別する、区別するので十分なのです。これは今でも同じですが、たとえば入学試験では輪切り現象があり、それぞれの大学によってランキングがあります。だから指定校制度的に学校で選ぶ方が採用の効率が良いのです。

同時に、この方法は、どうも日本の社会のもっている人と人との関係を重視する特質に関係がありそうです。人と人とのネットワークが意味をもつのが日本の社会です。要するに学閥社会・コネ社会です。そういう社会では学歴を重視して、取引相手の会社と同じような人材を横並びに採る方が、その人の友人関係とかが役に立つことになります。

そうすると、新入社員は入社した企業のことは何も知らない人間ですから、それを現場で徹底的にスペシャリストに育てていかなければいけなくなります。現場でのノウハウは、工学士だろうと法学士だろうと、現場で働かせることで教えることができます。アメリカの採用システムなどでは、考えられないような人事制度になります。

アメリカの経営者市場で第二次世界大戦後に重視されるようになったのは、お金の調達・資金のやりくりがうまい人でした。ビジネス・スクールは、その教育に力を入れています。そのためにアメリカは短期的な企業の業績しか見なくなったと思います。財務は解るけれども現場が解らない経営者が育っています。たしかに教える側がどの経営にも適用するようなノウハウを教えようと思ったら、お金にかかわることが一番当てはまりが良いのです。どの企業へ行ってもお金は同じ顔をしていますが、他のことは具体的に教えようがありません。アメリカの専門経営者にとって、財閥の経営者と異なって、財務運営の能力が重要な要件になっていきました。

他方で、お金に関して安定株主の本社に任せることのできる経営者が財閥のなかで育ってきました。そのために、現場を重視するような経営者が評価されたのだと私は考えています。それが日本の専門経営者の特徴で、そのために、経営者市場が日本では成立しにくいのだと思います。「私は三井鉱山のトップで、石炭に関してはよくわかります」といっても、三菱鉱業へ行くと、役に立たないかもしれません。三菱の鉱山がもっている個性とか、あるいは労務管理の特質などは、初めから勉強し直さなければいけなくなります。そういう組織になっていると、だんだん年を取るにつれて給料が上がっていくのはそれなりに意味があります。役に立つ知識は確実に増えていくことに年功賃金は対応していました。そのあたりのことが日本の企業システムの特徴を解きあかすポイントだと思います。

第八章 商社ブームと破綻 「大正バブル」のバランスシート

はじめに

明治後半期に三井・三菱・住友は経済構造の中で存在感を増していました。これらの財閥の後を追って企業成長を遂げようとしていた二番手のグループを、この章では取り上げます。彼らは積極的にビジネスチャンスを捉えて成長を試み、結果的には挫折しますが、その物語のなかから財閥の強み、優位性が見えてきます。

二番手グループを、財閥史研究では、「二流財閥」と呼んだりしますが、この名付け方は結果論です。「だめになったから、二流だったんだろう」と決めつけている面があるからです。しかし、チャンスは確かにあったし、もしかしたら追いつけるかもしれないと思わせる局面がありました。

この二番手グループにとって絶好のチャンスが訪れたのが第一次世界大戦期です。

この時期は、日本の経済発展のなかでも景気上昇の急激さ、ブームの激しさでは、一、二を争う時期でした。第一次大戦期が日本経済の転換点であったことは、経済史を少し勉強したことがある人ならよく知っています。日本は大戦の前後で債務国から債権国に変わりますし、国際政治の舞台でも、極東の憲兵から国際連盟の常任理事国になりました。政治的にも経済的にも大きな転換、飛躍をとげました。

1　第一次世界大戦ブーム——成金の時代

第一次世界大戦のブームの特徴は、基本的には輸出のブームだったことです。経済が成長する時には二つのパターンがあり、内需が拡大するか輸出が拡大するかです。このどちらか、または両方が拡大すると経済成長が加速します。

戦後の高度成長期は、投資が投資を呼ぶといわれたように、内需拡大を通して成長していったパターンのブームです。これに対して、第一次大戦期は、急激な輸出が牽引力でした。輸出が拡大した理由は、国際市場で競争相手であるイギリスやドイツなどのヨーロッパの競争相手が、戦争が始まるとアジア市場にむけて製品を輸出してくる余裕を失ったからです。その結果、それまで輸入に頼っていた商品を日本は自給しなければならなくなりました。こうして国内産業が発展の機会を掴みます。それ以上に重要だったのは、アジア向けの綿製品などの輸出が急激に増えたことです。それまではイギリスとの競争に勝てなかった日本は、イギリスの後退により市場にすき間ができて輸出を伸ばしました。

それだけでなく、交戦国であるヨーロッパの国からみると、世界中を見渡してみて、戦争に必要なものを供給できそうな国はアメリカだけです。その次に、なんとか頼りになりそうだったのが日本でした。あとの国は戦争に必要な物を生産できるような重工業をもっていません。そこで、軍需品を中心に日本にも注文が殺到します。競争相手が消えただけでなく、イギリスを中心とした連合国向けに軍需品の輸出が拡大します。こうして輸出が急増すると、輸出品を生産している産業は発展しますし、仲介する貿易業者も殺到する注文に追われることになりました。

輸出関連分野は非常に利益率が高く、成長力が高い企業活動ができるようになりました。輸出品を運ぶ海運業が儲かり、船が必要になって造船業が儲かり、さらに船を作るための鉄が儲かります。そういう関連でブームは日本の経済の中に浸透していきました。

これが、ブームが生まれてくる基本的な理由です。第一次大戦期は「成金の時代」といわれ、船成金、鉱山成金が生まれました。それまでドイツからの輸入に頼っていた薬品や肥料などの分野でも価格が暴騰して、これらを作っている人たちも成金になります。

この成金については、いろいろなエピソードが伝わっています。金にあかして、家中の木という木に電燈をつけてみたり、柱という柱に電話をつけてみたりしたとか、大阪の芸者を大挙して引き連れて朝鮮旅行の豪遊をしたとか、虎退治をしたとかです。

玄関の灯りが暗いと百円札を燃やして、灯り代わりにしている風刺画が当時の新聞に載っています。破天荒な行状の人がたくさん出てきましたが、長続きはしません。「金」だと自惚れていたら、ただの「歩」だったということにしかならないのです。そんな時代になりました。そのなかで、もっとも成長が激しく利益が高かった部門の一つが貿易業でした。

2　乱立した商社

なぜ、商社ブームが生まれるのでしょうか。表8－1の部門別利益率を見ていただければ状況がわかります。一九一四年には、上の方から肥料まではだいたい一〇％台、公益事業の電力と鉄道でも九％、七％の利益をあげていました。これは、大戦の最初の年で、ほとんど大戦の影響のないころのことです。それが戦争が始まって一五〜六年の平均になると、商社は六一％の利益をあげています。資本金の六一％ということは、出資した元本の六割が一年間の利益で得られることになります。商社と海運・造船業が突出して高くなっています。これはブームのメカニズムの反映で、輸出に直接関連した部門がまず急成長を始めたことを示しています。商社は、一七〜一八年になると利益率が九割になり、一年経つと元本が二倍近くに増えているような高い利益が得られる時代が訪れたのです。

こうした状況をみて、我も我もと商事部門に進出しようと試みるのはわかりやすい道理です。つまり、商社ブームが生じた理由は、第一に、大戦のブームのメカニズムのなかで貿易が拡大したことでした。市場は急拡大してますから、先発の会社も手いっぱいになっているので、新規参入する余地がおおいにある、絶好のチャンスだったと考えることができます。このように輸出中心の経済拡大が商社ブームを作り出す基本的な要因でした。

第二に、このブームの裏には商社部門に固有の事情がありました。それは外国商社の後退です。一九一〇年前後には、輸出に関しては八割ほどを日本の国内商社が取り扱っていたのですが、輸入についてはまだ半分くらいしかシェアを持っていませんでした。残りの輸出の二割と輸入の五割は外国商社が扱っていました。外国といってもニューヨークやロンドンにある商社ではなくて、横浜や神戸に商館を構えているジャーディン=マセソンなどの外国商社です。彼らは、固有のネットワークをもち、ロンドンやニューヨークの取引相手やアジアに展開する欧州系の金融機関などとの関係を基盤に日本の貿易取引に従事していました。そのため、日本の商社も簡単には外商のシェアを奪えませんでした。

ところが、第一次世界大戦が始まると、これらの有力外国商社が動けなくなります。最初にだめになるのはドイツ人商社です。ドイツは戦争の相手国になってしまいま

業種／期間	1914年	15-16年	17-18年	19-20年
銀行	12.3	12.5	16.2	28.8
商事	19.6	61.0	90.6	36.9
紡績	14.4	30.5	62.8	76.0
製糖	13.3	25.1	27.0	41.9
製粉	11.2	19.5	38.9	56.8
鉱業	13.6	27.8	37.0	24.2
海運・造船	13.9	42.1	102.5	48.6
鉄鋼	18.6	18.2	40.2	8.0
肥料	11.1	27.1	44.7	38.7
電力	9.1	10.2	13.5	12.7
鉄道	7.1	7.9	11.2	13.3
平均	11.5	19.8	36.3	31.1

(単位:%)

表8－1　部門別利益率
(出典：武田晴人「独占企業の経済と社会」『講座日本歴史　9』東京大学出版会、1985年、48頁)

すから、本国からの資金の供給などの固有の金融のつながりが断たれ、商売は目の前にころがっているのですが、先立つものもなく、取引ができないのです。しかも自分たちが得意としていたドイツとの取引が全く途絶えてしまいますから、ドイツ人商社が市場から消えていきます。そうすると、これらの外国商館に頼っていた日本のメーカーたちは、別の商社を探さざるをえなくなります。

同じようなことが、イギリス系やアメリカ系の商社でも起きます。それまでロンドンを中心につくられていた国際的な金融のネットワークが第一次世界大戦のために寸断されてしまうからです。だから、アジアのなかだけで資金繰りがうまくできないと商社の活動がむずかしくなっていきます。輸出相手国からの為替送金や、オリエンタル・バンクや香港上海銀行などの欧州系銀行からの資金供給が円滑を欠くようになり、外国商館は戦争中のブームに乗る力を失ってしまいます。

こうして、たとえ貿易が伸びなくても日本の商社が得られるパイの量が増えていきます。つまり輸出の二割、輸入の五割近くをもっていた外国商社の代わりが必要でした。このようにそれまで日本の貿易にかなり強い影響力をもっていた外国商館が戦争の影響でいっせいに力を失ってしまったことも、商社ブームの要因の一つになっています。これが「固有の事情」です。

以上の二つの要因が商社ブームの背景だと思います。

三菱商事が会社として独立するのはこの時期です。それだけでなく、新興の財閥として、この時期に注目を浴びるようになっていた久原も久原商事を作ります。藤田組も商事部門を拡充します。古河も古河商事を作ります。このように続々と商社が設立されます。また、鈴木商店も急拡大しました。

表8-2に「有力資産家一覧」という資料を示してあります。これは一九一六年時点の調べですから、戦争の影響はまだそれほど顕著ではないのですが、『時事新報』

推定資産額	人数	東京	大阪	その他
2億円以上	2	三井、岩崎(総合)		
7,000万円	2	安田(銀行)	住友(総合)	
6,000万円	1	古河(鉱山)		
5,000万円	1		藤田(鉱山)	
3,000万円	2	大倉(貿易)	久原(鉱山)	
2,000万円	1	高田(貿易)		
1,500万円	6	島津(公爵) 前田(侯爵)	鴻池(銀行) 岸本(海運)	鈴木(貿易) 川崎(造船)
1,500万円未満 ∫ 1,000万円以上	21	渡辺、村井(銀行) 峰島(質商) 徳川(侯爵) 前川(綿商)	範多(貿易) 山口(銀行) 嶋(鉱山) 広海、岸本(海運) 芝川、和田(地主)	辰馬(酒造) 毛利(公爵) 松平(侯爵) 伊藤、本間(地主) 塚本(呉服) 安川(鉱山) 若尾(銀行) 山口(石油)
1,000万円未満 ∫ 500万円以上	639			
500万円未満 ∫ 100万円以上	73			

注:(1)『時事新報』1916年3月29日〜10月6日所載の「全国五拾万円以上資産家」第3回調査による。1,000万円未満の分は例示のみ。②カッコ内は主要職業。「総合」とは総合財閥の意味。(3)「東京」の徳川(侯爵)は元紀州藩主家徳川頼倫,徳川(公爵)は元将軍家徳川家達。「その他」の伊藤(地主)は伊藤長次郎のことである。

表8－2　有力資産家一覧（1916年）
（出典：石井寛治「日本資本主義の確立」『講座日本史　6』東京大学出版会、1970年、204頁）

者）です。

が「全国資産家調」として発表したものを石井寛治さんがまとめたものです。株を中心として、土地を含めた資産を調べています。一六年に資産総額の推定額が二億円を超えるのは、三井と岩崎（三菱）の二大財閥です。それに続いてかなり金額が落ちて、安田・住友がいます。その下に、古河・藤田・久原・大倉それから高田商会（貿易業者）です。

この三〇〇〇万円から一五〇〇万円クラスには、神戸の鈴木商店、その下の方には、鉱山、海運、綿糸布商、地主などが並びます。

この表に出ているうち、岩崎、古河、久原、藤田のように主として鉱山業で伸びてきた有力な資産家たちが、この時期に商事部門に進出します。つまり、商社ブームにのって下から成り上がっていったものが多かっただけではなく、有力な事業家たちが貿易業に新規参入しました。手を出さなかったのは安田と住友くらいです。安田商事という会社が安田系にはありますが、これは貿易商社ではありません。住友は計画はあったのですが中止しました。安田を除くとほとんどが商事部門に注目するほどのブームが第一次大戦期に生じたわけです。こうして大戦の終わりころには、有力な資産家のほとんどが商社部門をもっている状態になりました。

3　古河商事のケース

新設の商社のなかから、古河商事のケースをとりあげて商社ブームの内実を掘り下げて考えてみようと思います。このケースは大失敗したものです。

〈経験の蓄積〉古河商事がなぜ破綻したかというと、大連市場における豆粕の投機で大損失を出したからです。古河は、鉱山経営で成長を遂げた事業家で、足尾の銅と筑豊の石炭を主力とする鉱山業者でした。銅や石炭を売るための営業活動のノウハウが蓄積されていくにつれて、自社の製品だけを売っているのでは面白味がない、よそ様のものも扱ってみたいと営業部門では考えるようになります。これはどこでも起こりそうです。

古河の場合、市兵衛時代には、足尾で掘れた銅は横浜に持っていって外国商館に売ってしまいます。それだけですから、ヨーロッパでどんな取引が行われているか、あるいは香港に輸出されたその先がどうなっているかは関知しませんでした。石炭は、工業用の石炭需要が増えて国内取引の支店をもうけたり、輸出のために上海支店や香港出張所を開設して営業活動を広げました。さらに、古河は、筑豊の小さな石炭業者に資金を前貸しする代わりに一手販売権を得るなどして石炭の営業活動を広げていきます。いずれも三井物産が先行して進めてきた石炭取扱の手法をなぞっています。

それでも、銅と石炭くらいしか扱っていないし、貿易業務では輸出商売しか経験がありません。輸入はほとんど経験がなく、営業活動はかなり限定されていました。そういう状態のもとで、三代目の古河虎之助の時代に、組織を整備し増加した営業店を統轄するため、古河合名に営業部を設置して営業活動を委ねはじめます。それが大戦の直前の時期のことです。だから、古河は何の経験もなく貿易業に急に出ていったわけではありません。部分的だけれども営業活動の経験の蓄積はありました。

この事情は三菱も似たようなものですが、石炭や銅を売るところからスタートして、その営業活動で培われたノウハウや人材が商社自立の基盤にもなり、「商社をやるべきだ」という社内のエネルギー源にもなりました。会社を独立させて自社製品だけでなく取扱品目を広げようという意欲が強まるのです。

古河の営業部は、一九一四年にはまだ二〇〇〇万円くらいしか取扱高がありませんが、一五～一六年、つまり、一七年の商社独立の直前には五〇〇〇万円くらいまで拡大していました。ブームのなかで、他社と同様に古河で商社を設立したいという意見が出てきたのは自然のなりゆきでした。

ところが、古河には、市兵衛が「赤ガネ（銅）以外には手を出すな」と言っていたことが不文律になっていました。市兵衛本人は生糸で失敗したり、米相場に手をつけて失敗して、成功したのが足尾などの銅山だけだったものですから「金属だけをやれ、せいぜいやっても銅に関連する部門に限れ」と言っていました。銅を製錬するのに石炭は必要だから「石炭はよいだろう」、それから銅を伸ばして銅線にして売るくらいまではよいだろうと事業範囲を限定していました。この古河市兵衛の遺訓を市兵衛時代の番頭格である近藤陸三郎などが墨守し、頑なに「商社なんてとんでもない」と反対していました。

さらに、古河の家の事情が経営の意思決定をむずかしくしていました。二代目潤吉は市兵衛の実子ではなく、陸奥宗光の次男を養子に迎えた人で、その関係で陸奥系の人物が後見役として影響力をもっていました。それとは別に井上馨も影響力をもっていました。陸奥の死後には原敬が陸奥系の代表者として会社に関与します。口うるさい小姑が同族以外にたくさんいるところだったのですが（森川英正『財閥の経営史的研究』）、そうしたこともあって古参の幹部たちは市兵衛の遺訓をよりどころにしたのです。

これとは別に、古河の二代目潤吉は「銀行をやりたい」と考えていました。あまり表だっては言えないのですが、第一銀行の渋沢栄一との関係は、もともと個人的な関係ですから、市兵衛が亡くなってみるとやや不安定になっていました。第一銀行も近代的な銀行になってくると計算づくで金を貸すようになりますから、古河だから必ず貸すというわけではありません。二代目が考えたのは、「鉱山でもうけた金で銀行を作ったらどうか」というプランです。しかし、潤吉の時代には実現しませんでした。

ところが、一九一七（大正六）年に近藤が亡くなります。独立心旺盛な古河の若手は、目の上のタンコブがいなくなったので、同年一一月には東京古河銀行と古河商事を設立します。そして、古河の鉱山部門を独立させて、その上に古河合名という持株会社をおくコンツェルン組織にの三社を子会社として、それぞれの子会社は独自の展開をとげはじめます。こうして、したのです。

もちろん相互の事業は密接に結びついています。いちばん関係が深いのは古河鉱業と古河商事です。それらの事業に必要な資金は東京古河銀行が供給する、鉱業や商事は余裕資金があれば、銀行に預ける、そういうつながりをもつ財閥ができました。古河商事が設立された時の資本金はわずか五〇〇万円ですが、すぐに一〇〇〇万円に増資されます。

もし、近藤陸三郎のような人が古河合名に残っていて「暴走するな」とブレーキをかける役目をしていれば、古河商事はそんなに急激な展開をみせなかったかもしれません。しかし、重石がとれた古河の血気さかんな若手たちは、絶好の経済環境だったこともあって、一気に暴発するように、事業を急拡大させていきます。事業意欲が旺盛な古河商事は、鉱業会社の製品を売るだけではあきたらず、取引分野を拡大しました。当時の古河商事では、新分野はまだまとまった量にはならないので、「雑貨」と称していました。

ところで、商社の取引には、二つの種類があります。

たくさんの取引相手との間で取扱量を増やし、コミッションを稼ぐ方法が一つです。これは、比較的安全な道です。売り手と買い手を探してきて商売が成り立ったら、その商売を円滑にやって二％とか一・五％とかの手数料をもらうものです。

もう一つのやり方は、「見込み商売」と呼ばれますが、「売れそうだ」「値が上がりそうだ」とか考える商品を買い取り、それを買い手を探して売り、売買の差額で利益を得るというものです。この場合には数％どころか一〇％も二〇％も利益があがるかもしれません。この二つの取引方法があります。

古河鉱業と古河商事との取引は前者のコミッション取引です。だから商事会社からみると、安定している反面で、利益の薄い面白味の乏しい商売です。

商社の方では、うまく立ちまわって見込みが当たれば、取引利益は何倍にもなるかもしれないチャンスがあると考えています。そこで、見込み商売が雑貨の分野で拡大し、商事会社の経営を投機に走らせることになります。見込み商売は値上がり利益を期待するわけですから、投機的な性格の強い取引です。しかも、そうした方針に傾いていたところに、古河の内部で商事会社の経営のあり方を揺るがすような出来事が生じました。

具体的には、一九一八年一一月に第一次世界大戦が終わると、銅は軍需品でしたから値段が暴落したことが背景でした。戦争中に高いコストで作っていた古河鉱業の銅の売値が大幅に下がり、このまま売れば「損する」状態になりました。そのため古河鉱業は、自分の銅は値上がりを期待して「しばらく売るのをやめたい」という方針を出します。これで古河商事は困ります。安定的なコミッションを得られるはずの取引が一時的とはいえ、全面停止になるからです。もう一つ困った部門がありました。古河グループの傘下に電線会社がいくつかあって、横浜電線(現在の古河電工)などが、古河鉱業日光精銅所で加工した銅線を原料として購入し、電力用や通信用のケーブルなどを作っていました。これも原料がこないと困ります。

そこで古河では、古河鉱業の銅は損になるから売らないが、古河商事にアメリカから安い銅を買入れさせて、古河鉱業で銅線に加工して傘下の電線メーカーに原料銅線として売ることにしたのです。これも完全に見込み商売です。古河商事は仕方がなくこれを取り扱うのですが、安定した米の飯を取り上げられてアメリカから銅を輸入するという経験がない商売に追い込まれました。

その結果、銅市況の見込み違いから、この銅輸入取引で古河商事は大損しました。しかも、古河鉱業は全く損失を分担してくれません。古河鉱業には本家意識があるのか、分家が割を食わされました。

〈豆粕投機の拡大〉 こうした事情も重なって一九一八年の暮れから一九年にかけて、古河商事は打開策として雑貨の取引で埋め合わせできないかと目の色を変えて動き始めます。運が良いというか悪いというか、この雑貨の取引で古河は一九一九年の春にチャンスをつかみます。チャンスといっても、死屍累々の投機相場の中に入り込んでいってのことです。戦争が終わってまもない反動不況のころ、大連ではそれまで豆粕や大豆の取引をしていた商社がつぎつぎとつぶれました。そのために、すき間が生じたのです。

古河は以前から豆粕に興味をもっていたことから、倒産した商社を肩代わりする形で大連で豆粕の取引を本格化します。もともと満州は、世界的な大豆の産地ですが、油をとって出来た粕が肥料になります。油は化学工業の原料でもあるし、食用油にもなる。このころには、大豆油を化学工業の原料に使っているのはヨーロッパでした。大豆をしぼって油を輸出するとともに、その絞り粕を肥料として日本に輸出する、あるいは、大豆のままヨーロッパに輸出することもありました。このどちらにするかはヨーロッパの油、大豆の市況と日本の豆粕の相場の動きで決まります。

このころ日本の国内では、大豆粕が大変よく売れました。売れた理由は、肥料需要が大きく伸びていたからです。戦争中で景気が好く農民の懐具合が良いことが背景になって、増収を期待した農民たちの肥料需要が増大していました。しかし、日本の化学工業はお粗末な状態で硫安（りゅうあん）などが供給できませんでした。化学肥料がだめなので、頼りは豆粕になり、これが飛ぶように売れました。一九二〇年代には硫安が増産されて豆粕の売れ行きは落ちますが、それまで、豆粕は仕入れれば買い手を必ず見込める商品でした。

古河商事は、大連取引所で地道に豆粕取引をやっていればよかったのですが、一九年の春から二〇年三月にかけて物価が急上昇し、日本の経済全体も「戦後ブーム」といわれる景気上昇局面に入りました。連動して豆粕の値段も上昇します。そこで古河商事大連出張所の主任だった浅野は、この大連における豆粕取引で先物取引に手を出します。地道にコミッションを稼ぐのではなく、先物取引による見込み商売にのめり込んでいきました。

取引量は、一九一八年の下期から二〇年の三月までに豆粕だけで約五億円に達します。一七年の古河商事の売上高がわずか五〇〇〇万円だったことを考えると、相当大きな金額です。商社として独立後、二〇年の三月までの二年弱の間、正確には二一ヵ月で、一支店一商品で五億円の取引をしていたのです。この取引のおおよそ半分が取引所における投機的な先物取引でした。こういう見込み商売は成功すれば英雄ですが、失敗したら当人の首が飛びます。そうした投機の失敗による破綻は、歴史の中には実例がいくらでもあります。

大連出張所の浅野主任の取引は、最初はうまくいったようです。大連が利益を上げているという報告が、古河商事本社にもはいります。たまたま心配する人がいて本社重役が視察にいきますが、ごまかされて帰ってきて、「なかなかよくやってる」と報告している不甲斐なさです。豆粕の取引、大連取引所の定期取引について専門的な知識をもっている人は数年という短い時間では育ちません。したがって社内では実態を誰もわかりません。現場がごまかす気になれば、みごとにごまかされて帰ってきてしまうのです。こうしてどうも危ないと思いながら歯止めなくのめり込んでいくことになりました。

本社の視察はうまくごまかしましたが、浅野主任は、引きぎわを見失っていました。先物取引は引きぎわがむずかしく、雪だるま式に損が増えていきました。

一九年の秋ぐらいから市況の先行きが怪しくなります。この時、大連の豆粕取引は、古河だけが関わっていたわけではありません。臼井洋行という現地の会社や、神戸の鈴木商店と三井物産も投機に関わっています。二つのグループに分かれて、古河・臼井は買い方、鈴木・三井は売り方でした。つまり、前者が値上がり期待で買いに回り、対抗して鈴木と三井が売りあびせるという投機取引が続けられていたようです。

このうち臼井は、三菱商事のダミー会社だったといわれていますから、現実には有力な商社が大連の豆粕相場で二派に分かれて利益を奪い合っている状態でした。ノウハウも資金力も三井・鈴木の方がはるかに上なわけですから、形勢は一方的です。

最初に「どうも危険だ」と気がついたのは三菱でした。古河が買付けをすれば、鈴木と三井はそれに対して売りつけてくる。そのままだと損をかぶりそうだとの情報を得た三菱は、一九年暮れに臼井洋行を切り捨て見放してしまいます。

〈破綻〉こうして状況は古河にますます不利になっていきます。さすがに、古河商事大連出張所では浅野主任の部下がどうも危ないと心配になって、東京に行って本社の重役に「ちょっとおかしい」と報告しました。これが、事件が発覚した発端です。

この間、古河商事は取引決済の資金を、横浜正金銀行の大連支店から借りていました。横浜正金銀行は三井・鈴木にも投機取引のための兵糧を流しています。正金銀行大連支店は両方に金を貸していますから、どっちが勝っても良いのかもしれませんが、さすがに金額がかさんでくると、「危ない」と警戒するようになりました。

現地からの情報があって古河商事の本社も再度調査を始めます。現地では、銀行の態度も警戒的になってきたので、失地挽回の対策として銀の取引に投機を広げて損失をカバーしようと試みます。第一次世界大戦中には、中国も景気がよかったために、金に比べて銀の値段が急騰していました。中国は銀が本位貨幣でしたから、豆粕買付けには銀が必要でした。そのため銀相場に以前から関与していたのですが、この銀相場でも投機的な先物取引で資金繰りを改善しようとしました。

この銀取引も失敗しますが、このように損をカバーするためにまた損を重ねていきます。三月の初めくらいに古河商事の本社が大連出張所の実地検査を実施し、「とんでもないことが起こっている」と気がついて、いっさいの取引を停止する時までこの悪循環が続きました。そして、不幸なことに取引停止した三月四日から一〇日あまり後、三月一五日に東京の株式相場が大暴落して、「一九二〇年恐慌」が始まってしまうのです。

取引を停止して買付残となっている現物を引き取っても、市場で豆粕の値段が下がらなければ、そんなに損はしなかったはずです。現物を売り抜けられれば、先約してあった引取価格との差額だけ負担すればよかったからです。ところが、恐慌のために相場が急激に落ちてしまいました。たとえば、五月の時点で、豆粕を五〇円で買うと約束していたのに対して、二五円に相場が落ちていれば差額の二五円が損になります。相場が四〇円を維持すれば、一〇円だけの損ですみます。だから恐慌が起きたことは古河には大打撃でした。

最終的に計算してみると、大連での取引で古河は約二六〇〇万円という損失を被ることになります。三月四日の時点ではだいたい一〇〇〇万円くらいの損失見込みでしたから、残り一六〇〇万円は恐慌になってから生じたものです。そのうえ、手持ち契約の引取資金と借入金の借り替えのために、約四〇〇〇万円の資金手当が必要なことが判明しました。これが古河商事が大連での投機的取引で被った負担でした。

古河商事は、資本金一〇〇〇万円の会社で、設立してまだ三年も経っていませんから、自己資本ではとうていカバーできません。それで、会社をつぶすより仕方がないことになりますが、多額の損失によって生じた銀行借入を放置するわけにもいきません。そのため古河鉱業が商事を合併し、商事の債務を肩代わりしました。

そうなる前に、古河はいろいろと対応策を講じようとしました。一つは、株式市場がまだ堅調だった三月四日の時点で、株でプレミアムを稼いでみようと考えました。これも投機的な側面がありますが、これは古河本社の発案でした。具体的には、古河鉱業の日光精銅所と、傘下子会社の横浜電線の二つは、銅の加工部門として高利益をあげており、将来も期待できるので、両者を合併して新会社を作り、株式を市場に公開することを計画したのです。日光精銅所と横浜電線は、後者は子会社、前者は鉱業会社の一事業所ですが、この二つを合併して古河電気工業という新会社を作って株を公開すると、簿価を超える多額のプレミアムが入る見込みでした。そこで、いそいで計画を作り、いざ実行という時には、株式市場は暴落していました。

この案はプレミアム稼ぎという目的を果たせませんでしたが、古河電工という新会社は二〇年四月に設立されました。古河電工は、古河商事が破綻しなければ誕生していなかったかもしれません。プレミアム稼ぎという点では計画倒れに終わったため古河電工の株は古河鉱業や古河合名が引き受けました。当時は株式を担保に金を借りることは容易でしたから、古河合名などは、この電工株を担保に銀行から金を借りることになります。

こうして苦境は凌がれていきますが、借金は最終的には古河鉱業から古河合名会社に移されました。古河合名は返済のために、保有する株式などの資産を売却し、それによって持株会社としての内実が先細り、他方で金利の支払いなどがあって赤字会社になってしまいました。その間の赤字を埋めたのは、古河銀行と第一銀行の資金融通です。ところが、商売の世界とは恐ろしいもので、第一銀行はしばらくすると貸し剝がしを進め、貸付けを回収していきます。古河には返済資金はありませんから、古河銀行から借りる以外にはありません。要するに借入先が変わっただけでした。第一銀行は逃げたのです。

古河銀行は、古河鉱業や古河合名への大量の貸付けが固定化していますから、銀行として動きがとれなくなり、金融恐慌から昭和恐慌にかけての不況のなかで閉店し、第一銀行が古河銀行の業績のよい有力支店だけを合併して預金を増やしました。

以上が古河商事の破綻をきっかけに、古河が二流に逆戻りした話の概略です。

4　専門経営者の不在と資金力不足

破綻の原因としては専門経営者の不在であるとか、資金力不足とかが考えられますが、古河商事のケースではある程度堅実な路線を歩んでいれば、商社として残っただろうと思える面があります。しかし、失敗が失敗の連鎖を生み、最終的には取り返しのつかない大失敗に陥りました。

商事会社設立は、経済環境からみてまちがった判断とは思いませんが、結果は失敗の連続でした。その原因の一つは、古河の商事部門がそれほどきちんとしたノウハウの蓄積もなく、せいぜい鉱物取引の経験、それも輸出商売が中心だったという点にあります。不十分な経験だけで豆粕の輸入という新分野の取引に手を出していくのは、何も知らないのと同じで危険が大きいものです。しかも、そういう取引で投機的な行動をとる、リスクにリスクを重ねるような商売をしたことが問題だと思います。

経営の視点で見ると、リスクテイキングな取引を担当できる専門家がいなかったことに問題がありますが、それと同様に重大な問題点は、大連における投機取引に本社が気がつかず、調べに行ってもわからなかったことです。つまり本社には十分な管理能力がなかったのです。トップ・マネジメントにも商社としての専門経営者がいなかったといってもよいでしょう。管理できる組織もなかったし、管理をできるだけの人材も育っていなかったのです。失敗の連続の裏には、そういう人的な資源の不足というか、不十分さがあったことは認めなければいけないと思います。

これとよく比較されるのが、商社設立を回避した住友のケースです。ちょうど第一次大戦中に、住友も住友商事の原型になるような商社の設立案が社内でほぼ固まっていました。あとは当時住友のトップ・マネジメントを牛耳っていた総理事鈴木馬左也が、外遊から帰国してハンコを押すだけの状態でした。

ところが、帰国した鈴木は「だめだ」「そんな危ないことはしない」と言ったのです。住友の中に伝えられている話では、当時、住友銀行にいた大島堅造（おおしまけんぞう）が「貿易をやれるだけの力を住友はもっていない」とアドバイスをしたということです。これを受けて鈴木は断固反対しました。その結果、とにかく住友は商社設立を回避し財閥として残りました。一方で、古河はつぶれました。結果論ですが、そういう岐路があったことは事実です。

有力資産家のなかで、一九一六年時点では古河と住友はせいぜい一〇〇〇万円くらいの違いしかありません。ところが、この後の軌跡は大きく異なりました。この点は経営史家の森川英正さんが『財閥の経営史的研究』（第三章）で強調していることですが、一方は戦前において三大財閥とか四大財閥といわれるまでに成長を続け、他方は没落しました。その明暗はくっきりしています。

ところで、商事部門に手を出した会社やもともと商社をもっていた会社がこの激動のなかで経営的に問題がなかったかというと、実は古河と同様にほとんどがかなり危ない橋を渡っていました。

三井物産の場合には、アメリカで石油相場で失敗して、おおよそ一〇〇〇万円くらいの損をしたらしいのです。また、三菱商事は、表8-3を見ていただければわかりますように、一九一九（大正八）年下期、二一年上期・下期と赤字を出しています。また、この前後に三菱商事は、大戦時の組織を大幅に改変してリストラを始めざるをえなくなっていました。このように三菱商事も少なからぬ損失を受けています。古河とは桁の違う損失ですんでいるという面はありますが、二〇年上期には営業費が不自然に圧縮されていますから、この期も赤字であった可能性が高いでしょう。それでも三菱商事は残ります。古河商事に比べて豆粕からの撤退が早かったからかもしれません。ダミー会社を切り捨てて逃げていますから、損失を圧縮できたことが三菱商事の打撃を小さくした可能性は十分にあり得ます。

しかし、私はもう一つ三菱銀行と古河銀行の力の差、あるいは三菱全体の資金力と古河の資金力の差が重要だったのではないかと思います。石油で大損失を出した三井物産では、決算ではそれを表面化させないように経理を操作できるくらいに、内部に資金的基盤があったようです。これに対して、古河だけでなく「二流」とレッテルをはられてしまうものの多くは、銀行との関係が弱く、自ら銀行を設立してもその分野

	取扱高	総益金	営業費	営業損益	純損益	配当率(%)
1918年上		9,588	1,856	7,732	3,842	10
下		5,182	3,140	2,042	913	10
1919年上		5,005	2,299	2,706	1,569	10
下		3,127	3,189	△62	△693	—
1920年上	65,199	1,021	547	474	421	—
下	24,330	3,497	2,289	1,208	543	—
1921年上	50,735	2,311	2,963	△652	△851	—
下	67,807	2,407	3,185	△778	△778	—
1922年上	91,865	3,614	2,718	896	688	—
下	110,465	4,139	2,886	1,253	1,103	5
1923年上	103,014	3,896	2,997	899	807	6
下	147,126	5,399	3,239	2,160	1,156	6
1924年上	155,759	4,566	3,181	1,385	1,314	5
下	153,487	3,916	3,174	742	675	5
1925年上	163,577	3,450	3,232	218	134	—
下	177,495	4,012	3,111	901	818	—

(単位:1,000円、%)

表８－３　三菱商事の業績
（三菱商事株式会社編『三菱商事社史 資料編』三菱商事、1987年、72-75頁より著者作成）

でトップに並ぶまでにはいきませんでした。藤田、久原、そして次章でお話しする鈴木も資金面では自己金融力が弱体で、財閥としてみると資金を調達するうえで制約がありました。借入依存度が高いことはブームなど追い風のときには早いテンポで成長するのに向いていますが、いったんバブルがはじけて向かい風になると弱いものです。古河に対する第一銀行がそうだったように、銀行は風向き次第で貸付けの対応が大きく変わります。そうした点を考えると、資金力の豊かな三菱や三井と古河とはみかけ以上の差があり、その点が差を詰めていけなかった要因だと思います。

第九章　鈴木商店の挫折　借入依存と組織改革の欠如

はじめに

この章では、金融恐慌で破産し、日本経済に大激震を起こした貿易商社鈴木商店についてお話しします。この鈴木商店のケースでは、もともとが商社ですから、営業面でミドル・マネジメントなどに人材を得なかったということではありません。古河のように専門経営者の不在や資金力の不足のために、せっかくのビジネス・チャンスを生かしきれなかったのとは違います。独特の組織をもった商社でしたが、第一次世界大戦後の激動のなかで大きな負債を抱え込み、政治的な思惑もからんで会社を閉鎖せざるをえなくなりました。

鈴木商店は、城山三郎（しろやまさぶろう）さんの『鼠――鈴木商店焼打ち事件』という小説でも有名になりましたし、大正時代を語るためには、はずすことのできない企業です。そこで鈴木商店の年譜を見ながらどんな会社だったかをお話しします。なお、鈴木商店については、桂芳男（かつらよしお）さんの『総合商社の源流』が一番まとまった書物です。私も横浜正金銀行の資料を利用して、『鈴木商店の経営破綻』を書いていますから、興味があったらこちらも読んで下さい。

1　鈴木商店前史

この会社は、鈴木商店という名前が表すように、明治の初めころに神戸に開業した小さな商店が起源で、鈴木岩治郎・よね夫婦が経営する輸入ものの砂糖を取り扱っていた商店でした。

鈴木の次の時代を担う金子直吉が一八八〇年代半ばに入店し、それ以降、鈴木商店は着実に時代の流れに沿いながら成長をとげていきます。この鈴木商店の特徴は、店主岩治郎が早い時期に亡くなって後継者がいなかったため、未亡人が店主になり柳田富士松、金子直吉などの番頭が店の経営を任されたことです。形式的には住友と同じように、店主が君臨すれども統治せずという番頭経営で、経営者に有能な人材を必要とするシステムでした。そこで、番頭で力のある人を登用することになります。

鈴木商店が成長する基盤になったのは台湾との取引でした。日清戦争後、下関条約で日本の植民地に編入されることになった台湾での商売に鈴木商店は目をつけました。もともと砂糖を扱っていたので、台湾やジャワなどの南方に土地勘があったのでしょうが、金子直吉が当時、台湾の総督府にいた児玉源太郎や部下の後藤新平に知遇を得て、それを足がかりに台湾での取引を拡大します。植民地政府に寄生した政商的な側面があったのですが、まず、台湾産の樟脳に目をつけ、次いで砂糖にも進出します。この二つの事業を中心に徐々に台湾からの輸入品取扱が増えていきました。この鈴木商店の台湾での事業活動については、齋藤尚文さんの『鈴木商店と台湾』によって詳しく分かるようになりました。

一九〇二年には合名会社鈴木商店に改組されますが、これは資本金五〇万円の会社です。この資本金額は、一九二〇年に五〇〇〇万円に増資されるまで変わらず、第一次大戦中も一貫して五〇万円の会社でした。前章の古河商事の資本金は一〇〇〇万円ですが、その時でも鈴木商店の資本金は五〇万円でした。

さて、年譜（表9－1）の一九〇三年に大里製糖所というのがありますが、これが鈴木商店の成長の次のステップになります。この製糖所は、ジャワ糖に目をつけた鈴木商店が、これを原料とする砂糖の精製会社を作ろうと計画したものでした。しかし、この新しい参入者に警戒感をもった台湾製糖や大日本製糖が鈴木と交渉した結果、鈴木商店は本格的な進出を断念して事業を高値で売却してしまいました。

こうした経緯のなかで、第一次大戦が始まるまでには、関西では中堅より上のクラスの商社といえるくらいまでに成長しています。前掲表8－2の有力資産家一覧表（第八章）でみると、一五〇〇万円クラスに鈴木商店の名前があります。資産額ではまだ小さく見えますが、これが急成長前の鈴木の位置でした。そして樟脳、砂糖など

1877年頃	鈴木岩治郎、鈴木商店（砂糖商）を開業。
1886年	金子直吉入店。
1894年	岩治郎没、未亡人よね、柳田富士松・金子直吉の二番頭に経営を委ねる。
1900年	台湾の樟脳販売権を獲得。
1902年	合名会社鈴木商店に改組（資本金50万円）。
1903年	大里製糖所設立（1909年に大日本製糖に売却）、 このの ち各種関係会社を設立、貿易部門も総合商社化し、 一大コンツェルンに成長。
1920年	合名会社鈴木商店増資（5,000万円）。
1923年	貿易部門を分離して、株式会社鈴木商店（資本金8,000万円、内払込5,000万円）を新設。 鈴木商店は鈴木合名会社（資本金5,000万円）と改称。
1927年	鈴木商店・鈴木合名、倒産。

表９－１　鈴木商店年譜
（出典：三和良一・原朗編『近現代日本経済史要覧』東京大学出版会、2007年、112頁）

の貿易を中心に伸びてきた鈴木は、大戦期のブームにのって、みごとにその事業活動を開花させます。

鈴木商店の特徴は、経営の実質的責任者であった金子直吉の独自の行動（企業者活動）にあります。見方によっては独裁的ですが、彼がいろいろな判断を集中的に下していたようです。カリスマ経営者の金子にすべての権限が集中する集権的組織の商社でした。

もう一つの特徴は、鈴木商店は三井物産などに比べるとはるかに小さい商社でしたが、かなり早い時期から貿易業務の経験者を中途採用し、さらに、学卒者を積極的に採用して人材を充実させる努力をしていました。東京高商や神戸高商などから、かなりの数の学卒者が入社しています。のちに日商（現・日商岩井）のトップに立つ高畑誠一（たかはたせいいち）などはそういう形で採用された人です。

　このように、鈴木商店は集権的な構造をもつ一方で、金子直吉の手足となって働くような有能な人材を大戦の前から採用し養成する努力をしっかりと続けていました。また、貿易についても、経験を積んでいました。これだけを考えても鈴木商店は古河商事よりもはるかに有利だったことはまちがいありません。だからこそ、大戦ブームというチャンスを鈴木商店は確実に生かすことができたのです。

金子直吉

　大戦が始まった直後に金子は全出張所・支店の営業マンに「なんでも良い。とにかく買いだ、物の値段は確実に上がる、だからどんどん買付けに走りまわれ、先物でも良いから買え」と指示します。

　一番有名なのは、ロンドン出張員だった高畑誠一にあてた「鉄を買え、値段はいくらでも良い」という短い電文です。この指示を一九一四年、つまり、大戦が始まった年に出しています。これがみごとに当たります。戦争になって鉄の価格が上がることは予想できないことではありませんが、買い付けた鉄が船を造るために使われ、兵器を作るために使われますので、鉄の値段が急騰しても、売り手を探す苦労はまったくなく、早い買い出動の成果から鈴木商店はボロ儲(もう)けしたと言われています。

2 「天下三分の計」と金子直吉

この初期の成功に元気づいた鈴木商店の金子直吉は、有名な「天下三分の計」という指令を全店に向けて発しています。一九一五年の秋に金子がロンドン出張員・高畑誠一にあてた手紙にその内容が残されています。この手紙は、一七年の発出とされてきたものですが、齋藤尚文さんの研究で一五年のものと改められました。

今当店の為し居る計画は、すべて満点の成績にて進みつつ在り、御互に商人として此大乱の真中に生まれ、しかも、世界的商業に関係せる仕事に従事しうるは無上の光栄とせざるを得ず。即ち戦乱の変遷を利用し大儲けを為し、三井三菱を圧倒する乎、然らざるも彼らと並んで天下を三分する乎、是鈴木商店全員の理想とする所也。

これが、鈴木商店のトップ・マネジメントから出た指示であり、会社の方針でした。まだ一五〇〇万円くらいしか資産をもっていない鈴木が、二億円の三井や三菱にいどみかかってそれを圧倒すると意気込み、それが無理でも三者で天下を分けようという話ですから、こんな壮大なプランはありません。

そして鈴木商店は、この言葉通りの急成長を大戦期にとげました。鈴木商店の取扱高は、大戦の直前で約一億円と推定されています。それが一九一七年には、鈴木商店の年商は一五億円と、三年間で一五倍、そのうち日本の貿易取引が一二億円、それから外国間貿易が三億円くらいの規模の商社になりました。この数字は過大評価の疑いがありますが（武田晴人『鈴木商店の経営破綻』第1章参照）、鈴木商店は、日本の貿易だけでなく、外国間の貿易に進出し、それが三億円、取扱高の二割くらいを占めるほどになっていました。

計算の仕方が違うので直接比較できませんが、同じ年の三井物産は年商が一二億円ですから、「三分の計」はたんなる夢物語ではなく実現可能な目標でした。金子は「圧倒する」といってますが、大戦直前には中堅の商社だった鈴木商店は、大戦期に「鉄を買い付ける」などの強気の営業方針で一気に取扱高を増やし、少なくとも一時期は三井物産をしのぐ大商社に成長していた可能性があります。

相当荒っぽいやり方をしたことは確かです。こんな例があります。まず鈴木商店は鉄を買い付けます。その鉄で造船会社に船を注文します。この順番は逆かもしれませんが、似たようなもので「自分で船を買うから船を造ってくれ。必要な鉄は、鈴木商店から買ってくれ」ということです。そして完成した船に軍需品の羊毛とか鉄を積み込んで、その船ごと売却しています。鉄の発注時からみると、船を造るのに何ヵ月もかかるので、船が完成したときにはその値段はかなり上がっています。そんな価格上昇のスピードが早いときでしたから、船を注文して最後は積み荷ごと船を売る「一船売り」というやり方は多額の利益を生みました。これなら取扱高が一気に増えるのは当たり前です。

三井物産などが、造船業とか鉄鋼業との関連が比較的薄かったことに比べると、大戦期のブームのなかでこれらの産業が成長して日本経済が重化学工業化していくときに、鈴木商店はその関連分野で大きな役割を果たしていました。この役割が典型的に示されたのが、「日米船鉄交換契約」と呼ばれるものでした。

第一次世界大戦中、船は造ればもうかる状態になりました。船を動かせば、それだけで高い海上運賃が入りました。だから、造船所に注文が殺到しますが、船を造るために必要な鉄が足りません。必要な鉄を十分に供給できるほどの力を日本の鉄鋼業は持っていません。大戦の前半（一九一七年の夏）までは、必要な鉄のかなりの部分がアメリカから輸入されていました。アメリカはこの時まで中立国でしたから、鉄のような軍需品でも輸出していました。ところが、ドイツの攻撃に対してアメリカも参戦を決断せざるをえなくなります。参戦と同時に、アメリカは自国製品の輸出がドイツを利することをさけるために、戦争に関連しそうな資材の一切を輸出禁止にしました。その結果、日本はアメリカから鉄を輸入できなくなりました。そうなると日本の造船業は立ちゆきません。

そこでまず政府が乗り出して、このアメリカの輸出禁止措置を解いてくれないかと交渉します。しかし、外交交渉はみごとに失敗します。そこで金子と川崎造船所の社長松方幸次郎（こうじろう）が、政府間交渉が失敗したあとを受けて、アメリカに乗り込み、日本の造船業を助けるためにアメリカから一定量の鉄を分けてもらう交渉をしました。

交渉の要点は、アメリカが鉄の輸出を許可した場合には、その輸出された鉄によってできた船の一部をアメリカに輸出するというものでした。鉄を輸出してもらって船にして返すので、「船鉄交換」と言われました。問題はその交換比率で、それによって建造された船のどのくらいが日本側に残るのかが左右されます。全部を返したら日本の造船業は建造を続けられるとしても、海運業者は困ります。交渉の結果、日本がかなり譲歩をすることで、アメリカから鉄の輸出許可を得ることに成功しました。

こうして日米船鉄交換が民間外交のレベルで実現しました。民間外交のレベルとい

って も、交渉した相手はアメリカ政府です。連合国として共同の利益があることに訴えかけることで、日本の造船業と海運業が窮地を脱しました。

この活躍によって金子と松方は、自らも十分な利益を得ています。金子は船を注文していますし、松方は船を造っています。また、この二人は共同して国際汽船という船会社を作っていたので、船を運航する利益もあります。したがって自分の利益を守ると同時に、日本の造船業界とか海運業界の利益も守りました。それは、アメリカの輸出禁止によってブームにブレーキがかかるのを救ったことを意味します。それほどの役割を果たせる人物に金子直吉はなっていました。

その反面で、鈴木商店はその急成長ゆえに成金の親玉のようにみられることになりました。そのため世間からの批判も厳しく、その風当たりの強さが爆発したのが、「米騒動」における焼打ち事件でした。

鈴木商店はこの時期に鉄や船だけではなく、ほとんどあらゆる商品を取り扱っていました。当然、国内の米の取引にも関係しています。一九一七年から一八年にかけて日本の米の相場が異常な騰貴をした背景には、ロシア革命に対処して、社会主義政権の成立を阻止するために、連合国側の主力部隊としてシベリアに出兵する計画が進んでいたことがありました。兵が動くとなれば当然ながら食糧も要るため、シベリア出兵が本決まりになると同時に、米の値段はジワジワ上がりはじめます。

こうなってくると誰かが買い占めているに違いない、売り惜しみしているに違いないという疑いが生じます。そのような中、富山の漁村で主婦たちが、不満を抑えきれずに地元の商人にデモをしたのがきっかけで、全国的な米騒動が起こります。この騒動が恐ろしいのは、誰もこんな騒動を起こそうとは思っていないことです。最初は、主婦たちの井戸端会議です。ところが、あっという間に全国的な騒動になりました。激しい騒動があったところでは焼打ちもあり、炭鉱では監督者が殺されるなどの暴動が起きます。一ヵ月半ぐらいの間、この騒動は全国的に続き、軍隊が出ないとおさまらないほどの大事件でした。

なかでも一番激しい騒動が起こったのは関西地方で、大阪から神戸にかけての地域でした。一九一八年八月九日から一四日にかけて、買い占めの張本人は、あの鈴木に違いないというので、いっせいに民衆たちが鈴木商店の店などに押しかけ、「米よこせー」とつめより、「ない」と言われたとたん火をつけたといわれています。あちこちの米屋が打ち壊しにあうなど、幕末維新の世直し一揆（いっき）のような状況が起こったのです。

城山三郎さんの『鼠――鈴木商店焼打ち事件』は、その事件を小説として書いたものですが、城山さんは、『大阪朝日新聞』がどうも誘導的な記事を書いたために、鈴木商店は焼打ちにあったと推定しています。暴動の全国化のきっかけも新聞の報道でしたが、だからといって、新聞が何かを書くと全国的な暴動が起こるというわけではありません。しかし、人びとがそう信じるに足るだけの状況だったのです。

城山さんが指摘するように、鈴木商店が買い占めをしていた確実な証拠はありません。他方で、三井物産が自分の息のかかった米商人たちを使って、かなり品物を集めていたことは確かです。鈴木商店も手持ちのお米があったことは確かめられます。しかし、鈴木が買い占めの中心とは言えません。結果的には、ダミーを使った方は安全なところにいました。鈴木は焼打ちを受け、三井物産は無事でした。

この事件は、鈴木商店の商売のやり方の危うさを示していました。しかし、これだけ成長した企業ですから、この程度のことで経営が傾くことはありません。店のいくつかが焼かれても商売自体に影響することはなく、大戦中は事業をさらに拡大します。鈴木の特徴は、貿易商社でありながら、新しい事業に積極的に進出して多角化したことです。これは、鈴木商店が産業の創設者という役割を果したという意味で重要です。

具体的には、表9-2の鈴木関係主要会社に示してあります。この中には、現在でも残っている会社がいくつもあります。神戸製鋼所・日本製粉・日本商業会社(日商)、それから帝国人造絹糸。たとえば、帝国人造絹糸は、金子直吉が人絹という新しい事業に目をつけて作った会社です。神戸製鋼所も設立からしばらくして、経営が傾いた時に買収して育てています。

このほかにもたくさんの会社が鈴木系の会社としてブームに乗って設立されました。新設だけでなく、既存企業の株式を買収し、鈴木商店が持株会社としての機能をもち始めていました。少なくとも、一九一九年の時点でいえば、六〇社を超える会社が鈴木商店の子会社、ないしは傍系の子会社として存在したのです。

本社である鈴木商店は、まだ資本金五〇万円の会社です。しかし、そんなことはお

直系会社		
会社名	設立年月	払込資本金(万円)
天満織物	1887.03	524
日本製粉	1896.09	1,230
神戸製鋼所	1905.09	2,000
日本商業会社	1909.02	500
浪速倉庫	1917.06	500
帝国人造絹糸	1918.02	875
帝国炭業	1919.05	1,000
合同油脂グリセリン	1921.04	500
クロード式窒素工業	1922.04	1,000
豊年製油	1922.04	1,000
直系35社計		11,799
傍系会社		
会社名	設立年月	払込資本金(万円)
第六十五銀行	1878.11	625
日本セメント	1888.03	500
東京毛織	1906.11	1,600
東亜煙草	1906.11	580
東洋製糖	1907.02	2,203
帝国麦酒	1912.05	550
朝鮮鉄道	1916.04	1,765
日本樟脳	1918.02	675
信越電力	1919.05	3,200
国際汽船	1919.07	7,715
大日本セルロイド	1919.09	1,000
旭石油	1921.02	930
傍系30社計		23,867
65社総計		35,666

表9－2　鈴木関係主要会社
(出典：安藤良雄編『近代日本経済史要覧』第2版、東京大学出版会、1979年、112頁)

かまいなしです。自己資金の充実など知ったことではない、金はどうせ天下のまわりものだからというのが、金子直吉のやり方のようです。組織の整備を後回しにしながら、金子は自分でチャンスと思うものは自分で決めて先へ先へと進んで行くやり方で事業を拡大しました。鈴木商店の巨額の取扱高も、そういう積極的な事業活動の結果でした。

ただし、鈴木は「成金」だと言われても、成金趣味はなかったようで、金子直吉は友人に「うちの女房は気が小さくて困る」とこぼしたことがあると伝えられています。奥さんが「家が雨漏りしている、なんとか直してくれ」というのですが、それに対する直吉の返事が「そんな細かいことグズグズ言うな。雨が漏っていないところに住んでいればよいだろう」という話です。

これを、何も気にしない、すごい人だと受け止めてもよいし、ずいぶん広い家に住んでいると思ってもよいですが、ともかく派手な人ではありません。仕事の虫みたいな人が、誰にも遠慮せずに自分のやり方を押し通した。金子はそういう事業家でした。

そのやり方が、第一次世界大戦ブームのなかで大成功しました。急成長を支えていた条件の一つは、当主の鈴木よねが口を出さず、金子に全権委任していたことです。全幅の信頼を得た金子が全権を掌握していました。しかし、同時に金子直吉に頼りすぎて判断の幅が狭くなりやすい弱点もありました。

成長のもう一つの条件は、借入金への高い依存です。利益がどう再投資されたかの実際は、鈴木商店が破綻（はたん）して資料が散逸したために十分な情報は残っていません。経理とか財務については、きちんと管理されていたかも怪しいのですが、利益は次々と新しいチャンスに投入されたようです。大戦中には、この勢いのある企業に有力銀行も積極的に資金を提供していました。当時の調査では有力銀行が軒並み取引銀行として名前を連ねています。こうして鈴木商店は、必要な資金を銀行から借りることができていました。それもかなり巨額でした。

金がなければ借りればよい、というのは金子直吉の経営方針の一つで、この方針を支えるのに足るだけの資金の提供者がいました。それが台湾銀行です。このように鈴木商店の歴史は、終始、台湾との関係が大きな要素になっています。

3　金融恐慌と台湾銀行

台湾の樟脳や砂糖の取扱時代から、鈴木商店は台湾の中央銀行だった台湾銀行と緊密な関係をもっていました。この取引関係が大戦ブームのなかで、ますます拡大していきます。もちろん、調子の良い時は三井銀行でも三菱銀行でも第一銀行でも住友銀行でも鈴木商店に金を貸していましたが、そのなかで中心の貸し手だったのが台湾銀行です。

台湾銀行は、台湾の中央銀行として設立された銀行ですから、台湾で仕事をするのが本務ですが、関西にある鈴木商店にも積極的に貸し出しています。植民地支配の中枢機関である台湾銀行が、日本国内で貸付けを拡大するという奇妙なことになっていました。特別な役割を担う銀行が、国内で普通銀行との貸出競争に加わっていたのです。

台湾は第一次大戦のブームからはずれた場所にありました。ブーム期の成長産業であった軍需産業がなく、米と砂糖の経済だからです。そのため台湾銀行は業務の拡大のために、東京支店での貸出が伸びていることに注目します。本来の任務からは逸脱ですから慎重にすべき事業活動ですが、台湾銀行の企業としての論理から言えば、借り手がいてそれで稼げるのだったら貸したい、事業を拡張したいという判断でした。そこで、台湾銀行の国内店が日本国内向けの取引を拡大し、鈴木商店などに資金を融通していきます。

一九二〇年代前半のことになりますが、鈴木商店と台湾銀行との関係について、表9-3のように一九二二年から二四年にかけての貸付けが記録されています。一九二二年末で、三億二六四二万円の借り入れが鈴木商店にはありました。そのうち、一億七七三七万円が台湾銀行からの借り入れで台湾銀行の比率が五四%です。二四年にはそれが二億四六八三万円、六二%に増加しています。つまり、台湾銀行が鈴木商店の面倒をみる、当時の言葉では機関銀行になっていました。要するに必要なら金をいくらでも貸してくれるスポンサーでしたが、その台湾銀行との関係が鈴木商店にとっては命取りになります。

両者の関係はあとになればなるほど強まっています。その原因は、それ以外の銀行

鈴木の台銀等よりの借入

	1922年末	1924年末
台湾銀行(A)	17,737	24,683
その他銀行等	14,905	14,939
借入金合計(B)	32,642	39,622
A/B(%)	54.3%	62.3%

台銀の鈴木への貸出

	1922年末	1924年末
鈴木合名・鈴木商店	26,103	27,842
関連会社	1,487	7,387
鈴木関係計(A)	27,590	35,229
うち固定貸	25,000	32,249
台銀貸出高(B)	78,633	72,076
A/B(%)	35.1%	48.9%

(単位:万円)

注)鈴木商店が記帳した対台銀債務額は、同社が支払承諾勘定を記帳しないこと等により、台銀の記帳額とは相違する。

表9－3　鈴木商店と台湾銀行
(出典：前掲『近代日本経済史要覧』、113頁)

がだんだん貸し渋りをはじめて逃げていったからです。そうすると、機関銀行としては、決済資金不足のために手形の不渡りなどで鈴木商店が破綻したら元も子もないので、肩代わりして貸付けを増やすより仕方なくなりました。他の銀行の分も背負い込まされたのです。前章の古河のケースで第一銀行の貸付けを古河銀行がかぶったのと同じです。こうして台湾銀行が他行への貸付け分も引き受けることによって両者の関係がだんだん深い仲になり、最後は腐れ縁になりました。

こうした資金的なバックアップについて、鈴木商店から考えると、台湾銀行という植民地中央銀行は、日本の政府が台湾経営のために絶対に必要な銀行ですから、まさかつぶれることはないと安心しています。親方日の丸の銀行から金を借りているわけですし、他の銀行から見ても台湾銀行が貸しているから鈴木は大丈夫だろうと考えます。そういう信用保証のアドバルーンになるので安心しきっていた面があります。

ところが、日本の政府は、台湾銀行や朝鮮銀行が日本国内金融になだれうって出てきて経営状態が悪くなっていることを問題にしていました。この問題をさらに複雑にしたのは、関東大震災後に経済界を救済するために「震災手形」を大量に認めたことでした。この手形の処理が政治問題化していきます。

関東大震災によって被災地の企業は手形の決済などができなくなり、破綻に瀕しました。そこで政府は救済措置として、震災の被害によって決済できなくなった手形を、政府の保証で日本銀行が再割引することにしました。再割引が確約されているので、民間銀行は取り立てを猶予することができ、借り手の企業の資金繰りを助けることができるというわけです。これが関東大震災に伴う救済措置でした。

大戦のブームが去って以降、足どりがあやしくなっていた民間の企業は、「これ幸い」と、「これは震災手形です」「震災の時に回収できなかった手形です」と言って、その前から焦げ付いていた手形を持ち込みました。「震災手形」であるかどうかの判断基準が甘かったためです。このころの銀行貸付けの多くは、長期資金の貸付けでも三ヵ月から六ヵ月の手形貸付けでした。それを何度も書き換えていく方法が長期資金の貸付けでも一般的でした。こういう貸付け方式ですから区別しにくいのです。だから、みんな震災手形だということで、経営悪化していた企業が政府保証で救済されてしまう状態になりました。

これを一番うまく利用したのが、鈴木商店と台湾銀行です。震災手形がどの銀行経由で割り引かれたかは、表9－4に示されています。銀行別で言うと、二四年に台湾銀行が一億一五二三万円、これは全体の四分の一にあたります。その後、他の銀行は少しずつ減らしていったにもかかわらず、台湾銀行だけは一九二六年一二月にまだ一億円も残っています。全体の半分という状態です。手形の貸付先は大口債務者でいうと（表9－5）、鈴木合名・鈴木商店が、二四年三月末で七二〇〇万円くらいあり、

震災手形所持銀行	1924年3月末までの総額	1926年12月末の残高	大口債務者
台湾銀行	11,523	10,004	鈴木、久原、山本、浅野
藤本ビルブローカー銀行	3,721	218	
朝鮮銀行	3,599	2,161	日魯漁業、日本生糸、セールフレーザ、高田商会、鈴木
安田銀行	2,500	0	
村井銀行	2,043	1,520	村井
十五銀行	2,007	0	国際汽船、国債信託、早川電力
川崎銀行	1,937	372	大同電力、鈴木
近江銀行	1,342	932	大葉久吉
その他	14,409 (88行分)	5,474 (47行分)	
合計	43,081	20,680	

表9－4　震災手形の残高　(単位:万円)
(出典：前表に同じ)

全体の六分の一くらいを占めています。その次が久原で、この久原商事もつぶれました。高田商会は一九二四年に、国際汽船は一九三〇年ころにつぶれました。高田商会は、アメリカのウエスティングハウスという電機会社の製品輸入、ドイツの電気機械や兵器の輸入を扱い、主として機械関係の商社としては三井物産に並ぶ専門商社でした。

鈴木商店は、台湾銀行を経由した震災手形の割引で、大量に救済資金を政府から受けている状態のまま事業を継続していました。何かの損失を埋めるためだけでなく、もともと事業の資金を台湾銀行経由で大量に借りていたことが多額の残高に示されています。

　しかし、震災手形は政府が保証して日本銀行が再割引していますが、形式的には借り手企業が業績が回復したら返済することを予定しているものです。その意味では、放置するわけにはいきません。世の中では、護憲運動などが起こり、政府が財界と癒着して特定の企業を助けているという批判が生じていました。ここでも批判の対象になったのは、鈴木商店です。台湾銀行を経由した大量の資金が流れこんでいる鈴木商店は、政府からの救済で延命していると批判されるようになりました。そこで、政府は震災手形の整理に着手することになりました。

債務者	債務額	総額に対する比率
鈴木合名・鈴木商店	7,189	16.7
久原商事・久原房之助	2,220	5.2
国際汽船	804	1.9
原合名	772	1.8
高田商会	751	1.7
村井合名・村井鉱業	741	1.7
日魯義業	675	1.6

（単位:万円、%）

表９－５　震災手形の大口債務者（1924年３月末）
（出典：前表に同じ）

　この震災手形の整理のための法案を審議中の議会で、有名な片岡（かたおか）大蔵大臣の失言が起こります。「東京渡辺銀行が休業した」というものです。二七年三月のことです。これが新聞に報道され、不安になった預金者が銀行に殺到しました。銀行の方は、現金が不足して預金引き出しに応じられないこともあり、噂が噂を呼んで銀行取付が起こりました（詳しくは武田『新版 日本経済の事件簿』第8章参照）。その結果、三月中に東京渡辺銀行のほか、中井銀行、村井銀行、左右田銀行、中沢銀行などが休業しました。

これが、昭和の金融恐慌ですが、鈴木商店にとって不幸だったのは、この金融恐慌が最終的に台湾銀行を追い込んだことです。四月に入って台湾銀行東京支店が一時休業に追い込まれますが、金融恐慌が勃発する以前から、政府は台湾銀行に対する救済と鈴木商店への対応策を模索していました。震災手形法案を出した片岡大臣は、この法案で台湾銀行を救済し、連動して鈴木商店の経営再建の道も拓かれると考えていたかもしれません。

しかし、残された記録によると、台湾銀行は潰すわけにはいかないという暗黙の了解が、政府・日銀・台湾銀行の中で固まっていく一方で、鈴木商店については切り捨てる方向に傾いていったようです。鈴木商店を助けたら、政治的な批判を浴びるから、鈴木に救済の手を差し伸べることはできません。そのような判断の下で、鈴木商店との関係を切らせて、台湾銀行の経営を健全化する、そのためのコストは政府が負うという方向が定まっていったように思います。

明示的に表明された文書はないのですが、台湾銀行が鈴木商店の震災手形整理に消極的な態度をとり続けていたことに政府と日銀は不満を募らせていたようです。震災手形法案の国会提出前に、台湾銀行が鈴木商店への貸出の整理のために日本銀行に追加資金の供給を求めたのに対して、政府・日銀はこれを拒絶しました。鈴木商店への救済資金を追加的に供給することはないというのが政府の考え方になっていました。この台湾銀行の要請は、半分以上は、自行の経営立て直しのために鈴木商店への救済を口実に救済資金を引き出そうと意図していたと推定されるものでしたが、その可能性は絶たれました（武田『鈴木商店の経営破綻』第6章参照）。

こうした経緯があって、期待していた政府の援助が得られないとわかると、金融恐慌で中小銀行の休業が続いているなかで、台湾銀行は鈴木商店に対して一方的に貸付けの全面停止を申し渡します。つまり、台湾銀行は、これ以降鈴木商店と新たな貸付けを行わないというわけです。これは、台湾銀行の自己保身のための一方的な行動です。鈴木商店の経営悪化を放置して、不良貸の圧縮のための具体的な措置も講じず、資金を提供し続けてきた「貸し手としての責任」が台湾銀行にはあると思いますが、そんなのはお構いなしでした。台湾銀行は、植民地中央銀行としての台湾銀行を破綻させるところまで政府はしないだろうと読んでの行動だと思います。鈴木商店への貸出停止は、自らだけが生き残るためのものでした。

さきほど言ったように、貸付けのかなりの部分は短期の手形形式ですから、期限がきたら新しく書き換えることを予定しています。そういった借金がつぎつぎと期限が来ることになります。だから、新規貸出の停止は既貸出の回収をも意味しました。しかも、鈴木商店に台湾銀行が貸さないとなれば、他の銀行が肩代わりすることはありませんし、いち早く資金を引き揚げることになります。こうして鈴木商店は完全に立ち往生してしまいました。鈴木商店からみれば兵糧が完全に切れることが明白となったために、一九二七年四月上旬に自発的に閉店を宣言します。大戦ブームで急成長した鈴木商店は二七年の金融恐慌で資金源をたたれ、完全に破綻し破産整理に向かうことになりました。

台湾銀行は存続することになりますが、鈴木商店への貸出停止は台湾銀行の経営に不安があるとみられて台湾銀行へのコール資金が引き上げられ、四月に入ってから台湾銀行も休業に追い込まれましたから、無傷では済みませんでした。しかし、そうした事情もあって、台湾銀行が残した記録には鈴木商店と金子直吉に対する批判的な言葉があふれています。

この鈴木商店の破綻を通してわれわれが指摘しておかなければいけない事実はいくつかあります。

まずはじめに、鈴木商店の事業が、冒険的でリスクの大きなものだったと否定的に捉えるのは、必ずしも適切な評価ではありません。鈴木商店は、決して浮ついたブームに乗ってバブル景気を追ったのではありません。むしろ、事業の根を残しています。神戸製鋼所・日本製粉・帝人など日本のいろんな業界でトップ・レベルに入る企業のいくつかが、鈴木商店の事業のなかから生まれています。このことは鈴木商店の経営者たちが選択した事業活動の分野の確かさを示しています。それだけのものを残せたのは、それなりの経営的な成功があったからでしょう。だから、単純に経営の失敗をあげつらうのは問題です。

ビジネスを残した理由の一つは、鈴木商店にはそれなりのノウハウもあり、人材も育っていたからです。ただ、人材が育つ前にブームの急拡大に直面したという巡り合わせの悪さがあるかもしれません。

しかし、失敗であることも事実です。失敗の原因の一つとして誰もが気がついていたのは、組織上の欠陥です。金子直吉がすべての権限を掌握していることが強みでもあり、弱みでもありました。陣頭指揮に立って旗を振る経営のスタイルは、小さい組織、小さい商社のころには十分に有効でした。それを支えていた金子直吉は有能な専門経営者でした。しかし、組織が大きくなっていったときには、目が行き届かなくなりました。彼の慧眼によって、新しい事業を切り開いていった一方で、彼がすべてを自分一人でやろうとしたために鈴木商店が機能不全を起こした面が強いと思います。『鈴木商店の経営破綻』では、金子が各地支店の活動を制御できていない、十分な情報もあがってきていないという状況も明らかになっています。

ちょうどこの時代に、三井合名の理事長をしていた団琢磨は、三井の内部で団は決断をするという意味の「ダン」ではなくて、決断をしないという意味の「不断の団」だと言われていました。つまり、「あいつは何も決めてくれない」と言われていました。優柔不断にみえるくらい三井の団琢磨の場合には、何か新しい方針を出す場合に慎重でした。内部でいろんな意見が出てきてそれなりに落ち着きどころがわかるまでは放っておくために、三井は商機に遅れたと当時は言われたのです。

それと対照的だったのが金子直吉で、良いと思えば即断即決の陣頭指揮型の経営者でした。この金子を組織のなかで位置づけ、制御ができなかったのが、鈴木商店の最大の問題点でした。ただ、この金子をチェックできたはずの店主鈴木よねが何も言わなかったことがもう一つの問題です。どんなことがあっても一番最後のところに口を出せるのは出資者で、出資者がチェックできるはずです。

三井では、三井合名の背後にさらに三井家同族会がいて、そうした機能を担っています。しかし、鈴木商店の場合には、金子をチェックする人が誰もいませんでした。出資者である鈴木よねを中心とした鈴木家・同族たちが、有能な専門経営者だから任せたとはいえ、金子をチェックするような出資者の組織を作らなかったのです。そういう組織上の欠陥があったうえに、創業期から金子と並んで鈴木商店の経営発展に尽くしたきた柳田富士松が死去したことから、金子のブレーキ役を失ったことも痛手でした。

会社の組織を整備しなかったことと、その組織を整備し、独裁的な独走型の専門経営者をチェックしうるような出資者の組織を作れなかったことも、鈴木商店の破綻の重要な要因の一つではないかと思います。

第一〇章　三大財閥の覇権　持株会社支配のネットワーク

はじめに

第八章、第九章と続けて二流財閥の破綻や鈴木商店の挫折の話をしてきましたが、これらは、三井・三菱・住友という三大財閥が一九二〇年代後半に日本経済における地位を確立するとき、その有力な競争相手たちのたどった軌跡を示したものです。

マラソンレースでいうと、明治初めのスタートラインでは、ベテラン戦士も新参者もとキャリアの違う選手が一線上に並んでいました。それが、スタート後、経験にものを言わせてトップに出たものもいますし、機を見るに敏で、トップ・グループにのしあがった新人もいました。そのなかで、第一次世界大戦期は、古河とか藤田とか鈴木とか先行集団を追いかけている第二集団が、急速にトップ・グループに追いついていった時期です。レース中盤でたいへんな混戦状態になりました。しかし、大戦が終わってしばらくすると、トップ・グループを追いかけていた第二集団から飛び出してきたランナーは、大戦中の無理がたたって余力を使い果たし、トップ・グループから脱落してしまいました。結局残ったのは、明治期に基礎を固めていたとみられる三井・三菱・住友――その中にも少し差はありますが――という有力財閥と呼ばれるグループだけになったのです。

1　敗者の欠点

なぜ、勝敗が分かれたかについては、これまでお話ししてきたように、財閥が成長するためには専門経営者が登場してくることが第一に重要だったことを指摘することができます。発展のタイミングをとらえて急成長していく時には、経営の専門家たちが育ってこないと大きくなる組織をうまく維持できないし管理できないのです。

比較的順調に成長したグループは、そうした人材をいろいろな形で集めていました。初期には、海外留学の経験があるとか、官庁に勤めた経験があるとか、あるいは大学を出ているような知的エリートたちを中途採用して現場をまかせ鍛え上げていきます。さらに、しばらくすると、帝大卒の若い人たちを採用して、本社のスタッフとして育てる努力をしています。この人材育成の努力によって、大きな組織の運営に成功していったのです。

ただ、必ずしもそれだけではありません。

専門経営者がいないために失敗してしまった典型的な例を、この本では古河商事の例でお話ししました。石炭や銅だけしか扱ったことのない営業部門の人たちが、大豆・豆粕(まめかす)という輸入商品に手を出して、三井物産や三菱商事や鈴木商店とかのベテラン商社マンたちと伍(ご)して相場をはり、気がついたら孤立無援で破綻していたのが古河です。そういう商取引の専門家がいなかったことは古河の場合には致命的でした。それは、単に古河商事という子会社を一つつぶしただけでなく、古河全体が財閥になっていくうえでの大きな障害になり、それを押しとどめてしまったほどです。

大連の豆粕投機による損失のために古河合名は保有していた株式を売却して借入金を返した結果、身を細らせて持株会社としての機能を失い、古河は産業に対する支配力を弱めました。こうして古河は商社の破綻から、古河合名を頂点とする財閥としての拡大も制限されることになりました。

明らかに、商社に人材を得なかったことに直接の原因があります。しかし、それだけでなく、商事会社本社にも古河合名にも管理能力が育っていませんでした。だから、専門経営者を欠いていたことは財閥にとって致命的な欠陥になったことは断言できます。

しかし、それだけでは十分ではありません。鈴木商店の場合には、かなり早い時期に学卒者を入れて、後に、日商や神戸製鋼所などの経営者として業界でも有名になる人たちが働いていました。彼らが、金子直吉という特異な専門経営者のもとで手足になって働いていたのです。それでもなお、鈴木商店は破綻しました。

鈴木と古河を比べてみると、古河の方がはるかに整った組織をもっていましたから、鈴木商店の欠陥の一つは、金子に全権を委任したことと、委任された金子が大きくなった組織を管理するような組織を整備しなかったことが問題点でした。

どんなスーパーマンでも、日本の経済の数%を占めるような巨大な事業を管理できるわけがありません。そんな無理をしようとしたのです。このような組織作りの失敗が、鈴木の重大な欠陥でした。そして前章でお話ししたように、その組織を作ることの失敗には、金子をチェックする人がいないという欠陥も重なっていたのです。

チャンドラーというアメリカの経営史家は「組織は戦略に従う」という有名な仮説を提示しています。企業の経営戦略にそって、それに対応するように組織が作られていくという意味です。しかし、これも自動的にそうなるわけではありません。戦略に合った組織を作り上げていく変革の担い手がいなければ変化は生じないでしょう。「組織が戦略に伴わない」こともあるのです。ですから、戦略だけを追いかけても企業成長の本当の姿は見えてきません。鈴木商店の場合、斬新な企業戦略をうち出す金子直吉というリーダーはいましたが、組織を革新していくリーダーが不在だったことが致命的でした。

そして、鈴木商店破綻の決定的な要因になっているのは、台湾銀行との腐れ縁です。要するに鈴木は、お金に関して無頓着で、金を借りることに関して警戒心をほとんどもたなかったのです。その危険を察知できなかった経営者たちは、「資金の管理者」としての責任をとれていなかったというべきでしょう。

古河も銀行からの借金に依存していました。そして古河商事の失敗のツケがまわって持株会社がその実質を失いました。鈴木商店の場合には、台湾銀行から湯水のごとく流れ込んでくる資金に依存していました。台湾銀行が貸すので、他の有力銀行も貸していましたから、資金面では、鈴木商店はほとんど問題を感じていなかったはずです。これは、追い風の時はよかったのですが、逆風になったらとても維持できない体制でした。

有力な財閥と鈴木の企業行動とは決定的な点で違いがあります。三井・三菱・住友は、この時期に銀行からの借入金がどんどん小さくなる傾向にありました。これに対して、鈴木は借入金依存度が非常に高く、そのために、第一次大戦後の不況期になると、金利負担が大きくなって足をすくわれました。

つまり、専門経営者の不在と組織の未整備、そして資金面の弱さなどが、有力な財閥になれなかったグループに見られる共通の弱点です。三大財閥の特徴は、ちょうどその逆です。有力な専門経営者を育てて、専門経営者に委ねる組織を作り、自己資金によってしっかり管理・運営されています。本社部門は、一面では同族の介入は許さないけれども、他面では子会社に対して行き届いた管理ができる組織を作っていきました。

2　金融恐慌の意義

大きな流れでみると、以上のような二つのグループの争いは、一九二〇年代の終わり、一九二七年の金融恐慌で最後の決着がついたと考えています。

なぜ、金融恐慌かというと、これをきっかけに台湾銀行が破綻し、鈴木商店が脱落したことが第一に重要です。おそらく、三大財閥に対して、最大の対抗馬となる相手は鈴木商店でした。それが完全に財閥としての発展の道を絶たれ、個別の有力企業として残るだけの姿に解体したのが金融恐慌でした。金融恐慌は、自己金融的な有力財閥と借入依存型の二流財閥との差が決定的なものであることを明白にしました。

借入依存型の財閥の弱点は、資金コストの高いことです。つまり、たくさんの利子を払う分だけ利益は少なくなります。それに加えて借入先に問題がありました。

古河の場合は、古河銀行という身内の銀行に借りていました。鈴木商店は、台湾銀行という特殊な銀行に借りています。藤田組は藤田銀行、久原は初期には北浜銀行、その後は安田銀行から借りています。こういう銀行の多くが、三菱銀行・三井銀行・住友銀行・第一銀行などの有力銀行に比べると力の弱い銀行でした。弱い銀行と急速に成長していく企業群とが結びついていたのが二流財閥の特徴だったことになります。

金融恐慌は、危ない銀行とそうでない銀行とを分ける「ふるい」の役割をしました。たとえば、金融恐慌の時には、三井・三菱・住友の各行は預金額を伸ばすのに対して、同じ五大銀行でも安田は預金額を一時減らし、しばらくしてから回復しています。

古河や藤田など二流財閥の銀行は預金額が減ります。もっと下のランクになると、つぶれてしまう銀行がいくつも出ています。つまり、銀行間の格差が明白になります。だから、もし延命したとしても、貸し手の力がさらに弱まっていますから、二流財閥が借入依存型という体質をもっている限りは、金融恐慌を契機にした銀行間の格差拡大によって、成長力をかなりそがれたと考えられます。

金融恐慌自体が三大財閥を追いかけていた企業グループの破綻をもたらしただけでなく、恐慌を通して五大銀行体制が成立したと考えられています。これが金融恐慌を画期に考える二つ目の理由です。五大銀行と呼ばれているのは、三井・三菱・住友・第一・安田の五行です。この後、一九三三（昭和八）年に鴻池・山口・三十四銀行の三行が合併して三和銀行が設立されて六大銀行体制といわれるようになりますが、ともかく、有力な大都市銀行の覇権が確立します。

その結果、普通銀行間の格差が広がります。たとえば、普通銀行の預金の三割以上がわずか五つの銀行に集中します。また、全国に一五〇〇もあった銀行は閉店や吸収合併などで三〇〇に減っていきます。少し横道ですが、銀行法が二七年に制定されて、初めて預金者保護と金融の安定が銀行政策の目標として明確化されました。そのために、大蔵省に強い権限を与えることになり、それが戦後の「護送船団方式」と呼ばれる日本の金融政策の統制的なシステムを作りだすことになります。そのおかげでこれ以降一九九〇年代までは、日本の銀行はほとんどつぶれなくなりました。

もう一つ、つけ加えておかなければいけないことは、この五大銀行体制にとって、有力な競争相手がつぶれたことです。たとえば、住友にとって大阪金融市場で脅威になっていたのは、藤田銀行などの次のランクの銀行でした。こうした新興勢力と激しい預金獲得競争をしていました。東京だと三井・三菱・住友などの本支店に対して、古河銀行や浅野昼夜銀行などの二流財閥銀行がありました。しかし、競争していた相手はそれだけではありません。

金融恐慌まで、財閥系銀行にとって貸付市場で非常に手ごわかったのは、台湾銀行と朝鮮銀行の支店でした。鈴木商店との関係でもわかるように、本来植民地の中央銀行として設立されたこの二つの銀行は、預金を集めるだけでなく、銀行券を発行できる特権をもっています。そのため、この特権を利用して、日本国内の企業に対する資金の貸付けで強い影響力をもっていました。

台湾銀行は、新しく信託預金を作るなどして預金を集め、その資金を鈴木商店などに貸すわけです。そんな方法で激しい競争を仕掛けてくる手ごわいライバルが金融恐慌で完全に脱落したことのもつ意味は大きいのです。台湾銀行は国内金融業務を大幅に圧縮し、本来の台湾での中央銀行業務に戻ります。朝鮮銀行も同じように朝鮮に戻されて、むしろ、その活動の主力は朝鮮から満州に向かっていきます。

こうして五大銀行体制は、国内金融市場の攪乱要因であり、強力なライバルであった特殊銀行（台湾・朝鮮銀行）が退出することでも安定することになります。金融面の安定が五大銀行体制によって確立していくと、それらの銀行を握っている有力な財閥たちが、経済力を強めるのはごく自然の成りゆきです。

金融恐慌を画期とみる三つ目の理由は、この金融恐慌で、二流財閥がつぶれた結果、産業レベルでの競争関係に変化が起こったことです。

鈴木商店はこれまでの話からわかるように、第一次大戦後には資金繰りが苦しくなっていましたから、資金を得るためにいろいろな手段をとりました。具体的には、一九二〇年代に作られてくる産業カルテルのメンバーとして、価格や生産数量、販売数量の協定を鈴木系の会社は守りません。鈴木の本社部門から「金がないからなんとかしろ」といわれると、協定価格より安い価格でもかまわずに手持ち品を販売して代金を本社の資金繰りに充当したからです。こういう状況でしたから、カルテル協定を結んでも協定の有効性に問題が生じました。

協定を結んでいる他のメンバーからみれば、これは困ったことでしたが、中には鈴木に倣って協定無視をする会社も現れます。時間をかけて協定を結んだのに、気がついたら鈴木系企業の協定破りで目的が達成できません。このようにカルテル組織の不安定さの原因の一つは、協定を守れない企業の存在でした。ところが、金融恐慌によって鈴木商店などの二流財閥がつぶれてしまうと、資金繰りのための投げ売りなど協定から逸脱した行動をとる企業の範囲がかなり小さくなります。そうしてカルテルによる統制協定が安定していきます。産業ごとの組織が安定すると、その組織のなかで主要な企業を支配している財閥の力も強まりました。したがって、この点でも金融恐慌前後で、カルテルの安定を通して財閥の覇権が成立したと考えることができます。

3　三大財閥の覇権

それでは、三大財閥は日本経済全体のなかで、いったいどういう役割を果たしてきたのでしょうか。

表10－1は、一九二八年を一応の基準にして、三井と三菱の全体像を示したものです。高橋亀吉の『日本財閥の解剖』（中央公論社、一九三〇年）という本がベースで、九〇年前の書物ですが、この時代のことを話すときには基礎となる文献です。学者の書いた本は、どんどん古くなるのですが、こういう事実に即した調査は息が長いのです。

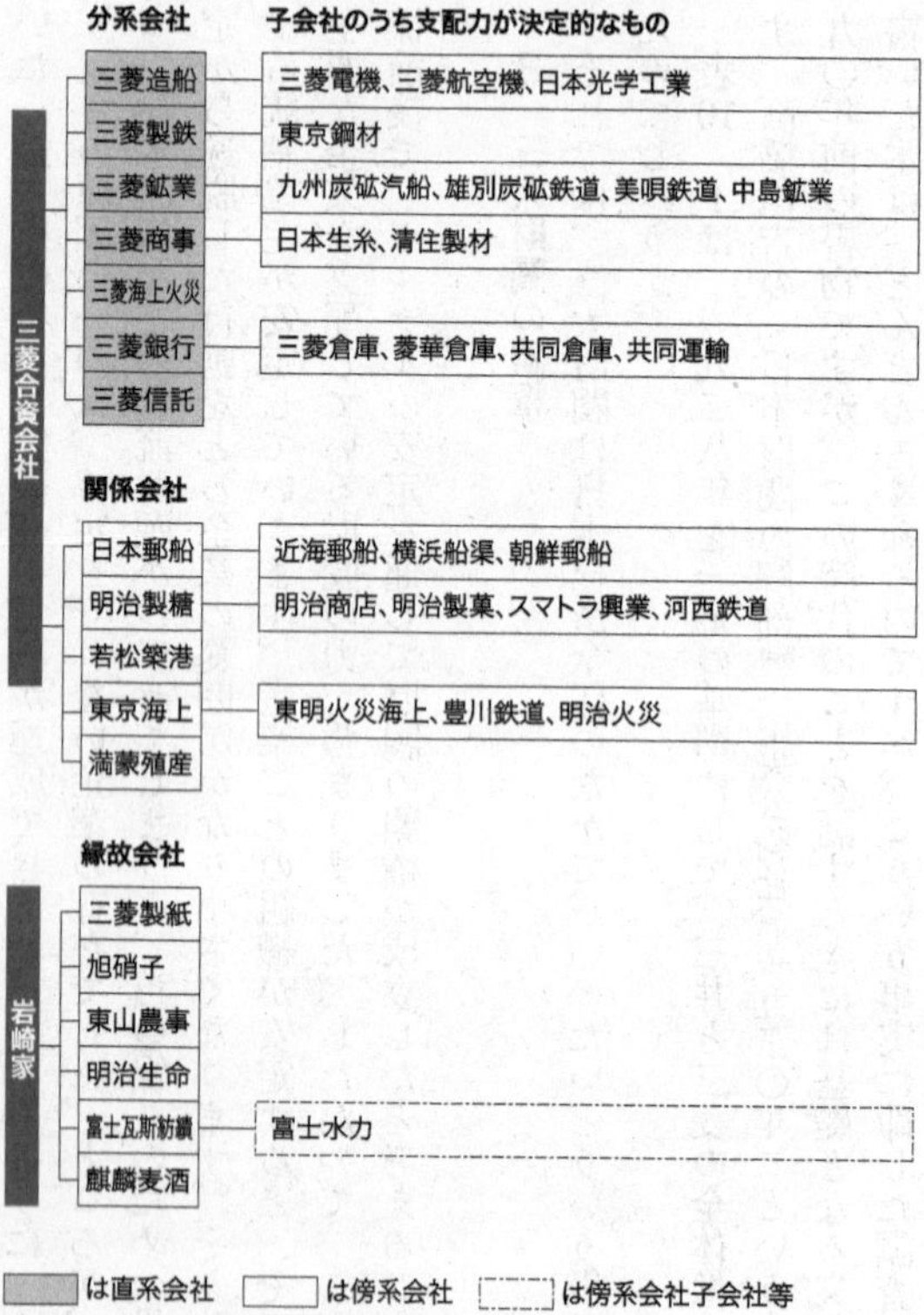

原資料の記載の子会社のうち支配力が決定的なもののみ掲出。

表 10－1　三井と三菱のコンツェルン体制
（三和良一・原朗編『近現代日本経済史要覧』東京大学出版会、2007 年、118-119 頁より著者作成）

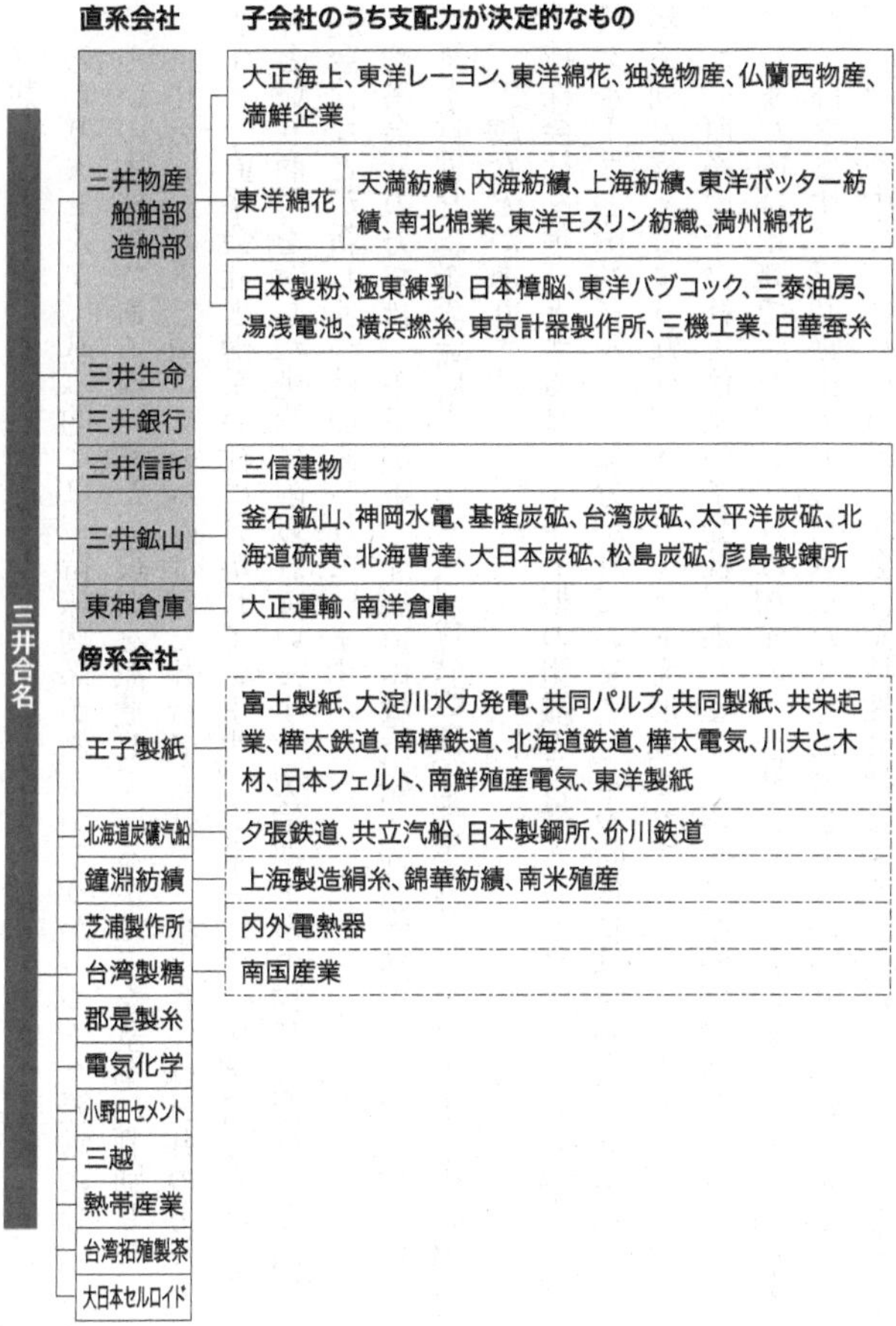
直系会社
子会社のうち支配力が決定的なもの
三井合名
三井物産
船舶部
造船部
大正海上、東洋レーヨン、東洋綿花、独逸物産、仏蘭西物産、満鮮企業
東洋綿花
天満紡績、内海紡績、上海紡績、東洋ポッター紡績、南北棉業、東洋モスリン紡織、満州綿花
日本製粉、極東練乳、日本樟脳、東洋バブコック、三泰油房、湯浅電池、横浜撚糸、東京計器製作所、三機工業、日華蚕糸
三井生命
三井銀行
三井信託
三信建物
三井鉱山
釜石鉱山、神岡水電、基隆炭砿、台湾炭砿、太平洋炭砿、北海道硫黄、北海曹達、大日本炭砿、松島炭砿、彦島製錬所
東神倉庫
大正運輸、南洋倉庫
傍系会社
王子製紙
富士製紙、大淀川水力発電、共同パルプ、共同製紙、共栄起業、樺太鉄道、南樺鉄道、北海道鉄道、樺太電気、川夫と木材、日本フェルト、南鮮殖産電気、東洋製紙
北海道炭礦汽船
夕張鉄道、共立汽船、日本製鋼所、价川鉄道
鐘淵紡績
上海製造絹糸、錦華紡績、南米殖産
芝浦製作所
内外電熱器
台湾製糖
南国産業
郡是製糸
電気化学
小野田セメント
三越
熱帯産業
台湾拓殖製茶
大日本セルロイド

三井と三菱について、高橋がどういう基準で傘下会社を分けたのかは、正確にはよくわかりませんが、基本的には、持株関係があるかどうか、つまり経営に介入できるくらいの大株主であるか、また、役員を派遣しているかなどを基準に判別しています。三井を例にとると頂点にいるのは、三井合名会社で、傘下企業は三井の分類で言いますと、直系会社と傍系会社に分かれています。直系会社は、東神倉庫をのぞくと三井という商号を冠した企業に限られています。明治期からの物産と銀行と鉱山に、信託会社などが新しくつけ加えられています。

傍系会社の方では、王子製紙、北海道炭礦汽船、鐘淵紡績、芝浦製作所（後に東京電気と合併して東京芝浦電気、東芝）、台湾製糖、郡是製糸、電気化学、小野田セメント、三越などがあります。

持株会社を頂点とするピラミッド型の組織を特徴としますが、三井の場合には、直系グループと傍系グループに分かれています。この時代には直系会社を頂点にした企業系列と言えるようなサブ・ピラミッドも形成されています。たとえば、三井物産の下に、直系の子会社と傍系の子会社があります。物産の船舶部や造船部は、この時代にはまだ内部組織ですが、いずれは物産の子会社として三井造船や三井船舶に分社化していきます。三井鉱山にも釜石（かまいし）以下たくさんの子会社があり、本社を頂点とするピラミッドの中に、さらに直系の子会社を持株会社とするようなピラミッドが内包されていくことによって、どんどん組織が外へ広がっています。

とくにこの時代は、三井では三井物産と三井鉱山が株式を購入して、子会社に編入していく例が目立ちます。本社の株式投資の三倍くらいを、子会社が株式に投資しているのです。つまり、三井合名が持株会社として成長するだけでなく、子会社による支配が拡大して子会社投資が大規模なサブ・ピラミッド型を作っていきました。

三菱の場合にも似ていますが、頂点にいる三菱合資会社の下に分系会社として七社、造船・製鉄・鉱業・商事・海上火災・銀行・信託があります。さらに、関係会社として、日本郵船、明治製糖、若松築港、東京海上、満蒙殖産などがあります。明治初めに、共同運輸との競争のなかでいったん手放した日本郵船は、明治の半ば過ぎには三菱系の人脈が経営の実権を握って三菱系とみなされるようになりました。

三菱の場合の違いは、岩崎の二代目になる久弥、小弥太がそれぞれ独自に株式へ投資していて、三菱製紙、旭硝子、明治生命などの株を個人名義で持っていることです。三井の場合には、本家分家あわせて一一家ある同族全部の営業資産を三井合名に集中しています。それが「総有制」という財閥の独自のあり方だと説明したと思いますが、三菱の場合には、三菱という商号を冠した有力な企業を中心に三菱合資に集中している営業資産全体が、岩崎の二つの家の「総有」的な資産になって管理されています。その部分は「三菱」として、岩崎の本家と分家がともに協力して拡大していく。その一方で、岩崎では出資社員として合資会社から受ける配当を元手に、個人投資をしている部分が別にありました。それでも資産の中心は三菱合資会社にあり、さらに三菱銀行・三菱商事・三菱鉱業の下に、三井と同じように子会社を抱えるようなピラミッド型組織が作られてきています。

企業名からわかるように、海外にあった会社以外はかなりの数の会社が戦後でも有力企業として残ります。それほど大規模な企業のネットワークを持株会社を頂点に作り上げていました。

この組織のあり方をコンツェルンと呼びます。この財閥がもっている組織的特性は、本社を中心とした企業間の関係が、株式所有に基づく非常に強い結びつきになっていることです。たとえば、現在だと所有者支配型といわれている企業でも、オーナーと呼ばれる人たちの持株比率はそれほど高くはありません。株式が分散していればそれほど高い持株率でなくとも大株主としての発言権は維持されます。ところが財閥の場合には、そんなに株式所有は分散していません。とくに直系の子会社については、ほぼ一〇〇%の株を本社が持っていました。三井では、三井物産と三井鉱山と東神倉庫の三社については、完全に一〇〇%の株を持っていました。信託の持株率が低いのは、大蔵省が新しい金融業務として信託会社を作るときに共同出資を要請したために、三井信託には、住友と三菱と安田などが数%ずつ株主になっているからです。しかし、最大株主は三井です。三菱の信託会社も同じ構造で三菱が最大株主という相互乗り入れをさせました。三菱系では、三菱商事・三菱製鉄・三菱電機はほぼ一〇〇％の株式を財閥内で所有していました。このようにコンツェルンの組織的な特徴は、非常に強固な資本的結合にあります。財閥が封鎖的な株式所有という特徴をもっていることが強調されてきたのは、こういう事実に基づいています。

ただし周辺の傍系会社にいくと、三〇％から五〇％程度の持株率になります。つまり、頂点に行けば行くほど濃い結合があり、反対に外延に行けば行くほど持株率は下がっていくという結びつき方の組織でした。

さきほど、この時代の三井では直系子会社の投資が伸びていると指摘しました。これも財閥の組織的特性を維持するための便法の一つです。三井にとって傘下会社として支配するうえでは、三井物産がその会社の株を持っても、本社の合名会社が持って傍系子会社としても、あまり変わりません。しかし、本社は同族からの一〇〇％出資ですから、そんなに投資を伸ばせません。もともと同族への配当を抑えているので、同族の追加的出資力には限界があります。また、借入金に頼るのは投資の効率を悪くしますし、子会社からの配当の増加にも限度があります。つまり、本社と直系会社の関係など中心部分で高い持株率を維持しようとするために、本社は身動きがとりにくい、急激な成長が難しい体質なのです。

それに比べると、直系会社の方が制約が小さくなりますから、最終的に利益が出るのであれば銀行から借りても良いので、行動に自由があります。だから、子会社で株式投資を増やす方が融通が利きます。しかも、子会社の経営者は、自分の商売に関係のある会社に投資することをまず考えます。三井物産であれば、取引先の日本製粉、日本樟脳、東洋バブコック、三機工業など、自分の取引先の株を持つことになります。取引先の企業の株を持つのは自分の商売上からみて好都合でした。そういう面から株式投資を増やすこともあり、ピラミッド型組織の下の方が拡張していきました。このような時に、直系子会社は本社のように封鎖的所有にこだわらず、持株率が低いままで口を出せる程度に株を持つという対応によって、財閥の産業支配力がその資金集中のスピード以上に早く強化されていきました。

ただし、もう一つの特徴点を指摘しておくと、この強固な資本結合が封鎖的に行われるといっても、その特徴は相互持合いではありません。たいてい、上から下へ一方的に持っていることが多いのです。この点は、戦後の企業集団（第一五章参照）の水平的な持合いとは違い、上から下へのピラミッド型組織なのです。

このような財閥は、日本経済全体の中でどういう役割を果たしているのでしょうか。まず、財閥の大きさを確認するために表10－2を見て下さい。この表は、柴垣和夫さんが、高橋亀吉の調査などをベースに、一九三〇年を基準にして日本の有力企業の

	三井		三菱		住友		3大財閥合計		払込資本金対全国比(%)
	社数	払込資本金	社数	払込資本金	社数	払込資本金	社数	払込資本金	
鉱業	3	118	6	98	2	22	11	238	63.3
鉄鋼	2	50	1	25	1	9	4	84	54.2
機械・金属	1	20	1	12	4	27	6	59	37.6
造船・船渠			2	35			2	35	22.7
食料品	3	61	4	55			7	116	38.9
肥料	1	18	1	39	1	2	3	59	60.2
窯業	1	22	1	7	1	3	3	32	22.5
製紙	2	118	1	8			3	126	65.6
紡績	4	52	1	34			5	86	24.9
鉱工業小計	23	511	20	339	9	63	52	913	41.2
電力・電燈	2	22	1	13			3	35	2.3
運輸・通信			4	87	1	63	5	150	63.8
公益小計	2	22	5	100	1	63	8	185	6.3
商事・貿易	3	118	2	20			5	138	74.2
倉庫	1	13	1	10	1	15	3	38	69.1
サービス小計	5	146	4	32	3	57	12	235	63.2
銀行	1	60	1	63	1	50	3	173	29.6
信託	1	8	1	8	1	5	3	21	30.4
保険	2	2	5	37	2	4	9	43	46.2
拓殖・投資	1	300	1	120	1	150	3	570	69.3
金融小計	5	370	8	228	5	209	18	807	50.8
合計	35	1,049	37	669	18	392	90	2,140	30.1

注)鉱業部門の合計については、修正。小計にはその他を含む。　(単位:100万円)

表10－2　主要財閥の事業投資分野
(出典：柴垣和夫『日本金融資本分析』東京大学出版会、1965年、278-279頁)

なかで三大財閥系と言われるものを業種別に分類したものです。

三井・三菱・住友の事業分野はかなり分散していますが、払込資本金額で一番大きいのは二三八百万円の鉱業部門で、合計額の九分の一を占めています。食料品や製紙、それから日本郵船や大阪商船がある運輸（海運）も高いウエイトを占めています。この他、商社や銀行が大きいことは言うまでもありません。「拓殖・投資」が大きいのは、財閥の本社がここに分類されているからです。

表を縦に見ていくと、広い範囲の産業に投資がまたがっていることがわかります。三大財閥以外に注目すると（表10－3）、安田は産業にはほとんど投資せず、中心は銀行です。浅野・大倉・古河は特定産業へのかたよりがあり、三大財閥と比べてスケールが劣っています。

次に、三大財閥の数値を会社数や払込資本金で比べてみると、鉱業では三大財閥系一一社で、資本金額の全国比で六割強を占めています。表示されていませんが、社数では五割を占めていますので、有力企業の過半数が三大財閥系です。資本金額の全国比では鉄鋼は五四・二％、機械・金属で三七・六％、造船・船渠で二二・七％、食料品で四〇％弱、肥料で六〇％です。表で省略されている業種は影響力がほとんどなく、それらは、木材・皮革・印刷・瓦斯（ガス）・水道・鉄道・ホテル・証券などです。電力・電燈も二％と非常に少ないのですが、全体としてみたとき、三つのグループの比重だと

	安田	浅野	大倉	古河	川崎	小計	対全国比(%)	八大財閥対全国比(%)
	払込資本金	払込資本金	払込資本金	払込資本金	払込資本金	払込資本金		
鉱業		14	14	23		51	13.6	79.6
鉄鋼		9	12			21	13.5	67.7
機械・金属		3	4	25		32	20.4	58.0
造船・船渠		26				26	16.9	39.6
食料品						0	0.0	38.9
肥料						0	0.0	60.2
窯業		77				77	54.2	76.8
製紙	10					10	5.2	70.8
紡績						0	0.0	24.9
鉱工業小計	23	129	47	50	0	249	11.2	52.5
電力・電燈	24	25				49	3.2	5.5
運輸・通信		6				6	2.6	66.4
公益小計	29	48	0	0	25	102	3.5	9.8
商事・貿易	6	1	8			15	8.1	82.3
倉庫						0	0.0	69.1
サービス小計	15	14	14	0	0	43	11.6	74.7
銀行	112				27	139	23.8	53.4
信託	8				3	11	15.9	46.4
保険	6		2	1	10	19	20.4	66.7
拓殖・投資	30	35	20	50	3	138	16.8	86.0
金融小計	156	35	22	51	43	307	19.3	70.2
合計	223	226	83	101	68	701	9.9	40.0

注）鉱業部門の合計については、修正。

表10－3　三大財閥に次ぐ五大財閥の投資分野
（出典：前表に同じ）

考えると、その地位は非常に高く、三大財閥で有力株式会社の三〇％を占めています。

その次のグループの安田、浅野、大倉、古河、川崎の五つを加えても全体は四〇％にしか増えないわけですから、五つで一〇％弱です。ですから、三〇％という数字が三大財閥の圧倒的な地位を物語っていると思います。

これだけの大きな企業組織を日本経済全体に張り巡らしているのが三大財閥です。それだけの組織をもつと、その組織自体がいろいろな機能を発揮して、ますます大きくなりうる可能性がひらけます。

たとえば、いろんな産業の情報が、本社やカギを握るような子会社に集まってくるはずです。そういう情報は、新しい発明だとか新しい産業がうまくいきそうだという情報でも、もっと端的にこの商売が儲かりそうなので一緒にやろうというのでも良いし、あそこが困っているからお金を貸してみたらどうかという情報でも良いのです。いろんな人たちが関与する形で、その組織の中に固有の情報のネットワークができてきました。それによって新しい産業の芽、多角化のチャンスを拾い出す能力は高まってきました。まったく新しいところに情報もなく飛び出していくのに比べれば、財閥はこれだけの広い範囲の事業をもつことによって手掛かりをえやすい、チャンスを摑みやすいのです。

さらに、財閥のように広い範囲に多角化すると、ある部門が不振でもそれをカバーしてくれる部門もあるので、経営全体は安定する。つまり、産業ごと投資分野ごとの状況の変化に左右されない全体としての利益の安定性、リスクの軽減・分散ができるようになります。それだけに新しい分野に投資して失敗しても、全体には響かない規模になる。大きくなるとそういうメリットが出てくることも重要でしょう。

古河商事のようにやりすぎてしまうと、全体をひきずりおろして沈没させてしまう可能性もありますが、多角化が成功していくと多少不利でも続けることができるようになります。また、しばらくは利益が出なくとも将来が有望であれば続けるという判断ができるようになると、新しい産業を自分の中にまたとりこむことができます。それによって、さらに経済環境の変化に対応して生きのびることができます。財閥はそういう特性をもっていると思います。

このように、日本の財閥は国内の産業に対して、大きな影響力をもっただけでなく、大きな情報の流れを作り出しました。情報だけではなく、その内部では人も動き、さらにお金も動いています。

このお金について財閥は、本社を中心に内部資本市場を作り出しました。本社に向かって各子会社から投資計画があがってくると、そこで、資金調達の競合や余裕資金の融通が生じます。つまり、資金に関して、子会社どうしが競合しながら本社からの資金供給を受けたり、内部の銀行など金融機関から資金供給を受けられるようになります。財閥ではこのような内部資本市場が形成され、資金が配分されていきました。この内部の資金調整の仕組みは、第六章でもふれたように持株会社が担う中心的な機能であり、子会社間の事業計画のコンテストをするような形で、資金の配分が本社によって戦略的に決めていくものです。

内部資本市場の利点は、資金コストが安いことです。本社などが投資する際の資金は、基本的には利益の留保金であり、子会社からの配当金です。子会社の配当率は通常の配当率よりは低めに抑えられていました。そうした資金を原資にした資金を子会社の投資計画などに配分するのですから、総体的には他の競争企業が市場で借り入れたり、株式で資金を調達するよりは有利で、新設会社がすぐに配当できなくても、親会社側が問題にしなければ、その会社は親会社から資金の補助を受けるのと同じようなかたちで事業を進められました。これは、外部の資本市場・金融市場ではなかなか難しいことでしょう。財閥の関係企業は、このようなコストの安いお金を手に入れることができる有利さを持つようになります。そうした調整機能をもつ組織を財閥は本社を中核に作ってきました。

この金融力にものを言わせて、財閥はさらに電力の社債の引き受けや、東洋拓殖や南満州鉄道会社など植民地会社への投資にまで、影響力を強めていきます。こうして経済社会に広く発言力を持つようになっていたのが、一九二〇年代の終わりくらいの財閥の実態です。

もちろん、大きくなりすぎたという面もあり、そのことで次の時代に大きな批判に直面することになりますが、それは次章で取り上げます。

第一章　恐慌とドル買い　財閥批判の背景

はじめに

昭和恐慌の時代に入ると、財閥への批判が沸騰しました。そのきっかけは、財閥系企業が為替市場で円安を見越して「ドル買い」をしたことでした。これに対して、金本位制を維持しようとしている国策に反することで、「けしからん」「利益第一主義だ」と軍部や右翼が財界批判を始めました。そのなかで血盟団事件が起こります。井上日召を首謀者に「一人一殺」という物騒な計画が生まれ、一九三二（昭和七）年二月に金解禁政策の立役者だった井上準之助前大蔵大臣、それから三月にその井上の政策に反したドル買いを行ったとされた三井財閥の総帥団琢磨が暗殺されます。

この暗殺事件を契機に、財閥は社会的な批判に対応しなければならなくなります。株式を公開したり、社会事業への寄付を始めたり、当時の言葉で「財閥の転向」と表現される——転向という言葉は、本来は左翼の活動家たちの思想的な変節という意味ですが——、事態が進みます。その発端となった事件が本章のテーマです。

1　転機としての昭和恐慌

まず、時代的な背景からお話ししていきます。

一九二九年から三一年は、日本経済の歴史でいうと昭和恐慌と呼ばれる時代です。時の政府は、一九二九年七月に成立した民政党（みんせいとう）の浜口雄幸（はまぐちおさち）内閣で、大蔵大臣が井上準之助です。この民政党と対立していたのが政友会（せいゆうかい）で、三一年一二月に民政党の内閣が総辞職した後、犬養毅（いぬかいつよし）を首班に政友会政権が成立します。この犬養内閣までの十数年間は、日本の政治史上では二大政党による政党内閣時代でした。保守系の二つの政党が対立して、一年半くらいで政権交代をしています。イギリスの二大政党のような保革の対立とは異なり、アメリカのような両方とも保守系の政党でした。社会主義系の政党もありましたが、議会での議席は極めて少なく、政治勢力としては力不足でした。この保守二大政党の政治的対立が、政策に大きな混乱をもたらします。混乱という言い方が強すぎるとすれば、政策の争点を実際の対立以上に政治的に浮かび上がらせてしまったのです。

この頃、日本経済の体質改善が必要だということについては、二大政党の間でも共通認識がありました。その方法に関して、比較的穏健な財界寄りの政策によって、経済界の活力をそがないように財政面から積極的に資金を流していたのが政友会でした。現代流にいえば、公共投資を活発にやり政策的刺激によって経済の回復をはかろうとしていたのが政友会で、政友会の積極政策と言われます。これに対して、民政党の方は、政友会の政策に対抗する意味もあっていずれかと言えば緊縮政策を提唱します。

この経済政策の違いは外交方針にも現われます。すなわち、政友会が中国に対する外交方針で、積極外交――実際には侵略戦争に直結する田中義一内閣の山東出兵のような軍事的な出動をくり返す強引な外交方針――をとります。これに対して、民政党は幣原喜重郎を外務大臣に据えて、幣原外交といわれた英米協調を基盤に話し合いで侵略する、できるだけ武力を使わずに日本の権益を伸ばそうという方針を採っています。このように国内・対外の政策が組みあわさって、両党の対立を生んでいました。

中国で日本の権益を伸ばすことについて強い関心をもっている点では似たようなものなのですが、表看板では積極的に軍隊を派遣するのと、外交交渉中心でやるのとの差になります。政治の対立は、似た者同士がけんかすると、ものすごく極端に走り、実際にやることはたいして変わらないことになりがちです。

経済政策の差は、選挙の時や議会で予算をめぐって論戦する時には、みごとに対立の構図を示します。しかし、結果的に決算レベルでみるとほとんど違いがありません。公約通りなら政友会内閣の時には財政規模が拡大して民政党になると縮小するはずですが、二九年までいずれの政党の政権時代でも明確な差は見られません。中央財政だけを見ればそうした変化が出るのですが、政友会は中央で積極財政をすると地方にまわす金が足りないので、地方財政が緊縮されるため財政全体の影響は変わりません。民政党はその逆になります。「緊縮」の看板通りに予算を組むのですが、それでは地方で選挙基盤が弱くなることもあるので、選挙に負けないように地方に金をばらまいています。表面上の政治的な対立にもかかわらず、現実的な経済への対応はあまり変わりません。それでも、政権を取るためにしのぎを削り、表面上は政策の争いが続きました。

　その対立の最後の局面が、一九二九年から三一年にかけての「金本位制」への復帰を巡る政治経済の変動期でした。

　金本位制への復帰は——金解禁という言葉を使っていますが——、第一次世界大戦の混乱の時期に金の輸出を禁止して以来の懸案事項でした。金の輸出を禁止するのは、金と自由に交換が許されている兌換券の本来の機能を損なうものですが、一八九七（明治三〇）年に成立した日本の金本位制は第一次大戦中にその機能を停止されました。この停止の措置は、大戦中にヨーロッパやアメリカでもとられていますから、異常なことではありません。問題は、戦時中の特別な事情で停止された金の輸出を、戦争が終わってから、いつ、どのような形で解禁し、金本位制に復帰するかでした。

　戦争が終わってしばらくすると、一九一九年にアメリカが金本位制に復帰し、それから一九二四年にドイツ・マルクが、二五年にポンドが、二六年にフランが復帰していきます。こうして、ヨーロッパ、アメリカなど主要国が金本位制に戻ってくると、戦後世界で五大国として経済的にも、とくに東アジアで政治的にも大きな顔をしはじめた日本だけが、金本位制という国際的枠組みから取り残されました。だから、金解禁を早晩やらざるをえないことはわかっていました。しかし、なかなか実行できません。二二年から二三年の初めにかけて、かなり具体的に日本の金本位制への復帰が計画されたこともありましたが、関東大震災で見送られました。その後は、タイミングがつかめないまま、前章でお話ししたように二七年には金融恐慌が起こってしまいます。

　金融恐慌が起こったことは、それまでの国内の経済が鈴木商店のような経営困難な企業を抱え込んで、危ない基盤の上に乗っていたことを示していました。こういう状況で金本位制に戻ると、国内経済が大混乱をきたすと政府は危惧していました。だから金解禁を先延ばしにしてきたのですが、先延ばしできるだけの条件を日本はもっていたのです。

　第一次大戦中の輸出拡大で日本はかなり多額の外資を稼ぎました。この外貨の貯金を少しずつ下ろすことで、一九二〇年前後から二八年くらいまでしのいできたのです。ところが、二九年にはいよいよその貯えがなくなり、金本位制に復帰して正常な経済状態のもとで日本経済を再建していかざるをえないことは、誰の目にも明らかになっていました。だから、浜口内閣は、当然のことのように金本位制への復帰を意味する金解禁政策を内閣の新政策の柱として提案したのです。

政友会は、これまでの政策の連続性もあって、表向き反対のポーズをとっていましたが、この時点では経済界が金本位制への復帰を支持する方に傾いていましたから、二九年の夏には、金本位制に復帰するかどうかは大きな争点にはならなくなりました。政友会も財界の支持を念頭に置いて、浜口内閣の方針を争点にはせず、黙認します。民政党に席を譲って、不況になることが確実であまり評判がよくないはずの経済政策を民政党にやらせることができる状況になったともいえます。

浜口内閣の金解禁政策は、金本位制に復帰する前提条件として、日本経済の弱さを反映して安くなっていた円を平価水準に戻すためにデフレ政策をとることを基本とするものでした。そのため、民政党内閣は緊縮財政を方針とし、世界的な軍縮の潮流にのり、ロンドンにおける軍縮会議に積極的に参加して、海軍補助艦艇の削減を協定しました。

他方、金本位制に復帰するためには円高へ誘導することになりますが、この政策は円高不況になり、物価の低落と失業の増大が予測されていました。そこで、浜口内閣は、不況対策として産業の国際競争力を高めるための産業合理化を進め、同時に失業増加の影響も考えて社会政策を充実するという枠組みを準備し、金解禁政策によって産業の競争力を強化することで日本経済の再建を図ろうとしていました。経済政策としては、浜口内閣の政策は、それなりに筋が通った政策だったと評価できます。

ところが、この政策が実行される一九三〇年の一月以降、世界的な経済環境が激変していったことに日本政府は、十分な配慮がなかったようです。よく知られているように二九年の秋には、ニューヨークの株式市場で大暴落が始まり、世界経済をリードしていたアメリカの景気後退が始まっていました。

それでも日本は金解禁政策を実施し、約二三ヵ月間金本位体制を維持します。世界的な景気後退のなかで、金本位制を維持したために不況の圧力はますます強くなって、国内の不況は深刻化します。さらに、アメリカ発の不況がヨーロッパに波及して、一九三一年夏にはヨーロッパで大規模な金融恐慌が起こり、三一年秋にオーストリアの有力銀行が破産するという予想しなかった事態が起こります。これをきっかけに、ヨーロッパ諸国は通貨取引の制限を始めます。一九三一（昭和六）年九月二一日に、イギリスが金本位制の停止を宣言したのがその象徴ともいうべき出来事でした。

その三日前に、日本は満州事変を起こしています。すでに戦争の足音がしのびよっていました。片方で幣原外交の基盤になっている英米協調外交を崩すような陸軍（関東軍）の動きがあり、もう一方で、井上大蔵大臣が中心となって進めていた金解禁政策の基礎をなす国際的な金融体制が、音を立てて崩れ始めているのが三一年の九月です。

それから三ヵ月ほど厳しい攻防があって、結局は三一年の一二月一三日に犬養内閣が誕生し、それまでの民政党の政策を転換することになりました。その三ヵ月間に起こったのが「ドル買い」事件です。事件の概要は年表風に示してあります（表11－1）。

2　井上準之助の金本位制への信頼

一九三一年九月にイギリスが金輸出を再禁止（金本位制を停止）すると、国際的な金融センターだったロンドン市場が閉じてしまったわけですから、多くの人たちは、日本も金本位制をやめるだろうという見通しをもちはじめます。そして日本の金本位制が停止された場合を想定して、為替の先物取引、思惑取引が九月以降活発になりました。金本位制に戻るときにかなり無理をして円を高めに誘導しましたから、この時は円は安くなるという予想が支配的でした。「安くなる」と考えられる円をもっていればみすみす損をします。為替損失が生じますから、それを回避してドルを持つ方が資産価値が為替変動で損なわれることはないので、ドルにかえておく動きが活発になります。それが「ドル買い」です。つまり、円をもっているよりドルに換える方が得だと見通して、思惑買いが始まったのです。

9月21日	井上、イギリスの金本位制停止は一時的と談話。
9月25日	井上、時局懇談会で再禁止の意図なしと声明。
10月 1日	日銀、民間有力銀行に為替思惑の中止、既契約の解合要請。
10月 5日	日銀、公定歩合引上げ(2厘)。
10月14日	正金、貿易関係以外のドル売り制限開始。 →10月25日にはドル買い鎮静化。
10月19日	政府、財界有力者と懇談し、金本位制維持に協力要請。
11月 4日	日銀、公定歩合2厘引上げ。 正金、事実上の為替管理(ドル売りの停止)開始。 民政党、ドル買い糾弾の声明(思惑は国賊)。
11月10日	井上、財界有力者と懇談。 「金本位制擁護に関する声明」発表。 政友会、即時金本位制停止決議。
12月10日	日銀・正金、12月15日までに解合に応ずるよう発表。
12月11日	若槻内閣総辞職。
12月13日	犬養内閣成立、金本位制停止。

表11－1　井上準之助の金本位制への信頼

そうした状況変化のなかで、九月二二日の新聞で井上準之助は、「イギリスの金本位制停止は一時的なものである」「市場の混乱の間だけ、ロンドン市場を閉めて(金本位制を停止して)ヨーロッパの金融的な動揺が治まれば戻るだろう」と語っています。

歴史的に見ると、一九三一年九月二一日は、国際的な金本位制が終わった日になったわけですが、その当時の井上はこれですべてが崩壊していくとは予想していませんでした。多くの人たちもそう思っていました。「一時的なものだ」というやや強気の談話を発表した井上は、二五日の時局懇談会で、財界人を前にして「日本は金輸出を再禁止する、つまり、金本位制を放棄する意図は全くない」と断言します。そういう声明を出して、思惑に走る財界を牽制し、その後もそうした趣旨の発言をくり返しています。

この時、井上は、「日本でもイギリスにならって金輸出再禁止論が高まるかもしれない、あるいは再禁止をするのではないかという不安をもつ者が現れるかもしれないが、それはとんでもない見当違いだ。イギリスの経済実態は、確かに悪くなっているが、日本はそれよりはるかに良い。だから、日本が金本位制を停止することは考えられない」という強気な発言に終始します。

この井上大蔵大臣の意向を受けて、同じ日に日本銀行の本店は、ロンドン支店首席宛に「日本は金本位制の停止をする意図はない」と打電し、各市場での対応を誤らないようにと指令しています。このように、政府が「再禁止なし」との方針を明らかにし、これを徹底しようと動いているのは、為替市場でさかんにドルが買われはじめていたからです。ド

井上準之助

ル買いのために巨額の資金が動き出していました。そこで、それを抑制するために、政府は必死になって、市場の思惑、予想を打ち消そうとさかんに手を打っていました。

一〇月一日には、日本銀行が民間の有力銀行に対して、為替思惑を中止し、買付予約をしている契約の解合を申し入れます。しかし、民間銀行はすぐには従わなかったらしく、そこで日銀は、ドルの買取資金の調達を難しくするために、金利を引き上げました。それが一〇月五日の公定歩合の引き上げです。

一〇月一四日には、さらに強行な措置をとりました。横浜正金銀行は、当時最大の為替銀行として、日本銀行と大蔵省の指示のもとで、「統制売り」と言いますが、円相場維持のため為替相場に介入していました。その横浜正金銀行が、「貿易に直接関係のある為替取引以外のドル売りはやらない」と声明したのです。

このあたりから、実態は為替取引の数量管理という様相を呈してきます。それまでは横浜正金銀行がドルの売買を通して為替市場に介入していたとはいえ、為替レートは市場で決まっていました。ドル買いが殺到して円が安くなりすぎると、金本位制を維持できませんから、横浜正金銀行は買い手に対してドルを売りあびせる「統制売り」によって為替相場を調整していました。しかし、一〇月半ば以降になると横浜正金銀行は、際限なく売るのではなくて、相手を見て実需か投機かを見分けながらの対応に転換しました。実需というのは、輸入業者が代金を海外の業者に支払うためにドルを必要としている場合です。これは通常の取引ですから認めなければなりません。問題は思惑取引の方で、こちらは、そうした代金の支払いの必要がないのに、あらかじめドルを買う約束をしていて、その取引の当日までの相場の変化で利益を稼ぐことをねらっているものです。この二つをより分けて、思惑取引と考えられるものには応じないと宣言したのです。つまり、取引そのものの数量的な制限を始めました。

この対応が功を奏して、一〇月二五日ごろには、実際のドル買い注文は鎮静化したと言われていますが、政府は一〇月一九日に財界有力者と懇談して、金本位制維持に協力を要請したのに続き、一一月四日には、日本銀行が公定歩合を二厘引き上げ、横浜正金銀行が事実上ドル売りを停止する措置を採りました。

実際には九月から一〇月にかけて大量のドル買い注文があっても注文の残高になっているだけで、直ちに取引が行われているわけではありません。先物為替の予約の決済月は一一月、一二月、翌年の一月でしたから、この期日になれば現実にドルを売ることが必要になりますが、それまでは横浜正金銀行からドルが出ていくという状況ではありません。ところが、その取引が実行されれば、日本銀行から金が国外に流れていくのと同じことになり、金本位制の維持の根幹になっている、中央銀行の金準備自体が失われる危険性がありますから、ドル売りを停止したのです。

政府は注文に応じて、売り浴びせて為替を維持しようと頑張り、さらに政府は思惑取引だとみていますから、実際にはその取引をしないで済ませようと目論んでいます。この思惑取引は、決済期限までに相場が変化して円安になっていなければ何の利益も生みません。その間の資金コストと取引手数料分だけ買い手が損をする取引ですから、利益が出そうにないという予測しかできない状況にして、「解合」に追い込み、取引を白紙に戻そうとしています。そのために、一一月四日に金利を上げ、追加的な為替売却をやめました。

また、同じ一一月四日には、民政党がドル買い糾弾を党の公式声明として出しました。ドルの買い付け側に対して、「こういう思惑をやるのは国賊だ」と非常に強い批判的な言辞を用いました。民政党の首脳部が、ドル買いを主にやっていたと思われていた三井銀行・三井物産・三菱銀行・住友銀行など財界の中心部にいる企業や経営者に対して、「国賊だ」と言ったわけです。

政府側の政治的失敗だと思いますが、あまりに自らの政策推進に熱心であったために、そんな発言をしてしまいました。このころから、政治的にも経済的にもそれまでの微妙なバランスが崩れ、金本位制を支持してきた財界が民政党の政策から離れていきます。

一一月一〇日には、井上は財界の有力者と懇談して、なんとか関係修復に努めます。そして、「金本位制擁護に関する声明」を共同発表しますが、すでに足並みの乱れがはっきりしていました。しかも、もともとは民政党の政策に批判的であった政友会が、政権奪取のチャンス到来とばかりに同じ日に「即時、金本位停止」という決議を発表しました。こうして政治的なレベルでも金解禁政策への批判がはじまります。

ちなみに、金本位制への復帰をスローガンにした民政党内閣は、一九三〇年二月の総選挙では大勝しています。金解禁政策は、国民の広範な支持を得ている政策でした。だから、政友会もそれまでは表立って批判もできなかったのです。しかし、三一年一一月一〇日には、明確に「やめた方が良い」と言いはじめました。選挙に勝てると政友会が判断したほど、政治情勢が変わってきたと考えられます。

それでも井上は、「金本位制維持が最善だ」とがんばり続け、一二月一〇日には日銀と横浜正金銀行を動かして、すでに契約しているドル取引について、一二月一五日までに横浜正金銀行に解合を申し込まないと、その後の解合には応じないと発表します。「一五日という期限を切って、政府は金本位制を維持するから、実際のドルの引取り時期には、金利で損しますよ」と買い手側におどしをかけたのです。

井上は、「もし何事も起こらなければ、この政策が効果を上げて、ドル買いは、ドルを買った側の完全な損失に終わったはずだ」と主張しています。たしかに、かなり決定的なところにきていました。

ところが、一二月一一日に内閣が総辞職しました。二日後の一二月一三日に犬養毅を首班に政友会内閣が成立し、大蔵大臣に就任した高橋是清は即日金本位制を停止します。高橋の考え方は、はっきりしていて「為替の水準は、市場で決まる以外にない。管理なんかできない」というものでした。

その結果、わずか三ヵ月の間に約三割ほど円安になります。そして、一年後の一番安くなったときには六割安になり、その後多少もどって四割安ぐらいの水準で安定しました。三二年の一月から三月にかけてという短期間に、一〇〇円が四九ドル強だった為替ルートが、三七〜三八ドルくらいに円安になり、その分だけドル買い側が巨額の利益を得たと考えられる経済環境が三二年の春に出現しました。これが、ドル買い事件の経過です。

3　三井のドル買いは思惑取引であったか

多少長くなりましたが、このドル買いの主体は、もっぱら三井だったというのが当時から信じられている評価です。それが本当か、そして本当に思惑取引だったか、これについては現在に至るまで経済史研究ではさまざまに議論されています。

三井は、「思惑買いはしていない。必要に迫られて買い付けた分はあるが、国の政策に反して思惑取引をやったわけではない」と弁明しています。一九八〇年代末のバブル経済期に土地価格暴騰が起きたときに、銀行のノン・バンクなどは、「私どもは土地投機はやっていません」「必要な範囲で通常の取引だけをしています」と弁明しました。こういうことは、いつの時代にもよくみられるものと思います。

三井では、当事者だった池田成彬（いけだしげあき）という、のちに大蔵大臣にもなる三井銀行の中心人物などがしきりに弁明しています。『三井八郎右衛門高棟伝』という三井本家当主の伝記でも、次のように池田成彬の説明とほぼ同じ弁明をくりかえしています。

三井銀行では、当時、ドルの先物売約定一六三三万ドルを持っていて、これを買い埋める必要があり、また電力会社の外債利払いのために、五三五万ドルのドルを買わねばならない事情があった。一方、三井物産では、投機的思惑によるドル買いではなく、貿易資金調達のための正当な商行為であることを声明している。しかし、世間の「ドル買い」批判の標的は、三井銀行に集中し、三井は「国賊」の非難を浴びることになった（『三井八郎右衛門高棟伝』三井文庫、一九八八年）。

三井の主張は、当時の経営状態に即した必要なドルの売買であり、思惑に基づく取引ではない、だから、世間がドル買いについて三井に批判を集中させ、「国賊」と非難したのはいわれなきものであるというものでした。三井銀行も三井物産も、政府の政策が失敗して円が安くなるとの見込みで取引を拡大したわけではないと主張しています。

三井側で、もっと開き直っているのが『稿本三井物産株式会社一〇〇年史』です。これは、『高棟伝』と同じ状況を説明した後で、さらにつけ加えて次のようなことを書いています。

池田成彬

いずれにしてもドル買い問題は、これを攻撃する側も、これを弁明する側も思惑的ドル買入れを倫理的に批判すべきものという同じ前提に立って争っているかの感があるが、そもそも思惑的買入れと実需にもとづく買入れとは截然と区別できるものではない。さらにいえば、不断の価格変動に巧みに対応することによって、利潤を追求する資本の論理が経済活動を律している資本主義社会では、先行き価格下落が見通される円を売って、価値の上昇が見込まれるドルを買おうとするのは、企業として当然の行為だったのである。しかし、それが倫理的に批判されるべきものとして多くの人々に認められていたところに、この時代の異常な状況があった。（『稿本三井物産株式会社一〇〇年史』日本経営史研究所、一

九七八年）

つまり、たとえ思惑取引だったとしても、それは資本主義社会の営利企業として、ごくあたりまえのことをしただけで、それが責められるのはおかしいと言うわけです。

たしかに、「国策に反する、けしからん」と批判が出たときに、みんなが納得したところに危ない面があります。しかも、そのために多くの民衆が、「財閥はけしからん」と、右翼にあおられ、軍部も動くという、国中が財閥を批判する時代になったのは異常なことです。そのきっかけがドル買い事件です。

『稿本三井物産株式会社一〇〇年史』に近いのが、山崎広明さんの「〝ドル買い〟と横浜正金銀行」という論文の中に紹介されているものです。山崎さん自身もこの主張に近いのだろうと思いますが、当時、大蔵省国庫課長で井上大蔵大臣の片腕といわれた青木一男（あおきかずお）さんが『聖山随想』のなかで、「当時のドル買いの約半分はナショナル・シティ銀行一行で占めて、三井銀行のドル買いの買高は、住友や三菱と比べて大差がなかった」と述べています。だから、三井銀行がとりたてて問題にされる理由はないというのが青木さんの判断です。それと同時に、イギリスの金本位制停止で在英資金が凍結されたため、その穴埋めにドル需要が三井銀行などには生じていたとも指摘しています。

ここから後は同じことですが、「一般にわが国も早晩金の輸出再禁止のやむなきに至るであろうと思う人びとが、あらゆる機会を通じてあらかじめドルを買っておこうと考えるのは、経済的常識ともいうべきであって、一国の法制が合法取引きとしておることを、愛国心や道義心で阻止しようとするのは本来無理なことであるのは言をまたない」とされています。このように大蔵省の課長が言っているのですが、そうした政府側の人たちが「けしからん」と表向きはいっていたわけです。

青木さんも、三井物産の社史もともに、このドル買付けは、思惑であろうとなかろうと「企業としては当然のことをしただけだ」と、一歩踏み出した主張を展開しています。つまり、池田成彬たちが「それはやむにやまれぬことをしたんだ」と弁明したのにも批判があるわけですが、さらに「企業として当然の行動で批判する方がおかしい」と自己主張しています。利益追求のためには何をしても良いという主張に私は同意できませんが、こうした意見のへだたりに、この事件のむずかしさが表現されています。

当然のことだったかどうかの議論をする時も、見逃せない点があると思います。すなわち、これだけ強い政府の道義的な協力要請に表面的にだけ従う、つまり、さきほど紹介したような財界の共同声明などに加わり、政府の要請に財界も有力銀行も協力するポーズをとりながら面従腹背しているわけですから、その対応には問題があると思います。

池田が言っているような意味でドル買いの必要があるとすれば、「手当をしなければいけない分だけは手当をさせてもらいました。ただ、それはドル買いの思惑ではありません」と了解を求めるべきでしょう。そうしなかったところに疑惑の生まれる余地があります。こうした政府に対する財閥の対応のあいまいさは、ドル買いが正当であるかどうかとは別の問題として残っています。この点に関して『日本銀行百年史』がはっきりした見方を書いています。

（三井銀行は）ドルの先物売約定一六三三万ドルがあった。そこで同行は、イギリスが金本位制度を停止した九月二一日、ドルの先物売約定を決済するため横浜正金銀行から一六〇〇万ドルを買い入れ、さらに二三・二五両日、電力外債利払い等のため五三五万ドルを買い足した。こうして三井銀行は二一・二三・二五の三日間で二一三五万ドルという大量のドルを買予約したということである。ただし、このドル買予約を受渡期間別にみると、（つまりいつ実際に取引がおこなわれるかということでみると、先物買約定決済するためと言っていながら）九月渡しはわずか八〇万ドル、一〇月渡しも一五〇万ドルにすぎず、その後の一一月渡し五八〇万ドル、一二月渡しが実に一三二五万ドルという多額に上っており、このような期日構成と先物の買予約の過半がイギリスの金本位制停止の当日に行われ、残余の予約もその直後に行われたという事実は見逃せない……。〔( )内は引用者〕(『日本銀行百年史』)

つまり、日本銀行は三井銀行の行動を非常に怪しいとみています。あきらかに、国際金融市場の変化に即応してドル買いに走った、と日本銀行はみているのです。この本が出たのは一九八三年のことですが、三井はドル買いによって世間の非難を浴びるだけの十分な根拠があったと日本銀行は判断しています。

そこで、データを使いながら、実際に起こったことを考えてみたいと思います。「ドル買い」に関する買い手の構成(表11-2)でみると、ドル買い思惑は三〇年の七月、つまり一年前くらいから徐々に始まっていますが、焦点は三一年九月から一二月までの期間です。九月以前には、外国の銀行や会社が五七%、国内の銀行・会社が四割強で、六対四くらいの構成でした。これに対して、ドル買い事件といわれる時期には、国内の会社が為替市場に参入してきて、ドルを買いあさったことがわかります。青木一男さんが書いていたように、外国銀行のシェアが一番多いのですが、三一年九月以降には国内銀行・会社の動きが活発になり、過半を超えました。

その点をもっとくわしく見たのが表11-3です。山崎広明さんが作成した表を簡略

	1930年7月31日～1931年8月31日		1931年9月1日～1931年12月31日	
	金額	比率	金額	比率
外国銀行	179,610	50.7%	176,822	44.2%
外国会社	22,081	6.2%	11,746	2.9%
国内銀行	118,410	33.4%	137,100	34.3%
国内会社	34,269	9.7%	64,814	16.2%
雑口			9,563	2.4%
合計	354,370	100.0%	400,045	100.0%

（単位：1,000円）

注1.「ドル買い」とは正金の統制売りに対するドル買いをいう。
2. 銀行には保険・信託会社を含む。
3. 1931.9からの合計値は、出典では399,995である。

表11－2　ドル買いの買い手
（出典：山崎広明「"ドル買い"と横浜正金銀行」山口和雄・加藤俊彦編『両大戦間の横浜正金銀行』日本経営史研究所、1988年、363頁）

化して表示していますが、三〇年八月から三一年八月におけるドルの買い手と、三一年九月から三二年三月の買い手と、三一年一二月一〇日現在の未決済高が示されています。一二月一〇日といえば、横浜正金銀行が解約に応じないと脅しをかけた日ですが、この時点の買い予約をみると、ナショナル・シティ銀行をはじめとする外国銀行のシェアはドル買いが問題になった三一年九月以降の時期には落ちています。

これに対して三一年八月までは、三井銀行・三井物産のシェアは少ないですが、三一年の九月からの期間では、三井銀行は一躍二位に、三井物産は四位です。住友や三菱は横ばい状態でした。こういう動きをすれば目立ちます。

	1930年8月 ～ 1931年8月	1931年9月 ～ 1932年3月	1931年12月10日 時点未決済高
ナショナル・シティ銀行	142,510	130,642	22,103
	40.2%	32.7%	32.2%
三井銀行	12,200	46,550	11,850
	3.4%	11.6%	17.3%
三井物産	11,731	30,054	10,133
	3.3%	7.5%	14.8%
住友銀行	33,000	31,700	3,700
	9.3%	7.9%	5.4%
香港上海銀行	21,450	19,200	3,500
	6.1%	4.8%	5.1%
三菱銀行	34,300	19,550	2,600
	9.7%	4.9%	3.8%
チャータード銀行	8,700	8,700	2,400
	2.5%	2.2%	3.5%
朝鮮銀行	18,700	15,430	2,065
	5.3%	3.9%	3.0%
日瑞貿易		5,676	1,340
		1.4%	2.0%
Handels Bank	6,350	6,380	1,085
	1.8%	1.6%	1.6%
その他とも合計	354,420	400,045	68,654

(単位:1,000円)

表11－3　ドル買いの大口買い手
（出典：前表に同じ）

一二月一〇日の時点で、外国銀行を除くと一番多く買予約していたのは三井銀行で、次は三井物産です。住友や三菱と比べれば、三井がはるかに多額の未決済高を持っていますが、これには裏がありました。

裏の事情とは、九月から一〇月に合計で二〇〇〇万ドルを超えるような買付予約について、三井もその資金手当はつきそうもありませんでした。一方、政府も二〇〇〇万ドル全部を買い取られてしまうと、金本位制の維持が危くなっていました。そこで一〇月末から一一月初めにかけて、市場では取引が停止されている時に、両者が秘密取引をして三二年一月から三月受け渡し分にのり換えることを認めました。この裏取引をしていたあたりが政財癒着ということなのでしょう。

三井にとっては、これが幸運でした。そうでなければ半分近くは一一月までに決済しなければならず、大損をしていました。ところが、その決済が全部一月から三月の円が安くなった時点のものとして残ったからです。三井銀行が困ったのは、それだけの利益をどうやって隠すかでしたが、その点は最後に説明します。

三井銀行や三井物産がドルの買い手として非常に大きな役割を果たしたことは間違いなさそうです。それではなぜそんなことをしたかについて、池田成彬の説明に何かつけ加えることがあるでしょうか。この点については、小倉信次さんの研究（『戦前期三井銀行企業取引関係史の研究』）で次のようなことが明らかにされています。

	1931年上期平均残高	対前期比増減	1931年下期平均残高	対前期比増減
内地預金	68,557	3,531	66,980	△1,578
内地貸金	40,295	△3,303	40,393	98
預貸金による資金増減		6,834		△1,480
有価証券	23,332	2,721	22,561	△771
外為円資金	8,786	1,998	11,850	3,063
現在金及び無利息預け金	8,623	1,632	4,496	△4,127
有価証券以下三項目合計		6,351		△1,835

(単位:万円)

表11－4　三井銀行の資金繰りと資金運用
(出典:小倉信次『戦前期三井銀行企業取引関係史の研究』泉文堂、1990年、339頁)

まず、三井銀行の資金繰りと資金運用を示したのが表11－4です。一九三一年について見たものですが、それぞれ三〇年下期や三一年上期を比べた対前期比増減でみると、三一年上期には、有価証券の保有や外為円資金などが増加して内地の貸金が減っています。つまり、国内では資金が余ったとみることができます。これに対して、三一年下期には預金の減少があって資金量は減っていますが、現金・預け金が三一年上期末で八〇〇〇万円をこえています。これは銀行としては異常な状況です。貸し付けて利子を稼がなければ銀行としての経営は成り立たないはずだからです。

こうしてみると、三一年に三井銀行は「金余り」状態だったのではないかと思われます。この「金余り」状態は銀行が資金運用難に陥っていたことを示しています。これに対処するために、三井銀行が試みたのが有価証券と在外資産への投資という方法でした。

三一年下期に増加する外為円資金とは、外国で発行されているドル建やポンド建の債券を購入する資金です。日本が発行した外貨債を買ってくるのでもよいのですが、いずれにしてもドル建やポンド建の債券を買う方法で、対外的な資金運用です。ただし、これが外貨債などの勘定で計上されているのではなく、外為円資金となっている理由は、長期運用ではないことを表現しています。今は余っているので一時的に外貨に換えておくが、国内ですぐ資金がいるかもしれないから、回収できるように短期の運用を想定する方法で資金を動かしていたことがわかります。

このように三〇年から三一年にかけて、金余り状態にあった三井銀行は、「海外への短期的な資金運用」を方針として動いていました。小倉さんは、三井銀行が三〇年の秋くらいから三一年の春にかけて、そういう方針を部内で決めたと推定しています。本来、このような短期の資金を運用する時には、たとえばドルへの投資であれば、ドルを買う一方で、三ヵ月の運用で回収するなら、三ヵ月先にドル売りの為替予約をしておくことが通常のやり方です。現物の買いと先物の売りの組み合わせで為替リスクをカバーするためです。

この時の三井は少し複雑ですが、ポンドに投資することとし、そのために、まずドルを買い、ドルでポンドを買いました。だから、先物の為替予約を二重にしなければいけませんでした。ポンドを売ってドルを買い、ドルを売って円を買うという取引を予約しておかなければいけないのです。ところが、三井銀行は九月までそれをほとんどやっていません。その理由は、為替予約には一・五％ほどの手数料が必要だからでした。金本位制の下で大幅な為替変動がなければ、先物による為替リスクのヘッジは不要なはずでした。いつでも同じレートで取引できるのであれば先物予約の必要はありません。三井銀行はそんな見通しで、対外投資ではリスク軽減のために必要な手続に手を抜いていました。その結果、為替カバーが不足という状態が起こってしまったのです。

ところがイギリスが金本位制を停止して、ポンドが下落し、ポンドとドルの取引で為替差損が生じました。金本位停止のために三井銀行がロンドンに置いていた八〇〇〇万円ほどのポンド資金は凍結されました。ポンドは三割ほど一気に下がりましたから、それだけで二四〇〇万円の為替損失が生じました。これを埋めるために、なんらかの資金手当が必要でした。つまり、予想されるポンド資金の為替損失をカバーするためと説明していますが、実際にはすでに発生している為替差損を穴埋めするために、円の思惑投機をやったのではないかというのが、小倉さんの研究が指摘したことです。図式化すると左のようになります。

遊資の発生→海外短期資金運用・為替カバーの不足→イギリス金本位制停止→為替差損の発生とカバーの必要→ドル買いによる思惑・差損の埋め合わせ

この思惑は結果的には当たりました。何も起こらないだろうと思って、わずか一・五％の手数料を惜しんで生じるはずだった為替差損は、三一年末に金本位制が停止されることによって取り戻されただけでなく、莫大な利益に変わりました。

しかし、さんざん批判されていましたから、三井も「儲かった」とは公表できなかったようです。この中の太い実線が三井の取扱利益率です。三一年下期には大赤字というデータを計上していますが、前後を通して他行と比べてみると奇妙な動きです。住友は同じような水準で動いています。三菱は金解禁以降に利益率を回復していますが、三井だけは三一年だけ大損した後は、格段に高い利益を上げているからです。

実際の金額は、三一年の下期には二〇〇〇万円の損失、ところが三二年の上期には三二〇〇万円の利益でした。大損したと三井銀行は宣伝していたのですが、この図だけをみても短期間に回収した可能性が非常に高いのです。しかし、株式会社としての営業報告書では、外国為替利益がどのくらいだったのかが表に出てしまうために、こ

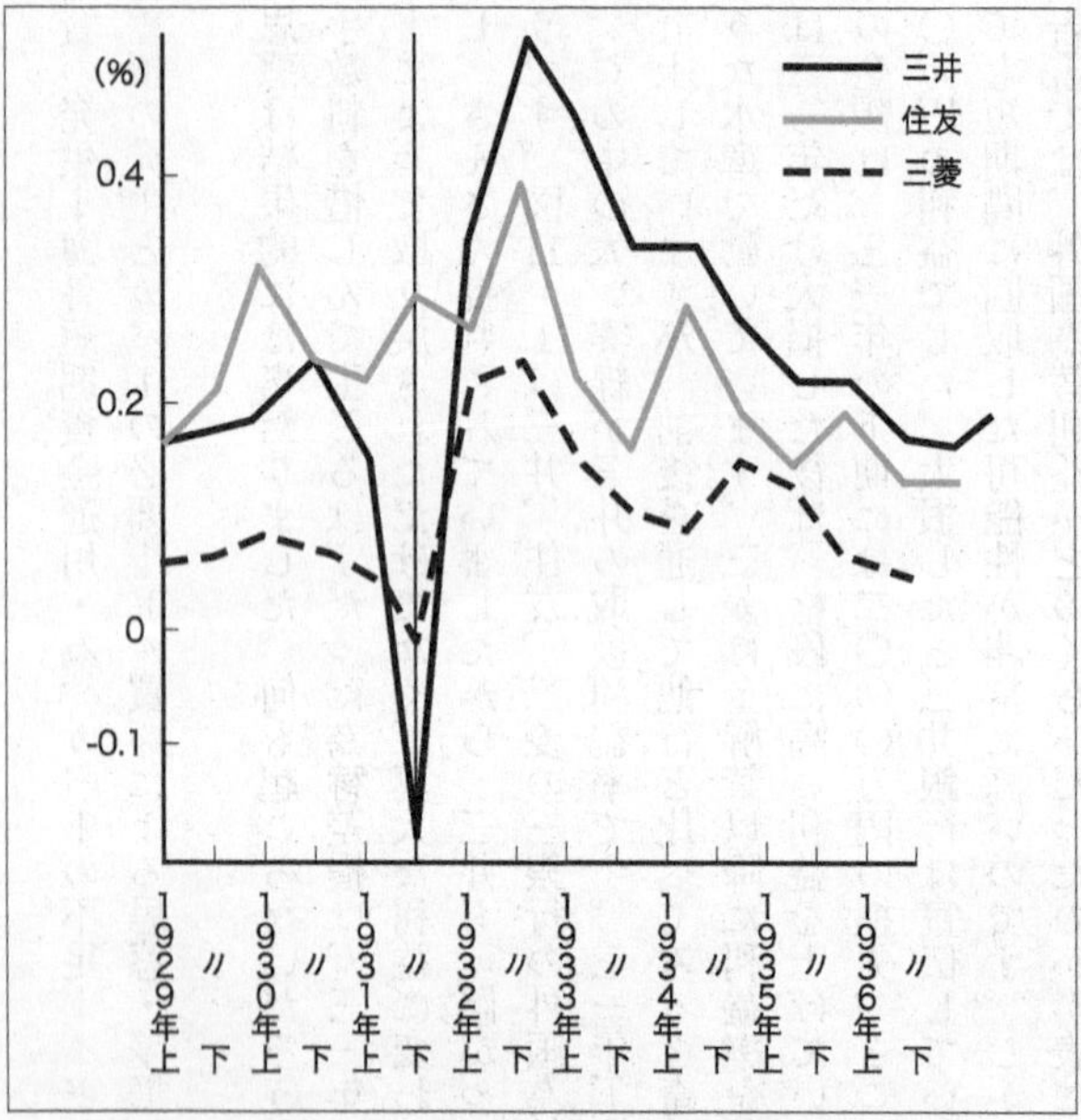

注）外国為替取扱利益率は、外国為替売買純益の期中外国為替取扱高（仕向け）に対する割合である。

図 11－1　主要銀行の為替利益率
（出典：前掲「〝ドル買い〞と横浜正金銀行」『両大戦間の横浜正金銀行』378 頁）

れを何とか処理しなければなりませんでした。そこで、三井銀行は経理上の操作によって、多額の償却を計上して一時利益を隠し、それを後で小出しにしています。経理を正常化するために五年くらい必要だったと言われています。

　要するに、三井銀行は自ら招いた失敗によって、思惑投機にかけざるをえないような状況に三一年九月に追い込まれていました。その限りでは、企業としては当然の行動だったとも言えますが、それは正常な取引を継続していくために必要だったのではなく、自らの失策の尻拭（しりぬぐ）いのためであったことは見逃すわけにはいきません。

　こうして三井銀行は巨利を得ました。この事件を通して財閥は経営的損失はなかったと推測できます。しかし、これによって財閥は非常に強い社会的批判に直面します。それに対処するために次章で説明するように高いコストを払うことになります。

第一二章　財閥の転向　改革のポーズと内部資本市場

はじめに

経済学はまだ発展途上の学問で、経済状態の変化に対して適切な処方箋（しょほうせん）を出して望ましい経済状態に導くことが必ずしもできないところがあります。九〇年ほど前にさかのぼった時、金解禁政策やドル買い事件が起こったころには、世界的に不況に見舞われていました。これに対して、井上準之助大蔵大臣は当時の経済学の基本的な考え方に沿って「金解禁政策」「金本位制」への復帰を実施するわけです。井上はそれが効果的な対策だと信じていましたが、世界的な大恐慌によってその期待は吹き飛んでしまいました。

一方、前章でお話ししましたように、三井の方はドル買いをせざるをえない内部事情に陥っていました。そういう相手に政府が金利を引き上げて金融面から圧力をかけたのは、少し強引でした。高橋亀吉は、『大正昭和財界変動史』（中巻）のなかで、「多分、三井は最後までがんばっただろう」と書いています。つまり、どんなことをしてでもドルを引き取るだろう、三井財閥であれば買い取りのための資金繰りはできたと推定しています。そうなると、井上の目算に反して金が流出し金本位制は維持できなくなったかもしれません。

先に倒れるのが政府の方なのか、三井の方なのかは、相当微妙なタイミングの問題でした。結果的には、民政党の内部で安達内務大臣が反乱を起こして政友会の方へ走り、その結果、一九三一年一二月一一日に民政党若槻内閣が総辞職して、一三日に政友会内閣に変わります。こうして金本位制は放棄されました。

1　テロと財閥批判

金本位制の放棄は、損失覚悟に追い込まれていた思惑取引で三井に巨大な利益を生みました。しかし、その後の展開で見逃せないのは、三一年秋にドル買いをしている財閥・銀行筋に対して政府与党が批判的な言辞を投げかけたことでした。「国賊」と財界のトップを批判したのです。こうして財閥に対する非常に強い批判的な世論が作り出されました。

よく知られている事例は、一九三一年九月の満州事変から「満州建国」というスローガンのもとで日本が中国の東北部を侵略して傀儡政権による経済建設を推進する際には、この計画の中心にいた関東軍は「財閥は満州に来るな」という形で三井・三菱・住友などの投資を拒みました。これも財閥批判のあらわれの一つでした。

この時代にはそういう「反財閥感情」が生じると同時に、厳しい不況のなかでたいへんすさんだ世相に変わりました。政府要人に対する暗殺という「テロの時代」が訪れたのです。かなり多くの人たちが暗殺やクーデターで殺される時代でした。さかのぼっても、第一次大戦後に東京駅で原敬首相が殺されるとか、安田財閥の総帥、安田善次郎が暗殺されるとか、日本の国内ではテロ事件がすでに発生していました。二九年に成立した民政党内閣も、首相浜口雄幸が東京駅で狙撃されて、しばらくしてから若槻礼次郎に交代しました。そういう流れがこの時期に集中的に、しかも激しさを増して表れてきたのです。

一九三二年二月九日、井上準之助が遊説中に文京区本郷追分の小学校で血盟団員によって暗殺されます。井上は自分自身で作り出した不況への不満を一身に受けるかたちで殺されました。それから一ヵ月もたたない三月五日に、今度は、三井合名の理事長・団琢磨が三井銀行本館前で暗殺されます。井上の事件の起こる前後から、血盟団など秘密結社が政府要人や財界のトップの命を狙っていることは噂になっていたので、団の側近たちも「危ないから警備を厳重にした方が良い」と進言したようです。しかし、団理事長自身は「何も悪いことはしていない」とまったく警備を強化しなかったといわれています。同じ三井でも、三井銀行の池田成彬は警備に抜かりはなかったようです。

そしてこの年の五月一五日には、いわゆる五・一五事件が起こって「話せばわかる」といった犬養首相らが殺害される事件が起こります。この事件以降、政治的には軍部の発言力が際限なく大きくなっていきます。そして一九三六年の二・二六事件が起こります。この事件では、不況からの脱出のために財政政策を駆使し、新しい財政の役割を示した高橋是清大蔵大臣などが殺害されることになります。「だるま」との愛称があったそうですが、手も足も出せずに殺されてしまいました。

余談ですが、高橋是清は銃弾と銃剣によって殺害されたと言われています。撃たれたうえになおかつ斬りつけられたたいへん無残な姿になったようで、襲撃隊隊長はさすがにその遺体のむごたらしさに目をそむけ、そばにあった着物を投げかけて「高橋これきよ！」と言ったそうです。岡田首相だけは、何とか難をまぬがれたのですが、多くの政府の要人が殺された事件の報告を受けた昭和天皇は、思わずフラッとよろめいたそうで、心配した側近が「陛下いかがなさいましたか」と声をかけたところ「朕は重心（臣）を失った」と言ったと伝えられています。二つとも山川出版社の『日本史こぼれ話』（近世・近代、一九九三年）に紹介されている笑い話です。

漫談はこれくらいにして先に進みますが、そんな時代状況のために、政治家も財界人も警戒しなければならなくなります。実際、二・二六事件の襲撃目標には第二次攻撃の相手として三井家の当主や池田成彬、そして岩崎小弥太の名前があったと伝えられています。未遂でしたが、そういう時代になっていました。

財界でもっとも衝撃を受けたのは三井財閥で、三井は団琢磨が殺される前から、民衆によるデモ、襲撃をくり返し受けていました。一九三一年一一月二日の新聞記事は、社会民衆党の首脳部ら有志一〇〇人あまりが、三井銀行本店にドル買いに抗議して押しかけたことを伝えています。社会民衆党の呼びかけに応じた人たちは、不況のなかで財閥だけが利益優先に走っていることに憤慨して押しかけています、この後、一二月に入って同じ社会民衆党系のデモ隊が三井本家の屋敷にまで押しかけて、病気療養中の三井高棟に面会を求めます。さすがに本人は出てきませんが、代表団が三井本家に詰めていた三井合名の理事たちと「団体交渉」する事件まで起りました。

これが財閥の転向をもたらす反財閥感情の世論が沸騰した事態を典型的に表していますこういう批判的な空気のなかで、財閥は、利益優先主義・もうけ主義という批判をかわすために、さまざまな対応を取ることになります。

2 「転向」の試み

具体的な対応は、一九三三年の終わりくらいから三四年にかけての組織改革、制度改革によって進展します。ただ、三井財閥は、そうでなくても何かやらなければいけない状態になっていました。というのは、三井の経営を担う専門経営者の筆頭にいた団琢磨が暗殺されたからです。しかも、本人は殺されると思っていませんから、後継者や組織などが全く内部的には準備されていない状態でした。だから、後の体制をどうするか、誰が次を引き受けるか、その時にどういう組織を作るのが適切か、などの問題が生じていました。そういう問題を解決すると同時に、外からの批判へどう対応するかが課題でした。

まず、一九三三年三月に本家の家長であった三井高棟が引退して、三井合名の社長は三井高公（たかきみ）に若返ることになります。それに合わせるように、団が座っていた三井合名会社理事長という椅子は空席のまま、九月に池田成彬が三井合名の筆頭常務理事、つまり事実上、団の後継者の地位につきます。そして、高公と池田成彬のコンビで、具体的な転向策が実施されていきました。通常いわれている「転向」の具体策は、次の四つです。

第一は、象徴的なものですが、三四年二月に、それまでは三井同族が就任していた三井銀行、三井物産、三井鉱山などの社長から一族がいっせいに退任したことです。つまり一族の社長がすべて辞め、同族が役員になっているのは三井合名だけとなりました。三井の各事業が三井同族の支配下にあるとの外観をできるだけ薄めようとしたのです。そのために、専門経営者をトップに据えました。

これと同時に三井物産で、「営業利益優先」の方針をとり、三井物産の象徴的存在と言われていた安川雄之助が事実上解任されました。これによって、財閥が「もうけ主義」に走っているという批判をかわそうとしました。この改革の評価は微妙ですが、ドル買いの最高責任者だった池田成彬にはまったく傷がつかず、むしろさらに昇進していくところがこの組織人事改革の微妙なところです。

第二に、三四年四月に「三井報恩会」を作ります。これは財団法人で、いろんな社会事業への寄付行為を目的としていました。この動きはすでに前年に三〇〇〇万円を失業対策事業に寄付をするなど、社会的な寄付を重ねるなかで生まれてきたものでした。一九三二年から三三年にかけて、ドル買いへの批判をかわすために、三井は非常に多くの金額を多岐にわたり寄付していました。

たとえば、軍人会館の建設費に、国際オリンピックに、講道館にというように寄付しています。その到達点として、「三井報恩会」が作られます。そして、報恩会がその基本財産の果実で寄付事業を引き継ぎました。三井は利益を社会に還元していることをそういう形で示します。設立に際して一〇〇〇万円は、三井合名が持っていた銀行預金を取り崩した現金、残りの二〇〇〇万円は三井銀行と三井信託の株式を現物出資して、合計三〇〇〇万円の基金で財団法人「三井報恩会」を設立しました。こうして社会事業への寄付を積極的に行うことで、三井はさかんに自らの経営方針の変化、「転向」を宣伝しました。

第三に、経済的に意味がありそうだと考えられているのが、「株式公開」です。経営のトップを専門経営者にかえても、三井系の企業が三井同族の支配下にあるという印象はぬぐえないために、このイメージを変えるために三井系企業の株式を公開しました。一般の株主に対して株式を公募するとか、三井合名が持っている株式を市場で売却して、新しい株主を迎え入れる方向を取り始めました。もっとも、具体的に三井が公開したのは、王子製紙の株一四万株や北海道炭礦汽船の株一〇万株、合計約二〇〇〇万円で、三井の直系事業ではありません。三井では財閥直系の企業の公開は実行されませんでした。この売却合計二〇〇〇万円と二〇〇〇万円分の三井合名保有株式を報恩会に出資したことは関連がありそうです。三井合名の重要な資産を寄付したことで財務のバランスが崩れたので、その部分を株の売却益で埋めなおした可能性が高いからです。株式公開はそういう側面をもっていたと思いますが、ともかく株の売却を通して三井系の事業に三井以外の人びとが参加できる可能性が広がりました。すでに公開されていた傍系会社株式のことですから、これも実質的な意味はみかけほどではないのですが、その点は後で説明します。

第四は、これを転向策に入れるのが適当とは思いませんけれど、三六年四月の役員定年制実施です。池田成彬は、その制度を作り、その制度に従って辞めてしまいます。同族にしても、あるいは専門経営者にしても長期的にわたって高齢になるまでトップ・マネジメントの椅子に座りつづけることに歯止めがかけられました。したがって、三井にとっては、非常に重要な改革でしたが、財閥の「転向」としてどういう意味をもつかは、少し評価がしにくい改革でした。

このように財閥批判に対応して、三井財閥はいろいろな手段で「私たちは利益優先ではありません」「利益の一部は社会に還元しています」「三井系の企業は三井同族のものではありません」、と変化を示そうと努力をしました。

詳しく説明する余裕はありませんが、三菱や住友も似たような対応をしています。いろいろな目的で多額の寄付を始めますし、三菱では、一九三四年に三菱造船所を三菱重工業に改組する時に大規模な株式公開を実行しています。この三菱重工業株の公開で三菱は、取得した売却プレミアム六七五万円のうち六〇〇万円を成蹊学園、農村救護事業、東京帝国大学航空研究所へ寄付しています。また、いわゆる三菱の「三綱領」が三菱商事において定められたのもこの時期でした。三つのうちの「処事光明」は取引のやり方について、「手段を選ばない取引」を戒めるものでした。これは、三菱商事が昭和恐慌に際して、やむを得ず国内取引も視野に入れなければならなくなっていたことを背景にしていました。そのときに、商事トップの三宅川百太郎は社内に向かって、国内取引の拡大に際しては、取扱商品分野に注意を払い、少なくとも、「小商人を圧迫しその利益を壟断するとの世間の批難を招く」ことがないように通達していました。評判を気にしていたのです（武田『岩崎小彌太』）。

住友の場合には、三五年に住友製鋼所と住友伸銅鋼管を合併して住友金属工業を作る時に株式の大規模な公開をして、住友系企業の封鎖的な所有を改めるポーズをとりました。つまり、財閥批判や反財閥感情の世論に対して、財閥は株式公開などを通してこの世論をやわらげようとしたのです。転向の試みとして、財閥の私的な性格をうすめるような対応をとるのがこの時代の特徴となりました。

3　株式公開の歴史的意義

そうした特徴が、本当に反財閥感情という社会的な情勢のなかで、それへの対応としてだけの意味だったのか、あるいはもっと積極的な意味をもっていたのか、さらに「転向」は本当に財閥の組織を変えるもので、事業の私的な性格を薄めるほどの意味をもっていたのかを考える必要があると思います。

結論からいうと、これは単なるポーズだったのではないか、内実はあまり変わっていないのではないかと思います。とくに三井にその疑いが濃厚で、繰り返しになりますが、株式公開をした企業は傍系の企業です。直系の三井物産・三井鉱山の株はこの時には公開していません。三井銀行は一九一九（大正八）年に株式を公開していましたが、物産と鉱山は公開していません。つまり、本丸は明け渡していないのです。だから株式の公開は、その売却額などからみると、大きな変化にはみえても、三井合名や三井同族の視点から三井財閥全体をながめた場合には、周辺の部分で起きた変化にすぎません。

中心部分の変化では、同族の社長が引退し、各社のトップが「同族から専門経営者に変わった」のですが、これも名目的なものです。前からお話ししているように明治の終わりくらいまでに、各直系会社の実質的な経営は専門経営者に委ねられるように変わっていました。三井高棟が銀行頭取であろうと物産社長であろうと、実際の経営は銀行であれば池田成彬、物産であれば安川雄之助が指揮していました。だからこそ安川は事実上解任させられるのです。同族の社長は象徴的な存在になっていたので、経営自体から見ると、それほど大きな変化を起こすことではありません。それでも宣伝効果は非常に大きいものですから、ポーズとしては重要な意味がありました。

他の財閥では、トップ・マネジメントから同族が撤退することはあまりみられず、共通するのは株式公開により一般の株主を迎えることでした。株を分ければ配当も一般の人たちにも配分されますから、財閥は利益も財閥の外に還元していると主張するわけです。この点をとくに強調していたのは三菱の岩崎小弥太でした。一九二〇年に三菱鉱業株を公開するに際して、その意図を「社会の進歩に応じ事業の発展に伴って資本の一部を社会公衆に分かち、できれば従業者をも参加するようにして開放的にこの事業を経営」する方向に進めることが、事業発展の自然の成り行きと説明していました。そして、小弥太は一九三〇年代には三菱重工業の株式公開を進め、さらに三菱合資会社を株式会社に改組し、その三菱本社の株も公開しています。彼は、それが事業を岩崎家の「私」の関係から切り離して、広い社会的基盤の上に置くことだと説明していました（武田『岩崎小彌太』）。

株式公開は、財閥本社の持株率が下がって支配力が落ちる危険性も伴いますから、それがどのようなかたちで進んだのかをもう少し立ち入って調べてみましょう。具体的な公開は、三井については、株式公開で売却した株が直系会社株ではありませんから評価は難しいのですが、住友と三菱については、大正半ばから敗戦にかけての時期にどのくらいの株式を公開しているか、そのことでどのくらい財閥が外から資金を入れているかを計算してあります。その結果を示したのが表12－1です。関連する詳しい分析は、『日本経済の発展と財閥本社』という書物で試みていますので、参照して下さい。

さて、表に示されているのは、一九二一年から一九二九年というような期間に、住友系の連系会社や三菱の分系会社が増資した金額と、その増資によって調達された資金について、財閥の内側から、つまり同族が出資したとかあるいは子会社へ本社が出資したなどの場合と、それ以外の一般株主から資金の払込みを受けた場合とに分けて

調達率(%)		1921-29	1930-36	1937-41	1942-45
住友	連系会社	29.6	30.7	52.3	50.4
三菱	分系会社	56.1	49.6	55.5	65.4
	本社	0.0	0.0	91.2	90.1
	小計	36.7	49.6	73.5	79.1

調達額(百万円)	1921-29	1930-36	1937-41	1942-45
住友	37.9	76.7	229.5	387.2
三菱	115.9	72.0	344.1	505.4

表12－1　株式公開と外部資金依存度
（出典：武田晴人『日本経済の発展と財閥本社』東京大学出版会、2020年、187頁）

計算した資金の出所別の比率です。

たとえば、一九二一〜二九年に住友は三七九〇万円の増資をやり、そのうち二九・六％が財閥の外からの資金に依存していました。三菱の場合には、同じ時期に分系会社で一億一五九〇万円の増資をしてその五六・一％が外部資金でした。

問題にしていることは、財閥の転向が始まった三二年から三四年くらいの大規模な株式公開です。しかし、実際に前後の時期と比べてみると、まず、増資の規模については、住友の場合には三八〇〇万円から七七〇〇万円で、年数が違いますがほぼ倍額、三菱は年数を考えればほぼ同額とみてよいことがわかります。

次に、もし、株式の公開に意味があり、それが三〇年代前半の特徴だとすれば、三〇年代の初めに外部資金の依存度が高まっているはずです。しかし、計算してみると住友では、一九二一年から二九年が二九・六％だったのに対して、三〇年から三六年は三〇・七％、三七年から四一年になって五割を超えることがわかります。このように日中戦争から太平洋戦争期には五割を超えるようになりますが、財閥の転向が盛んに宣伝された一九三〇年代前半には、それ以前の時期とほとんど変わらないことがわかります。

三菱はもっと極端で、一九三〇年から三六年は外部資金依存度が相対的に低い時期です。第二次世界大戦の時は約三分の二が外部資金ですが、三〇年代前半の外部資金依存度は五〇％を切っており、二〇年代より低くなっています。株式の公開とは、実際にはこういうものでした。

三二年から三五年にかけては、高橋是清大蔵大臣のインフレ政策で景気が上昇していました。しかも満洲国の建設や為替（かわせ）下落による輸入の不利化などの固有の環境があって、重工業を中心にかなり早い時期に景気が回復していきます。それでも高橋は低金利政策をとりましたから、金利が安い分だけ株が値上がりします。アメリカでは株の大暴落が起こっていますが、三二年から三三年にかけて日本の株式市場では市況が好転しています。株価が上昇する時代に変わっていました。株式市場が活発になっている時に、三井系の北海道炭礦汽船や王子製紙など、資産額でいえば日本のトップテンに入りそうな優良な会社の株が公開されればブームを呼び注目を浴びます。三菱重工業や住友金属工業のような優良会社が新発足することも、株式ブームの火付け役になりました。だから、財閥の株式公開は注目度も抜群でした。しかし、財閥の内部から見ると、その株式の公開によって外からの資金に依存して財閥が拡大しはじめたとは言えないのです。財閥にとって株式公開による変化は前後の時期を通してゆっくりと進んでおり、それほど急なものではありません。

なぜこの点にこだわるのかというと、財閥の定義として「封鎖的所有」が強調されているからです。これに対して、株式を公開することは子会社株主に一般株主が加わることで、その子会社の配当の一部が親会社に戻らないことになります。一〇〇%の時代には本社は配当全部を集中できると同時に、子会社が増資したい時には払込みの義務を負っています。本社に資金がなければ、外部の資金を入れる以外にはありません。本社が借りて払い込んでも、子会社が増資ではなく借りることにしても良い。そうでなければ、子会社の増資分を公募すれば良いわけです。一般株主に引き受けさせれば、同族（本社）は負担をゼロにしてこの子会社の増資の要求に応えられるからです。表12－1で出ている数字は、たとえば一九三〇年～三六年の三菱について言うと、この子会社全体の増資に対して外部資金が約半分利用されたことを示しています。これは「封鎖的所有」という財閥の特徴が崩れてきていることを意味します。利益を本社なりに集中していくシステムを維持しようとしてはいますけれど、それによって必要な資金が用意できる状態ではなくなっています。ただし、くり返し強調しておきますが、このような変化は第一次世界大戦期から起きていることです。「転向」の時代に特有のことではありません。

その変化をもたらした要因についての合理的な解釈は、子会社増資に本社（同族）が全額応じることができないため、外部から資金を調達するより仕方がないということです。もともと同族や本社は独自に資金を作り出す機構をもっていません。本社部門が手にする追加資金は、子会社が支払った配当金だけです。したがって、子会社配当金のプールを超えるような投資計画を子会社が立て、そのための必要資金を増資するなどして調達することを要求すれば本社は立ち往生することもあるのです。

こういう状態が起こるのは、おそらくは本社部門の発展、つまり子会社の配当支払いによって作り出される資金プールの拡大を超えるようなスピードで、子会社自身の事業が拡大している状況が一九一〇年代から続いているためです。そのために、財閥はいろんな意味で変化を遂げているわけで、三井合名の株式売買を調べてみるとその苦しい台所事情がわかります。

あまり長い期間についてくわしいデータがとれないのですが、表12－2のように、一九三三年から、つまり転向が始まったといわれている時期から、一九四〇年上期までに三井合名は簿価で約一億円の株式を売却しています。ところが、同じ期間にこれ

	株式払込	株式売却	差引	売却利益
合計	143,774	105,421	39,253	47,797
含む対同族売却分		169,655	▲25,881	74,779
三井鉱山	80,155	27,582	52,573	18,292
三井物産	22,432	0	22,432	
三井銀行	0	408	▲408	153
含む対同族売却分*		65,134	▲65,134	26,982
東神倉庫	0	9,990	▲9,990	0
芝浦製作所	13,046	8,469	4,577	4,503
王子製紙	5,434	24,083	▲18,649	10,480
北海道炭礦汽船	3,641	8,945	▲5,304	3,392
電気化学	240	1,312	▲1,072	536
鐘淵紡績・鐘淵実業	2,688	7,874	▲5,186	5,489
大日本セルロイド	1,493	2,500	▲1,007	1,426
日本製鋼所	811	3,941	▲3,130	1,597
その他	13,834	9,417	4,417	1,929

(単位:1,000円)

*印には、三井銀行のほか三井生命、三井信託の同族売却分を含む。

表12－2　三井合名の株式払込みと売却（1933年上期～40年上期累計）
（出典：前掲『日本経済の発展と財閥本社』、256頁）

を超える一億四〇〇〇万円の株式の払込みをせざるをえない状態が起きています。そのため三井合名は、「売却利益」、つまり公開に際して簿価を上回る価格で売却したことによる譲渡利益も払込みに充当したと推定することができます。こうしたかたちで子会社が必要とする増資へと対応していました。もう少し具体的にいうと、増資払込みのために資金では、三井鉱山と三井物産の資金需要が圧倒的な比率になります。三井鉱山は、株式の一部を本社から同族の方に移していますが、約五〇〇〇万円の払込みが必要になりました。三井物産では、二二〇〇万円ほどが必要になっています。そういう直系会社への払込資金のために、東神倉庫、王子製紙、北海道炭礦汽船、電気化学、鐘淵紡績、大日本セルロイド、日本製鋼所などの企業については、一方で増資に応じながら、他方でそれらの企業の株を売却し、かなりの額の売却益を得ました。これらの会社については、売却金額の方がはるかに大きいことがわかります。

三井では、三井鉱山・三井物産という直系の、「封鎖的な所有」をしている子会社の増資に必要な資金を得るために、三井合名が自分の持っている直系以外の会社の株を売却しています。この方式は第一次大戦期から実行されていました。これはなかなかうまいやり方でした。この当時は、株式評価益を損益計算に計上する必要はありませんでしたから、三井合名は所有株式を額面金額で資産に計上していました。したがって相当の含み益があるわけで、株式売却によってこれを資金化できるので投資額を増やすことができます。他面で、これには落とし穴があります。売却による持株率の低下がそれです。三井では、芝浦製作所（東芝）が一番の成長株になっていくわけですが、だんだん芝浦製作所の成長の方が早くなって三井の払込みが追いつかないために、芝浦製作所に対する持株率が落ちて三井の影響力が小さくなりました。王子製紙も、そして鐘紡も同様でした。傍系会社に対する三井の影響力が落ちていきます。つまり、含み益を現金にかえて三井合名の資金を調達する方法には、持株率が下がって子会社に対する影響力・支配力あるいは統制力が弱まってしまう危険があります。財閥は、事業を多角化し、その規模を拡大していく一方で、外縁部に対する支配力を弱めていきます。少なくとも弱まる危険をかかえるような状況になったわけです。

そこでその対策にも苦心します。三井では、売却先を一般の株主でなくて、たとえば比較的資金が豊富だった三井生命や三井信託にしたことがわかっています。株を子会社に分譲することによって売却益を本社が取得しました。たとえば、三井合名が五〇円で持っている株を三井生命に売る時に、同じ三井どうしだから五〇円で売るか市場価格の一〇〇円で売るかは選択の余地がありますが、実際には三井合名は市価に近い水準で売っています。

具体的な例がわかるのは、三井物産への合名の株式の売却ですが（表12―3）、物産に対して、取引関係がある三井系の子会社の株を売却しています。電気化学・北

銘柄	株数	価格 (1,000円)	合名簿価 (1,000円)	差引利益 (1,000円)	推定売却 価格(円)	36年平均 市価(円)
電気化学　旧株	6,000				64.3	58.1
新株	19,200	1,312	768	544	48.3	41.4
北海道炭礦汽船	50,000	4,000	2,400	1,600	80.0	76.2
王子製紙　旧株	10,000					99.1
新株	30,000	2,050	975	1,075	117.1	24.8
芝浦製作所	20,000	1,900	819	1,081	95.0	104.9

表12－3　三井物産への株式売却（1936年下期）
（出典：前掲『日本経済の発展と財閥本社』、257頁）

炭・王子製紙・芝浦製作所などがこの時期に売られた株の中心ですが、この取引のやり方を推定すると、次のようになります。

たとえば、電気化学株の簿価は合計七六万八〇〇〇円でした。ところが売却価格は一三一万二〇〇〇円、つまり帳簿では、約七七万円の株を一三一万円で三井物産に売り三井合名は約五四万円の売却益をあげています。同じように北炭の株でも一六〇万円の売却益を得ています。王子製紙の株でも約一〇八万円です。芝浦製作所株でも一〇八万円を得ています。株式公開では通常、資本市場（株式市場）で株を売っていると考えるのですが、そうではなく財閥の内側に合名会社の持っている株を市場の価格に見合いながら内部で売買する市場があったのです。

前章でお話ししましたように、内部資本市場とでも呼ぶべきものの中で、合名会社は独自に資金を得るために、生命保険あるいは事業子会社に株を売却します。この内部の取引を外側の市場での株価の変動を見ながら実行し、結局はそれまで積み立てていた秘密積立金、つまり株の値上がり益を現金化しています。そしてもし時価が下がったら、買い取った子会社に評価損が発生するリスクを負わせています。別の言い方をすると、子会社の利益の一部を配当とは別の形で吸い上げていることにもなります。他面、生保など金融機関については、生命保険料とか金銭信託とか損害保険料とかで資金が入っています。いわば外側の金融市場と内部資本市場とをつなぐ窓口になっているところですが、そういう金融機関が財閥に資金を注入させる役割を果たしたのです。

まだこの時代には、相互持合いというほどではないのですが、結果的には三井生命が三井銀行の株をもつなど、株式の持合関係に近い性格ももつようになってきます。かつては株式は全部本社に集中されていたのですが、それが子会社への分与によって、資金の源泉が多様化していきます。これが財閥の転向をきっかけにして起こったことだと思います。それは経済発展とともに財閥が発展していくためには、同族の資金蓄積だけではこれだけの事業を支えきれなかったことを表現しています。「封鎖的な所有」という原則は、どこかで崩さなければ財閥は経済成長に遅れる危険がありました。その改革のチャンスを、財閥批判による転向は与えたのだと思います。

実態的には、最初の表で説明したように外部資金を入れた点でいえば、三〇年代はとりたてて大きな変化を示した時期ではありません。第一次大戦のころから似たようなことを始めていました。しかし、財閥批判は、専門経営者にとって、同族を説得し、封鎖的所有の制約を緩和させるうえで都合の良い口実を与えました。こうして財閥は、時代に対応していったのではないかと考えるわけです。

第一三章　戦時体制と財閥　優先された出資者利害

はじめに

日中戦争が始まるころまでは、法人税率も低く企業優遇の租税制度でした。また、個人の所得税も、配当所得については税率が低いなど優遇されていました。一九〇五（明治三八）年に遺産税という税金が作られてから現在の相続税につながる税金もありましたが、これも現在の税率から比べればはるかに低い税率でした。

ところが戦争が本格化すると、あらゆる経済資源を戦争のために集中しなければいけなくなります。国にとってみれば、先立つものはお金です。そのお金の調達方法は、高橋是清大蔵大臣が考えだした「国債の日銀引受け」です。これが国債の乱発に結びついたという反省から第二次世界大戦後の財政法では「日銀引受け」は原則として禁止されますが、政府が発行する国債を日本銀行がただちに買い取る仕組みですから、政府は市場で国債が売れるかどうかを心配しないで済みます。

このやり方が可能だったのは、「金本位制」停止に伴い、日本銀行券の発行限度が大幅に緩和されたからです。金本位制であれば、日本銀行の金準備を基準にした限度でしか日本銀行券は発行できませんでした。ところが、一九三二年からはかなりの幅で伸縮可能になります。だから、国債引き受けのための日銀券増発ができたのです。もちろん、際限のない増発はインフレの懸念がありますから、高橋大蔵大臣の時代には、日本銀行は事後的に国債を市場で売却して、日銀券を回収しようとしていました。しかし、二・二六事件以降、その歯止めもなくなってしまいました。

しかし、これは借金ですから返さなければいけません。そして、国が借金を返す方法は、税金を集める以外にありません。政府の基本的な財源は税金ですから、戦争を遂行するためには、財政赤字を補塡する増税が不可欠でした。そのため一九四〇（昭和一五）年に大増税計画が作られました。この戦時増税分を加えると、法人や個人の所得税が高額所得者では所得の六割くらいになり、相続税率も倍くらい高くなりそうだというので大資産家たちに深刻な影響を与えることになりました。これが、戦時期の財閥の変化を考えるうえでは重要な要因になります。

この点に立ち入る前に、まず、戦時経済と財閥の関係、つまり戦争遂行に有力な財閥がどんな役割を果たしたかを考えておく必要があります。

1　戦時経済と統制

一九三八年に国家総動員法が制定され、この法律に基づいてあらゆる経済的な資源を戦争のために集中的に投下することになりました。国家総動員法は「戦時経済遂行のために必要な措置は、政令をもって定めることができる」という無限定な委任立法で、戦争目的に合えば、政府は議会の承認なしに何でもできることを認めた法律でした。たとえば、企業の投資、配当なども統制できることになります。公定価格制度も、総動員法に基づいています。しかも、こういう統制は、はじめると際限がないくらい統制の網がどんどん広がっていくことになりました。

戦争中に財閥の企業行動を大きく制限していく条件の一つは、新規投資が方向づけされるようになることです。生産力拡充計画によって、重点産業への投資が政府によって積極的に促されます。したがって、その重点産業でなければ十分な資金も得られません。それだけではなく物資の統制が加わりますから、せっかく投資しても不急不要な産業だと思われれば必要な原材料も来ませんし、労働人員の配分も不十分になります。

このように企業の投資計画・事業計画に、外側からいろいろな制約がかかっていく状況になります。そのなかで財閥は、戦時体制の動きに合わせて自分たちの利益の拡大・事業の拡大を計ろうとしていきます。

結論からいうと、戦時の変化の事業拡大の方向に財閥は柔軟に対応していきました。日本の戦時経済の遂行にとって財閥の果たした役割は非常に大きく、戦時重化学工業化の主役は財閥でした。

2　重化学工業化の主役としての財閥

表13－1は戦時中に財閥の事業が産業分野別にどのくらいの位置を占めていたかを示していたものです。この表では、銀行や保険を中心とした金融業と重工業、そして財閥全体の払込資本金がそれぞれの分野でどのくらいの比重を持っていたかを示しています。

たとえば、金融では一九三七年に金融業へ投資されている資本金額のなかで、三井傘下企業の資本金額が四・三％、三菱は東京海上など保険の部門が大きいので七・七％、住友が三・六％で三つの財閥で一五・六％を占めていました。資本金を基準とすると金融部門の六分の一くらいを三大財閥が占めていました。

これを一九四一年（太平洋戦争が始まった年）と「指定時」――これは特有な表現で、財閥解体措置によって解体の対象として指定された時点のことですが、敗戦時と同じと考えてよいものです――と比べてみます。金融では三井・三菱がとくに一九四一年以降、太平洋戦争期に急激に地位を上げています。三井の地位上昇は、第一銀行と合併して帝国銀行になったこと、三菱の地位上昇は第百銀行を合併したことなど、いずれも戦時の金融統制が影響していますが、三大財閥合計では一九三七年に一五・

		三井	三菱	住友	合計
金融	1937	4.3	7.7	3.6	15.6
	1941	4.5	8.0	3.7	16.2
	指定時	13.9	13.1	5.4	32.4
重工業	1937	5.9	5.2	3.4	14.5
	1941	7.8	6.0	3.6	17.4
	指定時	12.7	10.7	8.3	31.7
合計（傘下のみ）	1937	3.5	3.3	2.1	9.0
	1941	4.4	4.3	2.1	10.8
	指定時	9.5	8.4	5.2	23.1
合計（含本社）	1937	5.2	3.9	3.0	12.1
	1941	5.3	5.0	(2.6)	(12.9)
	指定時	10.7	9.1	5.8	25.6

（単位：%）

表13－1　三大財閥の位置
（出典：前掲『日本経済の発展と財閥本社』、182頁）

六%、四一年には一六・二%だったのが、敗戦後には三二・四%、つまり三大財閥だけで、全国の金融業の三分の一くらいを占めていました。

重工業は、財閥が比較的投資が遅れていたといわれていた分野ですが、三大財閥合計で一四・五%からかなりテンポよく拡大します。とくに太平洋戦争期に急拡大し、敗戦時には三井一二・七%、三菱一〇・七%、住友八・三%と、重工業部門でも全体の三割を超えるシェアでした。

その結果、三大財閥傘下の企業全体の合計も大幅に構成比を高めています。「合計」の「傘下のみ」と書いてあるのは、傘下の子会社だけで計算した場合で、九・〇%から二三・一%、本社を含めると一二・一%から二五・六%です。

　金融や重工業は、戦時中に財閥が比較的伸びた部門で、その部門で三割強、全体で二五%くらいを三つの財閥だけで支配しています。このように圧倒的な地位を三大財閥はもっていました。それまで財閥はさまざまな分野で子会社を傘下に加えていました。戦時体制期には重化学工業、とくに機械工業（航空機や兵器の生産など）を中心に産業構造が大きく変わりました。製造業のなかでの重化学工業の分野の比率は、一九三〇年には二五%くらい、三七年で三〇%強ですが、戦争が終わったときには六〇%を超えるくらいになります。つまり重化学工業が産業のなかで一気に伸びました。このように産業構造が急激に転換していったの対応して、三大財閥はかなり柔軟に投資分野を変えて重化学工業部門を拡大しています。戦争経済によるさまざまな投資の制限とか投資集中の要請に応えて、財閥は必要な分野へと資金を集中して重工業では高いウエイトを占めるようになったのです。

　この重化学工業への投資集中については、表13-2をみるとわかります。一九三七年と四一年と敗戦後（「指定時」）について、それぞれの分野にどのくらいの払込資本金を持っていたかと、その右側に増加分の寄与率が示されています。寄与率とは、そ

		分野別構成比			増加分の寄与率	
		1937	1941	指定時	1937～41	1941～46
三井	金融	11.5	5.4	5.5	―	5.6
	鉱業	26.5	25.1	15.8	23.8	8.9
	重化学	22.1	39.9	56.6	55.9	68.9
	軽工業	13.8	12.2	8.9	10.7	6.6
	その他	26.0	17.4	13.2	9.8	10.1
三菱	金融	22.1	10.6	6.2	―	2.4
	鉱業	18.6	20.3	10.6	21.9	2.3
	重化学	27.1	36.5	57.5	45.2	75.4
	軽工業	11.5	7.7	2.5	4.1	△1.9
	その他	20.7	24.9	23.3	28.8	21.9
住友	金融	15.1	10.3	4.1	―	0.7
	鉱業	8.8	6.1	7.2	―	7.8
	重化学	35.2	65.5	80.5	131.4	88.7
	軽工業	9.4	1.4	1.8	△16.0	2.0
	その他	31.4	16.7	6.4	△15.3	0.8

(単位:%)

表13－2　各財閥の重化学工業投資
(出典：前掲『日本経済の発展と財閥本社』、185頁)

の期間に、たとえば三井の投資がどれだけ増加したかを計算したうえで、その増加額全体に対して産業の分野ごとの増加分がどれだけの比重を占めたかを示したものです。

三井の重化学工業についてみると、一九三七〜四一年では、三井が新たに投資した金額の五五・九％が重化学工業分野に投資されていました。三井では、一九三七〜四一年の期間に重化学工業分野に鉱業部門を入れると、八割くらい集中的な投資が行われたのです。四一〜四六年には重化学工業だけで七割弱です。つまり、三井財閥はこの時期にかなり規模を拡大していますが、その拡大をもたらした投資は重工業部門へ集中していました。

同じような投資集中の傾向は三菱にも見られます。三菱の場合には、太平洋戦争期に新規投資の四分の三くらいが重化学工業分野に集中しています。

住友の場合にはもっと激しくて、三七年から四一年に一三一％で、これは、軽工業部門での投資を引き揚げて重工業に投下した結果です。このように戦争協力のために、重工業を中心に財閥は投資を拡大しました。ここに財閥が経営環境の激変に柔軟に対応して戦時経済の主役でありつづけたことが示されています。ただそれは財閥がもっていた「封鎖的所有」などの固有のシステムとの関係では少し「ずれ」があります。

戦争経済の拡大のテンポはかなり早いものでした。物資の面ではどんどん制限が厳しくなっていくわけですが、少なくとも一九四三年の秋くらいまでは、戦争関連の物資では生産が拡大していきます。もっともその時期には中小工業の転廃業とか、あるいは綿工業のスクラップ化など資源を戦争のために集中する経済になっているために、経済全体の拡大のテンポは落ちていますが、それでも戦争のための重点領域は四三年くらいまで拡大が続きます。

そのなかで、財閥が重化学工業へ大量投資するために十分な資金を調達できるしくみをもっていたかというと、必ずしもそうではありません。その点を確かめたのが表13－3です。これは各財閥について、それぞれの分野の子会社に対する持株率を計算したものです。三井の鉱業で一九三七年が七三・九というのは、三井が三七年に傘下におさめている鉱業部門の子会社発行株式の七三・九％を三井の同族、合名会社、三井関係の子会社で持っていることを意味します。三井は持株率が全体的には高いのですが、一九三七年から四五年にかけて持株率はゆるやかな低下傾向にありました。三菱の場合には、化学工業の子会社を新しく傘下に入れたために、四一年に一度持株率が上がるのですが四五年にかけて四割に落ちます。三井ではぎりぎり過半数という線を敗戦時でも維持していますが、三菱や住友は四割まで持株率が落ちたことがわかります。

つまり、かつて「封鎖的所有」といわれた財閥は、株式の公開を通して持株率を下げていました。この傾向は、戦時経済でも続きました。もし財閥の本社に十分な資金

		持株率(A)			増加分の財閥内払込率(B)	
		1937	1941	1945	37～41	41～45
三井	鉱業	73.9	87.4	56.6	100.8	△8.0
	金属	73.5	36.8	35.6	27.3	35.2
	機械	44.3	35.9	55.6	34.6	65.4
	化学	29.0	17.4	42.4	8.8	54.7
	小計	57.8	51.1	50.0	47.6	49.3
三菱	鉱業	50.9	46.2	49.0	42.5	72.1
	金属	43.0	34.2	60.9	30.8	69.4
	機械	54.5	52.1	33.1	50.8	27.1
	化学	6.9	82.7	51.0	128.2	16.9
	小計	45.9	53.2	40.0	57.8	32.4
住友	鉱業	83.5	86.4	86.2		86.1
	金属	50.4	52.4	39.0	53.3	32.2
	機械	39.2	43.2	33.2	45.2	30.9
	化学	27.3	14.1	31.5	△7.3	41.6
	小計	49.1	46.6	39.2	44.8	36.4
統計	三井	62.9	45.5	49.8	27.9	52.6
	三井(*)	62.9	54.5	49.8	67.8	45.5
	三菱	46.5	47.5	30.7	48.5	17.5
	住友	46.5	50.7	41.5	59.3	36.7
	合計	52.9	47.3	41.0	41.1	36.8

三井(*)は物産を含む。　(単位:%)

注)出典で財閥内の持株率が示されていない場合には、他の資料で補ったが、37、41年については、不明の者は持株率をゼロとして財閥の持株額には算入していない。そのため幾分この間の持株率が低く表示されていることになる。

表13－3　財閥の持株率
(出典：前掲『日本経済の発展と財閥本社』、188頁)

があれば、わざわざ持株率を下げ影響力を落とすようなことはしないでしょう。したがって、子会社の増資のテンポの方が本社の資金量の増加のテンポよりはるかに早かったために、持株率が維持できず株式を公開し、外部から資金を積極的に入れたとみることができます。

財閥の蓄積力は、戦時経済の展開に追いついていなかったのです。けれども、株式会社制度を利用して持株率を下げながら産業に対する影響力を広げていました。それが最初に見てもらったような一五%くらいから三割くらいという表13−1の比率の増加です。

しかし、これにはさらにカラクリがあります。表13−3では本社の出資分は、内部の資金とみています。もともと財閥は同族からの一〇〇%出資を基礎にしていましたからそれでよかったのですが、戦争中にはその前提も怪しくなりました。その点を調べたのが次の表13−4です。もし持株会社が完全に同族の支配下にあり、同族の出資に依存しているとすれば、原則として長期の借入金等がない方が望ましいはずです。なぜかというと、一般的に長期の借入金の増加は貸し手の銀行が経営に介入する可能性を大きくするからです。また、借入依存の投資は、利子を払う分だけ持株会社の利益率を下げるため、借入依存度が高いことは、あまり望ましい状態ではありません。実際に三井合名などは、一九三〇年代の初めまで、事実上無借金でした。短期的には

	調査時期	資産総額(A)	自己資本(B)	長期借入金(C)	B／A	C／A
三井本社	1946年9月	1,162	625	450	53.8	38.7
三菱本社	1946年9月	609	361	235	59.3	38.6
住友本社	1946年9月	524	244	(247)	46.6	47.1
安田保善	1946年9月	163	37	119	22.7	73.0
富士産業	1946年8月	2,211	69	1,956	3.1	88.5
日　産	1946年12月	16.9	6.7	5.3	39.6	31.4
浅野本社	1946年12月	92.4	15.0	77.4	16.2	83.8
渋沢同族	1946年12月	16.2	9.0	7.0	55.6	43.2
大倉鉱業	1946年12月	176.6	57.8	72.4	32.7	41.0
野村合名	1946年12月	74.1	18.8	50.6	25.4	68.3

(単位：100万円、%)

表13－4　持株会社の資本構成
(出典：前掲『日本経済の発展と財閥本社』、195頁)

ともかく、本社は長期の借入金がありませんでした。ところが、その状態は維持できませんでした。表13－4は、財閥解体指令を受けた有力な持株会社の一九四六年の秋から同年末にかけての資本構成を示していますが、三井本社では長期の借入金が総資産の三八・七%、三菱でも三八・六%、住友で四七・一%と、戦争が終わった時にはいずれも四割前後を長期の借入金に依存する状態になっていました。

つまり、戦時期に本社は外部資金を入れることを認め、自らの支配力を維持するために必要な資金の一部を、借入金などでまかなっていました。本社にも外部資金が入ってくるので、それを加えて財閥の内側から出たか、外側から出たかを考えてみると、外部から集めた資金の比重はこれまで見てきた以上に多くなっていると考えられます。

このように、財閥の借入金依存度が、傘下の子会社はもちろん、本社部門でも高まることによって、財閥が財閥らしくなくなっていく、「封鎖的所有」という特質が薄められていきます。三菱では本社を株式会社化し、その株式も公開していますから、そうした変革によって、多数の株主による共同出資の形態に近づいていきました。

それでは財閥は、この時期に同族の支配から脱して、公共性を有するような株式会社企業になったかというと、そうではありませんでした。その点は後でお話しすることにしまして、もう一つこの時期の財閥の変化を説明する要因があります。

それは、一九四〇年代にはいって政府が資金統制のためにいろいろと投資の分野に口を出すようになったことです。その結果、さまざまな分野でトラブルが起こります。たとえば三菱重工業が増資するので三菱本社が資金を調達しようと計画したのに対して、「本社にわざわざ一回資金を流したうえで重工業へ流すのは、戦争経済の観点からみれば効率が悪い。三菱重工業へなら資金を割当てるが、三菱本社には資金を出さない」という横槍が入ります。政府が財閥のシステムそのものを崩しはじめていくのです。

それだけではなくて戦争経済で一番大事なのは、兵器を作ることです。極論すればいくらかかろうとモノができればよい、だから軍事産業は、一般的にコスト意識がない典型的な産業になります。戦争に必要なものを作るために、お金をばらまくだけでよければ一番手っとり早いのですが、問題はどうやって人的・物的資源を集中するかの方です。極端に言うと資金は、物の生産を促すための補助的な手段にしかなりません。だから戦争の終わりの方になると命令融資制度などができて、たとえば航空機の増産を軍がある工場に対して命じると、銀行は自動的に無審査で資金を貸さなければならなくなりました。

さらに、一九四三年末からは、指定金融機関制度が生まれます。これは、たとえば三井鉱山にお金を貸す銀行は帝国銀行、三菱重工には三菱銀行、日産には日本興業銀行というように貸し手と借り手の関係を一対一の関係に一本化させるものでした。これは、第二次大戦後のメインバンクとは違います。

メインバンクでは幹事銀行は一つか二つに決まっているわけですが、実際に貸している銀行はメインバンクだけではありません。これに対して、戦時の制度は、一企業に対して一銀行だけです。銀行からみると、一つの企業に対して大金を貸すというのは危なくてできません。そこで、リスクを分散させるために、メインバンク・システムでは、協調融資が行われます。この協調融資体制は、幹事銀行がある程度貸付審査の責任を負っています。しかし、戦争中には貸し手を一つに決め、一対一で資金供給の窓口とする指定金融機関制度では、審査はありません。

こういう制度ができると、軍の注文さえとれれば、お金は必ずついてくる。必要な資金は指定金融機関が必ず貸してくれます。軍の注文ですから、軍需省も必ず必要な資材を配分してくれます。そうなると、企業は増資などを考える必要もありません。注文さえ取ってくれれば必要な資金は手に入ります。自己資本比率が下がりますが、軍の注文ですから買い手がいて、確実に代金は入るので資金繰りには困りません。企業は増資ではなく、銀行からの借入れに依存して急激に成長できることになっていきます。

こうなると企業は「企業らしさ」というか、企業独自の機能を失います。全体の動きはそうした方向に流れていますから、表13－1で払込資本金を基準にすると財閥の地位が大きいといっても、一九四一年から四五年にかけては払込資本金の役割が小さくなっていました。だから資本金の比重だけから判断して、財閥の成長をあまり大きく評価するのは問題があります。もちろん、時代の変化に合わせるように、財閥は本社も含めて借入金依存度を高めて、投資拡大を続けたことも事実です。

このようにみてくると、戦後の財閥解体に先行して、一九四〇年くらいから財閥は「財閥らしさ」と考えられるような特徴を次第に失って、事実上解体過程に入ったと評価する人たちがいるほどの大きな変化を遂げていたことがわかります。

3　財閥本社の株式会社化

具体的には、まず本社の株式会社化が進みます。それまでは、三井合名、三菱合資、住友合資といわれるように、本社部門は株式会社ではありませんでした。株式会社にしていない理由の一つは、出資が封鎖的であれば株式会社である必要はないからです。しかも、合名会社・合資会社であれば、株式会社と違って経理を公開する必要がないことも、合名会社や合資会社を採用するメリットでした。

ところが、一九三七年から四〇年にかけて財閥本社の企業形態は急激に変化します。まず最初に、一九三七年三月に住友が住友合資会社を改組して株式会社住友本社になります。三七年一二月には、三菱も本社を株式会社化します。株式会社三菱社を作って、本社部門を法人形態としては株式会社へ改組しました。三菱はこれを前提にして、一九四〇（昭和一五）年には三菱社（一九四三年に三菱本社と改称）の株式を公開しました。同族からの出資に限られていた本社の株も一部を公開して外部から資金を入れました。こうして、同族の封鎖的な出資という本社部門の特徴を三菱がまず崩していきます。

なぜ、こういう改組が行われたかについては、一九三七年に『住友コンツェルン読本』を書いた西野喜與作（にしのきよさく）さんが、「日中戦争以降、相次いでいる増税に対応するためだろう」と書いています。西野さんの推定によると、住友当主の個人所有の税負担が所得税法や租税特別増徴法、臨時租税増徴法の付加税などだけで所得の六割くらいになっており、それにさらに新しい税金が加わると税負担はだいぶ重くなる。しかも、住友本家の相続税は、住友家の総資産が仮に二億円だとしても四千万円を超えるくらいになりそうで、このような状況に応じて住友内部で租税対策を始めたのです。この住友の改組の事情については、山本一雄さんの『住友本社経営史』が刊行されて克明に明らかにされました。

この面で、一番対応が遅れたのは三井です。三井も三七年ごろから内部的にはいろいろ議論し始めるのですが、同族の数が多い財閥ですからなかなか意見がまとまりません。そして、最終的に一九四〇年八月、三井合名会社を株式会社三井物産に合併します。三井物産を三井合名が吸収合併したのではなく、子会社である三井物産が本社の三井合名を吸収合併したのです。おかしな感じがしますがこれが事実です。この合併によって本社部門は経理を公開せざるをえなくなります。三井物産は、三井の本社部門としての役割と貿易商社としての三井物産の役割との両方を担うことになります。そして四二(昭和一七)年に三井物産は株式を二五%公開します。三井の本丸も株式を公開しました。その上で四四年に三井物産は三井本社と改称して商事部門を分離し、新しく三井物産という会社を作ります。つまり、三井物産をトンネルにして本社が株式会社になったのです。法人格の継承性からいうと、三井物産が継承会社として三井合名を吸収合併したうえで、その三井物産が三井本社と名前を変えてから商事部門を株式会社形態の子会社として分離しました。

以上のように一九四〇年代にはいって財閥本社は、株式の公開を通して「封鎖的な所有」から脱皮していくことになりました。このような組織改革の背景の一つは資金の負担が急速に増大したため、投資資金を集められる組織形態に改めなければいけなかったことです。しかし、それだけではなく、同族のお家の事情が関係していました。

4　財閥本社の改組と租税負担

表13－5に三井合名の配当金と相続税の負担額を示しました。一九三六年に三井同族のなかの北家と若松町家で、相続税の支払いが始まります。そのころから税金の増加も問題になり、三井合名ではいろいろと対策が検討されていました。

表の二列目は合名会社が同族に支払った配当金で、おおよそ年三〇〇〇万円弱くらいが支払われています。それに対して三九年時点で判明している限りで、三六年から四六年にかけて、支払うべき相続税額が合計で六七八三万円です。次々と当主が死んで、三六年に北家と若松町家だったのが、三七年にはさらに伊皿子家が加わり、三八年には新町家と南家、四〇年には永坂家が加わります。一一の同族のうち六家が相続税を支払わなければいけなくなったのが四〇年初頭のことです。

	配当金	相続税	比率
1936年	17,300	3,381	19.5
1937年	28,000	4,974	17.8
1938年	23,800	8,389	35.2
1939年	27,350	8,389	30.6
1940年	29,820	9,691	32.5
1941年	(30,000)	9,691	32.3
1942年		9,691	
1943年		6,310	
1944~46年		7,316	
計		67,832	

(単位:1,000円、%)

表13－5　三井合名の配当金と同族の相続税支払い
(出典：春日豊「戦時体制への移行と財閥の再編成」『三井文庫論叢』21号、三井文庫、1987年、306頁)

同族には、毎年約三〇〇〇万円の配当金が合名会社から入ってきます。これが唯一の収入源で、その約三分の一近くが相続税の支払いで消えます。もちろん、所得税も支払わなければいけません。その税率は、もし、前述の西野さんの計算が正しいとすると、三六年時点で高額所得者の所得税負担は約六割になるわけですから、三割と六割を税金で持っていかれると、残りは一割です。「これはとんでもないことが起こったぞ」ということに気がつかされたのです。

問題がむずかしいのは、財閥が特有のシステムをもっていたことに関係しています。それが「総有制」です。三井でいうと、一一家全体で三井の資産全部を一体としてもっていました。総有制の特徴は分割しないことです。つまり、一つひとつの家の持ち分は決められていますが、たとえば北家は北家の持ち分を回収できません。回収できれば相続税を払うのは簡単です。相続税を支払わなければいけない家は、税金を払うために資産を売って税金を納めることができます。

三井同族の最大の資産は合名会社への出資金です。この合名会社の資産評価額は一九四〇年初めで八億九二二四万円でした。三井合名への出資額は二億五〇〇〇万円ですから、出資の三倍以上にあたる資産価値が生じていました。この約九億円に対して相続税がかかってくるわけです。仮に税率が二割だとしても、一億八〇〇〇万円を支払わなければいけません。出資二億五〇〇〇万円をすべて回収しても七〇〇〇万円しか残りません。

しかも、問題なのはこの「総有制」の制約でした。ある家が相続税の支払いに直面しても、その持ち分を回収できないので、課税の対象になっている資産そのものが資金として使えないのです。本来、相続税というのは個人に帰属する近代的な所有権を前提にしていますが、総有制はそうした個人の所有権を制限していました。そこにずれがあります。そのために、いろいろな方法を検討しました。

一番良い方法は、この「総有制」を崩すことです。一九二六年に住友友純(ともいと)が死去して相続税の支払いに直面した住友では、この時の経験を生かして、住友合資会社を解散してその資産の一部を住友本家と連家に分与するとともに、本社部門を株式会社化することで、本家・連家の出資を株式形態に換え、これを担保に銀行からの借り入れが可能な形式を整えました。総有制という原則の維持と相続税等の負担への対応と両立させるぎりぎりの対応だったと思われます。

三井は事態が深刻化しつつあるのに気がつくのが遅かった面がありますが、住友も友純の死去がなければ対応がスムースであったかわかりませんから、これについてはそれ以上追求できません。ともかく三井は、出遅れたこともあって打てる手が限られていました。

「総有制を崩す」ためには、三井合名という会社を解散する必要があります。ところが、そうすると次のようなことが起こるということがわかりました。八億九〇〇〇万円あまりの資産を持っている三井合名を解散した場合、税金として五億一五〇〇万円を徴収されてしまうのです。これは、会社の清算所得に対する課税で、住友合資が解散したときよりも税率が引き上げられ、負担が激増していました。出遅れたために清算所得への課税が五億円余り生じます。だから、差引正味で三億七〇〇〇万円くらいしか残らないのです。これではだめだということになります。

それではというので、合名会社が持っている株式を売却するという、前から資金に困ったときに使ってきた方法も検討してみました。株を売って含み利益を出してその利益を同族に配当して、そこから相続税を払う方法も考えたのですが、これも税金の網にひっかかりました。売却利益の約五割が法人に対する所得税でとられるのです。

そのうえで、その残り五割を配当すると、その七割を同族に対する所得税として納税することになることがわかりました。計算してみると、手元には一五％しか残らないので、これもやめた方がよさそうだということになりました。

そこで考え出されたのが、合名会社を解散しなければ清算所得税はとられないのですから、形式的には「総有制」は形骸化し、同族のそれぞれが三井物産の株を持っていることになります。必要なら三井物産の株を売ることができるし、それを担保に金を借りても良いわけです。そういう準備を整えた上で、三井物産の株式を公開しました。二五％を公開しましたから、物産の株はすでに市場に出まわっているので封鎖的という制限もなくなりました。三井合名を物産に合併し、物産株を公開した時点で封鎖的という制限も緩和されました。

ただ、問題もありました。三井物産は三井銀行や三井鉱山とそれまで同格でした。ところが、物産が本社を合併したためにねじれが起こったのです。鉱山や銀行からみるとおかしな関係になりました。そこで「本社部門を別にする」ことになります。ただ、本社を分離して元に戻すのではせっかくの改組の意味がないので、商事会社を別に作りました。とにかく税金の網の目をくぐって三井本社を改組したわけですから、その実は取りたいので、新しく三井物産を作ったのです。四四年に三井物産を本社に改組して、商事会社を分離したことでようやくねじれが解消します。これが異例の合併劇が展開した理由です。子会社による本社合併というのは、おそらく日本では例がないだろうと思います。当然、三井物産は甚大な影響を受けました。

この三井改組にかかわって、三井内部の議論の資料が残っています。この改組は子会社に影響するところが大きいものですから、三井合名が、三井物産や三井鉱山に対して本社と子会社の関係がどうなるかを説明し、問題があればその対策を検討するはずです。ところが、そういうことがその当時の資料にまったく書かれていません。

何も考えていないと言ったら失礼でしょうが、資料がほとんど残っていません。この合併案がほぼ固まった時点で、三井本社が三井物産の事実上の経営責任者だった石田礼助のところへ行って改組案を物産に対して申し入れます。本社が子会社に「吸収合併してくれ」と申し入れたのです。三井物産の責任者だった石田礼助は、当然のことながら「そんなとんでもない改組はできない、お断りだ。組織が混乱するばかりだし、三井物産として三井鉱山や三井銀行とどうつきあってよいかわからなくなってしまう」と猛反対します。

経営の視点から言えば当然でしょう。おおよそ考えられないことを、三井合名はやろうとしていたわけで、しかも、よくよく聞いてみれば同族の税金対策のためというだけで、三井物産には何のメリットもないからです。ところが、石田礼助は、反対してみたものの三井本家の当主が出てきて、「三井家存続の危機だから頼む」と頭を下げられたとたんに、「はい」とうなずいてしまいます。ここが財閥の財閥たる所以のところで、専門経営者の経営的な判断はまったく活かされませんでした。

これまでお話ししてきたように、第一次世界大戦期から財閥は積極的に専門的な経営者を登用して経営的な発展を図ってきました。大戦期にも戦間期にもあるいは戦時経済でも、専門経営者がそれなりの力量を発揮するような場を財閥は提供してきていました。

しかし、この問題では子会社の専門経営者の出番はなく、本社の重役たちは同族の意向に沿うような改組案をまとめるだけで、財閥組織全体への影響に配慮した形跡はなく、決めたのは同族です。しかも、三井物産という戦時経済の商品流通部門の最大の担い手になっている大会社の改組理由は、経営的なものではありませんでした。同族の税金対策という個別的で私的な事情によって、財閥は大幅な改組をせざるをえなかったのです。

このことは、同族の出資者としての力を戦時経済の過程で弱めることはできても、決定的な力を消すことはできなかったことを示しています。戦時中に財閥のプレゼンスが大きくなる一方で、軍や政府はいろいろと経営に介入してきました。そして財閥子会社の経営は自立性を高めていました。しかし、最後のところで財閥のグループ全体に対する出資者としての、あるいは株主としての同族の発言権を抑え込めなかったことがわかります。そこに戦前の財閥の組織の特徴があります。

財閥解体は、その最後の砦をくずしていったと考えることができます。財閥の解体は、同族の追放と本社の改組・解体を通して、出資者の力を完全に弱めるというところにねらいがありました。その意味では、戦前の財閥と戦後の企業集団には、組織的な原理で大きな断絶があります。ゆるやかに新しい時代に適応する形で、財閥は柔軟に対応してきたと指摘しましたが、それでもなお財閥はこの改組問題に示されたように、最後のところで、「同族のものだ」ということを証明してしまったのです。

第一四章　財閥解体　追及された戦争責任

はじめに

第二次世界大戦後、占領軍の経済民主化政策の下で、日本は自由な市場メカニズムに基づく経済構造へと改革を進めることになりました。自由な市場が望ましいという考え方は、アダム・スミスの手でイギリスにおいて定式化された経済学の考え方に基づいています。そして、それは経済社会としてはアメリカに根をおろした考え方です。イギリスで生まれた考え方とはいえ、イギリスは基本的には身分制度を崩しきれなかった社会でした。しかし、アメリカの場合は、イギリスに比べれば欧州からの移民で構築された白人社会では平等な関係を作ろうとします。いろいろな国からの移民がいて、言葉の壁があり、国や民族の壁があるからです。ただし、アメリカはアフリカから大量に連れてきた「黒人奴隷」に対する差別が強く、人格的に対等であるとは認めない考えを長くもっています。ネイティブ・アメリカンの先住民権も当初は厳しく制限していますし、二一世紀になると、中南米からの移民に対して差別的な発言が目立つようになっています。その意味では、白人本位の身勝手さという側面があります。

従って、その主張する自由には注意する必要がありますが、歴史的に自由主義がアメリカで育った理由は、アメリカが移民をルーツとする多民族社会だからだと思います。そういう社会の中では、結果が明白な方法の方がわかりやすいので、自由な競争が最善と考えられています。日本のように血縁とか地縁とかを考慮するのではなく、市場競争がアメリカの社会や文化状況に適合的な原則なのです。

そのために競争原理、あるいは市場原理が典型的に発達しました。それは彼らの信念になっています。この信念が日本に持ち込まれたのは一九四五年八月一五日以降のことです。ここでお話しするのは、戦争が終わった直後の戦後改革の一環として進められた財閥の解体です。これが財閥の歴史では、いちばん最後の話、映画や大河ドラマなら主役が死ぬところになります。

1　戦後改革と民主化

戦後改革とは、アメリカ型の民主主義やアメリカ型の経済、アメリカ型の社会などを理想に実行されたものでした。占領軍の人たちは、自分たちの国こそ一番優れた国だ、一番良いシステムをもっているという信念をもっていました。それだけ自信をもてるということは、本当に幸せなことだと思います。日本はこれとは対照的でした。戦後になっても長いこと、日本は遅れているとか特殊だとか屈折した感覚をもっていました。一九八〇年代に一時期、日本は海外のモデルになるくらいの経済システムを持っているともてはやされた時期があり、日本人も少し鼻を高くした時代もあります。「経済大国日本」とか、「日本的経営」というような議論がそれでした。しかし、一九九〇年のバブル崩壊後には再び「日本はダメな国」という議論が強くなっています。

評価が揺れていますが、占領のころは、日本が敗戦によって打ちひしがれているなかで、自分の国の仕組みこそ理想的だという信念をもったアメリカ人たちがやってきて改革を進めました。そのなかに、経済関係では三大改革といわれるものがあり、その一つが本章の主題になる「財閥解体」です。あとの二つは「農地改革」と「労働改革」です。経済民主化政策と総称されますが、その名前の通り、目的は日本の民主化であり、それを通して再びアメリカに戦争を挑まない国にすることでした。

これらの改革は、戦後の日本の経済のあり方に大きな影響を及ぼします。改革の理念は、たとえば天皇制が象徴天皇制に移行するなど日本国憲法に凝縮されていますが、「できるだけ民主的な社会を作りたい」という政治的な意図が中核にあります。

つまり、「労働改革」と「農地改革」によって労働者や農民の地位を向上させ、民主主義的な政治制度を日本に定着させようとしました。占領軍の認識では、それまでは、ある特定の社会集団、財閥とか官僚に権力が集中し、その特定の人たちによって日本の命運が左右されていると考えられていました。そこで、天皇を中心とした少数のブロックに権力が集中しないように民主主義的な政治制度を作ることを目標としま す。そのためには労働者や農民たちの権利を積極的に認めて政治的参加への道をひらき、彼らの一票の力によって権力の集中を崩すというのが、大づかみに言ってこの改革の基本的な目的でした。

つまり、意図は「政治的な」ものです。その結果、「農地改革」が行われ、地主がいなくなり自作農がたくさんできます。自立した農業経営者たちが健全な民主主義の基盤の一つになるというのが、彼らの考え方でした。もっとも、だいぶ後のことになりますが、そうして自立した農民が米（コメ）の市場解放に反対したりして、自由な経済制度を発展させるうえで最大の障害物の一つになりました。

同時に、労働者の権利を認めて労働組合の力を高めていきます。社会民主主義的な労働者政党も合法化されて、政治的な発言権も強まりました。これが民主化の狙いでした。これによって、戦前のような専制的で非立憲的な支配の再現を防ぐという政治的な意図で改革が行われました。

もちろん、その意図通りに戦後の政治体制が維持されたかは別問題ですが、「労働改革」と「農地改革」は、結果から見れば労働者や農民の所得水準を全般的に向上させる力になりました。彼らの消費水準が上がった分だけ、戦後には耐久消費財がたくさん売れるような国内に非常に広い消費市場が展開する経済ができあがりました。戦前の日本経済は輸出に対する依存度（GNP比率）が二〇%くらいありました。ところが戦後の日本経済は、輸出に対する依存度は一〇%台の前半くらいです。高度成長期から経済大国と呼ばれるまでに高い成長をとげ、海外からは集中豪雨的な輸出だとか日本の黒字が大きすぎると批判されるようになったにもかかわらず、それでも戦後の日本経済は戦前に比べれば輸出依存度は低下しました。それは、日本の国内市場の成長率が非常に高かったからです。それが高度成長の要因になっています。もちろん旺盛（おうせい）な企業の投資が国内需要拡大の最大の要因ですが、同時にその基盤には消費水準の上昇に伴う個人消費支出の全般的な伸びがあります。そういう経済ができたのも、戦後改革の成果です。労働者や農民たちの利益にも配慮した政治が必要になったことがこの成果につながっています。

2　「財閥解体」の目的

それに対して「財閥解体」の評価は難しいところがあります。確かに財閥は解体したけれども「企業集団」として再生したと見る見方もあり、そのために解体の効果はほとんどなかったと議論する人たちもいます、他方で、企業集団は、財閥とは全く異なる特質を持っているために、経済構造が大きく変わったと議論する人もいます。

そこで、財閥解体の意味を考えることをこの本の一応のしめくくりとし、次章で企業集団とのつながりを展望としてお話ししたいと思います。

まず議論しなければならないのは、なぜ、財閥は解体されなければならなかったのかという点です。

財閥の解体が具体的に指示されるのは、占領が始まるかなり早い時期のことです。つまり、財閥解体が日本側に最初に指示されるのが一九四五年九月二二日に公表される「降伏後における米国初期対日方針」です。そのなかに「日本国の商工業の大部分を支配し来たりたる産業上及金融上の〈大企業結合〉（コンビネーションという言葉を使っています）の解体計画を支持すべきこと」というのがアメリカの方針として明記されています。

ここで書かれている「大部分を支配してきた」産業上及び金融上の〈大企業結合〉を、一九四五年時点で日本のなかで見いだすとすれば財閥だということは、誰の目にも明らかです。それ以外にこの概念に該当するものはありませんから、アメリカ側は降伏後に「財閥の組織に手をつける」という方針を鮮明にしていました。

ちなみにアメリカの占領計画・占領政策の検討は一九四二年の早い時期からすでに始まっています。ですから、財閥解体政策は、周到な検討に基づいて日本の民主化を進めるうえで財閥は打ち壊すべき砦（とりで）の一つだと考え、アメリカは意気込んでやってきたのです。

日本側はこのアメリカ側の考えをかなり深刻に受けとめました。ただ、注意しなければならないのは、この考え方は対日政策だけの特徴ではないことです。この時期のアメリカのドイツに対する占領政策を検討したいくつかの文書も、ここでいう〈大企業結合〉にアメリカが基本的に同じスタンスをとっていたことが書かれています。

そのような企業力の巨大な集積は「定義上」反民主主義であり、数十万の労働者を雇い、経済の近代的部門の全範囲をふくんでいるような企業は、自由で競争的な企業に見いだされる価値とはまったく別の価値を代表しないわけにはいかない。

これがアメリカの公式見解で、ドイツに対しても適用されました。

つまり、大企業はよくない、市場に対して強い影響力を及ぼして独占的な市場支配力をもっている企業、ましていろいろな産業にわたって影響力をもつ〈大企業結合〉（日本流に言えばコンツェルン）は、定義から言って民主主義ではない――これがよくわからないのですが――という考え方に基づいて、その存在を否定するわけです。巨大企業はアメリカにも存在しますから、単に大きいことが問題ではないのでしょう。

戦後改革の「ねらい」だった民主主義的な政治制度を発達させようとすれば、経済の基盤にもメスを入れ、民主主義的な経済制度を作らなければいけない、民主主義的な経済制度は市場で自由な競争が行われる経済制度であるというのがアメリカの信念でした。このアメリカの信念に沿って考えると、財閥のような巨大な組織が存在すること自体が民主化の大きな障害と考えられたのです。したがって、それは排除・解体すべきものという方針が出されました。

こうして財閥の組織にメスを入れることを目標にGHQは九月から一〇月にかけてさまざまな圧力をかけてきます。実際の財閥の解体措置は安田を筆頭にいくつかの財閥が自主的に解体計画を出す形で進みます。このあたりが巧妙なところですが、一九八〇年代の日米貿易摩擦で、圧力をかけておいて実際は鉄鋼や自動車の輸出自主調整をさせたのと似たところがあります。具体的な指示を出さないで、計画を持ってこさせてよければゴーサインを出すというやり方です。農地改革では、「これではだめだ」ともう一回やらせています。こういうスタイルですから、財閥解体の場合にも各財閥本社の解散などに関しては、自主的な計画に基づいて進める方法を用い、そのために圧力をかけてきました。

「自発的な解体計画」を提出させることを占領軍が強調していたのには、裏の事情がありました。アメリカが対日占領政策の検討過程のなかで、「国際法によれば、占領当局は、軍政目的にとって必要である場合を除いて被占領国の基礎的経済構造を変革する権利を持っていない」という意見が出て、「日本国内経済の長期的再編成と改革は、日本人の手に委ねるべきであり、日本の国内経済にたいする干渉は、最小限にとどめるべきである」ことが原則として確認されていたからでした（『昭和財政史』九〇頁）。つまり、財閥解体を徹底する方針は確定的なものでしたが、国際法に即して見たときには、直接に手を出すことは慎重でなければならないという認識があったのです。ですから、従わないならば「命令によって解体させる」という脅しをかけながら、「自発的解体」という外見を作り出して改革を強行しようとしていました。

財閥解体を徹底的に実現するために占領軍がかけてきた圧力の根底には、アメリカ側の財閥に対する強い反発がありました。それを最もわかりやすく表現した人が日本の賠償計画を作ったポーレーです。彼は、日本の軍事産業の全面的な解体をめざした非常に厳しい賠償計画をたてました。「サンフランシスコ講和条約」でもそうですが、ヤルタからポツダムにかけての連合軍の考え方では、第一次世界大戦後のドイツに多額の金銭賠償を要求したことが第二次世界大戦につながったという教訓から、金銭賠償をとることは基本的には否定されていました。ですから日本に対する賠償計画も、現存する設備等の撤去による他国への工業力の移転という現物賠償を中心に計画されていきます。このポーレーが作った賠償計画は、戦争中に拡充された日本の重工業の生産設備の七割から八割くらいを持ち去るという、かなり過酷な計画でした。

その主役のポーレーは、次のように言っています。

日本の財閥は、同族としてまた法人組織として緊密に結合した比較的少人数のグループであって、日本現代史を通して、その金融・商工業のみならず、その政府をも支配した最も強大な潜在的戦争能力であった。

つまり、彼の考え方から言えば「最大の戦犯は財閥だ」ということなのです。そのように考える人たちが改革の推進者にふくまれていたことが、財閥にとってはたいへん不幸なことであり、歴史の歯車を進めるうえで重要な意味をもちました。

当然のことですが、こんな指摘に対しては財閥の側にも反論がでます。三菱の岩崎小弥太は、「三菱は国家社会に対する不信行為は未だかつて為した覚えはなく、また軍部官僚と結んで戦争を挑発したこともない。国策として命ずるところに従い、国民として為すべき当然の義務に全力を尽くしたのであって、顧みて恥ずべき何ものもない」と主張しています。

戦争の歯車のなかで働いていた人たちにとっては、実感としてはそうだったかもしれません。この戦争はおかしいと思っていても、それを発言できない状況があったことも確かです。岩崎小弥太くらいの地位にある人だったら、何か発言できたかもしれませんが、当時の政治状況から見て意味はなかったでしょう。彼は国策に従って義務を果たしただけだと言い、そうした考えに基づいてアメリカの方針に激しく反発し、財閥解体に抵抗します。その背後には、財閥に対する理解の違いがあります。現実的には、一方で極東国際軍事裁判で政治的な責任や、軍部の責任が追及されています。財閥解体措置は、財閥に対する戦争責任の追及だと受け取られていて、それに対して当事者たちは強く反発し、「おれたちは言われたことをやっただけだ」と主張します。この反発の仕方も問題ですが、だからといって、アメリカ側の主張が正しいとも言えません。

3　解体の具体的措置

こうして「自発的に」と「強要」されるなかで、一〇月一八日に安田財閥が本社である安田保善社の解散を声明し、その後、三井・住友が解体に同意しました。最後に残った三菱も追い込まれて、占領軍に命じられるのではなく、国の命令であればやむを得ないと解体を受け入れることになります。

実際の財閥の解体措置は、戦争責任の追及という考え方や民主主義的な経済制度を作るという理念に基づいていたことから、いくつかのレベルの違う問題が含まれることになりました。

すなわち、財閥は同族が所有者として君臨し、その下に子会社があるというピラミッド型の組織をもっています。その財閥の組織を崩していくには、何に手をつければよいかですが、たとえば、持株会社が株を持つことによって、子会社を支配していますし、持株会社から役員が派遣されることによって、人的にも本社と子会社との関係が非常に緊密になっています。解体するのであれば、持株会社と子会社との株式所有や役員派遣という関係をすべて切り離す必要があります。

それだけで十分でしょうか。もう一つ、同族が持株会社を通して子会社に対して強い影響力をもっています。「封鎖的」に資金を集中している同族の存在に手をつけなければ、彼らのところに株が再び集まって同じような大きな組織が再生されるかもしれません。だから、財閥の同族の経済力を弱めるための措置が必要でした。

つまり財閥解体には、①持株会社そのものの解体と、②同族の経済的影響力の排除の両方が必要なわけです。しかし、これだけでも十分ではありません。なぜなら、市場での競争関係をもっと流動的にしなければ、財閥系企業の経済的影響力が残る可能性があるからです。三井物産や三井鉱山、三菱重工業などの巨大企業がそのまま存続し続ければ、産業レベルでは競争的な市場は生まれないと思われます。そこで、③巨大企業を解体するために実質的にはこれを分割することになります。

しかし、これでもまだ十分ではありません。人為的に無理に企業を分割するなどの改革を実施するわけですから、そのあとを放置しておいたらまた元にもどってしまうかもしれません。したがって、こういう一回限りの措置を持続させるための手段として、④反独占立法が必要になります。持株会社組織の再生や独占の成立を阻止するような方策をとらなければ、改革の効果は持続しないからです。以上の①から④までの四つが財閥解体を進める上で必要な改革の主要な柱を構成していくことになります。

　その具体的な立案実施については、ＧＨＱの経済科学局と日本の商工省や大蔵省が折衝しながら進められ、また、持株会社整理委員会が設置され、この委員会の手で具体的な措置が実行されます。具体的な措置が実施に移されるのは一九四五（昭和二〇）年の一一月ごろからで、翌年にかけてほぼ重要な措置は出そろってきます。

　まず、四五年一一月に会社の解散を制限する勅令がでます。この勅令を出した理由は、企業の側でも何かやられそうだということはわかっているので、先手を打って子会社に分割してしまうとか、別働隊をつくって逃げるとか――やられる方からみれば当然のことですが――そういうことが起こるかもしれなかったからです。そこで会社の解散を制限して現状を凍結します。持株会社が勝手に解散し、株が全部売却されるなどのことを防ぐためです。こうして三井本社とか三井物産とか三菱重工業とかのターゲットになる企業の身柄を拘束しました。その上で、翌年にかけて十大財閥について、持株会社を認定し、持株会社整理委員会がその指定された持株会社（三井・三菱・住友・富士産業・大倉・野村・日産・浅野・渋谷・安田）について、所有している株式全部を譲り受けることになります。それだけではなく、財閥の同族がもっていた子会社や持株会社の株も持株会社整理委員会に移管されました。

つまり、株式については、財閥を構成している企業と個人が持っていた株式のすべてが持株会社整理委員会に集中されました。持株会社整理委員会はその株式を一九四八年くらいから、証券処理協議会という組織を通して順次売却していきます。つまり、財閥内の関係にとって重要な結びの糸であった株式を持株会社や同族から財閥の外へと売却してしまう措置をとったわけです。売却先にはその企業の従業員なども含まれていますが、想定されていたのは個人の株主に売り渡すことでした。

こうして持株会社整理委員会に委譲された株式は一億五千万株、総額で六八億円でした。総発行株式の三分の一に近いもので、これが持株会社整理委員会の管理下で売却処分されてしまうことになりました。

このような株式処分に加えて、財閥の同族などに対して役員を辞任することを求めます。つまり、人的な関係を排除するために役員から退任させるのですが、その対象者は同族だけでなく、戦争中にその財閥の有力会社のトップ・マネジメントにいた人びとも含まれていました。そうした人たちについて、財界からの追放措置が実施されました。こうして前日まで、その会社を運営する枢機にあずかっていた社長や常務クラスの人たちがほとんど追放指定されてしまいます。

追放措置は単にその会社の役員辞任を求めただけではなく、当分の間は公職につくことを認めないものでした。そのため、辞任したあとで子会社などに移り実質的には相談に与る（あずかる）というようなことが、公的にはまったくできなくなります。もちろん、内々には相談はできるのですが、公的なポストにつけません。こうしたかたちで①と②の措置が実施されていきました。

その結果、戦時の日本経済の運営の中心的な担い手になっていた経営者層がまとめて一挙に追い出されてしまいます。政界の追放と同様に財界の追放も大規模に行われたのです。余談ですが、追放に関して一番影響が小さかったのが官僚です。官僚の責任が一番問われませんでした。政策を立案する側にいたので勘ぐりたくなるのですが、占領の遂行に専門家の能力が必要という占領軍の判断があったのでしょうか、占領軍も官僚の責任追及に関しては寛容でした。

財閥解体の措置はさらに進み、③の巨大企業を解体するという目的で「過度経済力集中排除法」が制定されます。経済力を過度に集中している企業に対し、集中している状況を排除するための法律です。ひらたく言えば、市場シェアが大きい大企業に対して企業分割を求めるものです。この法律に基づいて日本製鐵・三菱重工業・王子製紙などが集中排除が必要として指定されました。当初は三二五社がこの過度経済力集中排除法の適用を受けるべき会社だと指定されました。もし実施されれば、日本企業の上位トップ三〇〇社ほどが企業を分割し、より競争的な市場メカニズムを作ることになったはずです。

実際には、この法律の適用は合計で一八社にとどまりました。つまり二〇分の一くらいになりました。この変化は、四七年から四八年くらいにアメリカの信念がゆらいできたからです。ゆらいできたと言っても、改革を実行し日本を民主化すべきだという点では変わらないのですが、国際的な情勢が深刻化したからです。アメリカとソ連の関係が悪化して、いわゆる冷戦の時代になったことが集中排除措置の実施に影響しました。東西冷戦を想定すると、アメリカにとって日本、台湾、フィリピンは東側諸国に近接している重要な戦略地点になります。アメリカからみると正面はヨーロッパで、ドイツのところでソ連と対峙（たいじ）していますが、太平洋からアジアにかけてを考えると日本、朝鮮、それから台湾・フィリピンあたりが最前線に当たります。この最前線に対して、あまり徹底的に厳しく接するのが最善かどうかが新しい問題として考えられるようになりました。

占領当初のような徹底的な改革をめざした路線では、日本の経済復興の目標は一九三〇（昭和五）年くらいに戻すことを考えていました。つまり、一九三〇年から四五年まで、一五年間に戦争を通して急激に成長した日本の工業力は全部切り捨てられてしまうことになります。もう一回軽工業と農業中心の国に戻すというのがアメリカの当初の方針でした。しかし、それでは大きな混乱が起こるかもしれません。それにこれだけの重工業の工業力はアメリカにとっても利用価値があります。だから、あまり厳格な改革をめざし、その反動で日本の国内が反米的になるのは困るという判断から、占領政策を民主主義的な勢力を育てるというよりは、むしろ、親米的な勢力の成長を助長する方針へと転換していくことになります。労働運動はどちらかというと東側に考え方が近いために抑え込むことも念頭に置いた労働政策に転換します。公務員に対する労働基本権の制限などが出てきたのはそのためですが、財界に対しては、民主化措置を緩和する方向になりました。予定されていた賠償計画が大幅に緩和されたのもそのためでした。

アメリカ人は転換とは考えていなかったでしょう。自分たちこそ民主主義の権化だと思っているわけですから親米的であることと民主主義的であることは彼らにとってはイコールです。しかし、日本から見ると少し方針が変わったということになりました。

その結果、三二五社ほど指定していろいろと再編成計画などを考えさせたうえで、結果的には一八社だけについて分割などの措置が実行されました。代表的な例は日本製鐵が八幡・富士に分割され、三菱重工業が地域的に東・中・西の三重工に分割され、王子製紙も分割されました。それから東芝は分割の対象になりましたが、工場などをいくつかの子会社に分離してすませました。こうして一一社が企業を分割し、そのほかが工場や施設の処分や保有株式の処分によって経済力が集中している状態を排除していくことになります。これによって巨大企業の解体が第一歩をしるすことになったわけです。

それからもう一つ、この③のところで忘れてはならないのは、直接には過度経済力集中排除法によらずに解体された企業が二つあることです。それが三井物産と三菱商事です。この二社は過度経済力集中排除法とは関係なく、財閥商社の解体措置に関するGHQ指令が出て分割させられます。財閥のさまざまな商権を世界に展開しているネットワークの中心的な担い手である商社がターゲットに据えられたわけです。外国からみれば、三井鉱山や三井銀行よりも三井物産の方がはるかによく知られている企業であったことも影響したかもしれません。二大商社がGHQの指令に基づいて分割されます。

このケースでは分割のされ方が比べものにならないほど徹底していました。あの巨大な製鉄会社であった日本製鐵ですら二つ、三菱重工業で三つという程度だったのに、物産や商事は部長クラス以上の人が二人以上集まって新会社を作ってはいけないというところまで細かく規定され、三井物産は二二〇社、三菱商事は一三〇社に分割され、合計約三五〇社に解体されました。こうしてこの過度経済力集中排除法による巨大企業の解体と商社の解体が一段落します。

この集中排除措置は、狙いから言えば市場での競争的な状態を作り出すために、市場占有率が高すぎる企業を分割するものでした。日本製鐵や王子製紙などはその条件に当てはまりますが、少し狙いと実際とが違っていたものも企業分割が行われています。それが三井・三菱・住友の鉱山会社が石炭と金属の二社に分割指令を受けたことです。石炭と金属は同じ市場で競合する財ではありませんから、この分割の仕方は市場の占有率に影響しません。三井の石炭のシェアは、分割前でもあとでも石炭の市場では同じになるはずです。ですから、この鉱山会社の分割や造船市場のシェアがそれほど高くはなかった三菱重工業の企業分割が命じられたのは、やはり財閥系企業だからという面が強いように思います。その意味では、集中排除措置も、競争的な市場を作るという意味と同時に、占領政策の側から見れば財閥系企業の弱体化を重視した措置ではないかとの疑いが濃厚なものでした（武田晴人「競争構造」）。

次が「独占禁止法」の制定です。正確には「私的独占の禁止及び公正取引の確保に関する法律」です。要するに、独占や不公平な取引を禁止する法律が制定されます。この独禁法の制定は、歴史的な変化としては大きな意味をもちました。なぜかというと、ここで産業組織規制に関する法的枠組みの原則が大きく変わったからです。

独占禁止法が制定される以前は、カルテルを結成することは原則的には違法ではありませんでした。反対に、たとえば一九三一年に作られた重要産業統制法は、「景気が悪いときには積極的にカルテルを作りなさい」という趣旨の法律で、これが産業組織規制の基本法でした。つまり、原則は認めるけれども、もし弊害があったら国が介入して独占組織のもたらす弊害を排除するという考え方でした。ところが、独占禁止法の考え方は原則としてカルテルやトラストなどは認めないものです。政策的に必要な場合には、適用除外立法を制定するようになりますが、原則は大きく転換したのです。持株会社の設立も禁止されました。こうして昨日までよかったことが、今日からはだめという大きな転換を独占禁止法の制定は実現することになりました。

4　解体の歴史的意義

財閥解体は、こうした一連の措置を通して実現されていきますが、それでは財閥解体が歴史的にどういう意味をもったかということを考えておこうと思います。

財閥解体と称する一連の措置によって、戦前から戦後にかけての企業の組織のあり方が大きく変わったことはまちがいないと思いますが、その典型的なところは同族の力あるいは出資者の力が大きく削減された点です。この点で決定的な転換点でした。

財閥は戦争中に重工業の発展を積極的に担っていました。それは財閥の対応が非常に柔軟だったからですが、同時にその背後で、同族の税金対策のために組織改革をせざるをえなかったという面もありました。戦時期にかけての財閥の組織改革では同族に対する配慮が非常に強く働いていて、経営に対する配慮は軽くみられていました。つまり、日本の企業システムについて戦前の財閥を中心に考えると、同族たちが最後の発言権をにぎっていたことが明らかでした。それに対して財閥解体後は、持株会社がなくなるだけでなく同族が徹底的に排除されています。持株会社整理委員会によって整理された株券の処分代金は同族に配分されますが、インフレが進行したことに加えて、財産税が臨時に課せられたりして、財閥同族の手元にはあまり残りません。

そのために資金力・経済力が大幅に低下します。また、財界追放によっても影響力がなくなります。こうして所有者のもっていた力が小さくなることが、財閥解体をはさんで戦前と戦後で大きな変化をみせた点だと考えます。

しかし、出資者の力が弱くなったために経営者の権限の強いアメリカ型の経営者資本主義がただちに実現したとは言えません。さきほどお話ししましたように一九四六年から四八年にかけて、各企業のトップに躍り出てくる人たちのかなりの部分は、メーカーでいうと工場長クラス、部長クラスの人です。つまり、戦争中に取締役以上の重要なポストを経験していない比較的年齢の若い人で、部長とか工場長くらいのポストにいた四〇歳台後半くらいの人たちがいきなり「誰もやり手がいないからお前やれ」といわれて社長になりました。また、組合対策などを認められて一足飛びに昇進してきた人たちもたくさんいました。

このなかに、長期政権を作った人たちもいますし、後に財界人として有名になった人たちもたくさんいますから、有能な若手が一気に登用された面はあるのですが、別の言い方をすると、経営者として経験のない人がいきなりトップ・マネジメントに据えられる状態が起こったのです。

その時に彼らのよりどころになるのは、自分がその企業の出身者であることや、工場長クラスで現場のことはよく知っていることなどです。しかし、現場はわかっていても、限定された視野や経験のままで企業を運営して行かなければなりませんでした。つまり、経験が不足していたのです。そのためリーダーシップが一人に集中するというよりは、複数の人たちの協力によって集団的に指導されるようなこともおこります。

それからこの経営者にとって深刻だったのは、持株会社がなくなったために安定株主を失ったことです。しかも、独占禁止法は持株会社を作ることを厳格に禁止しています。これは、アメリカにもないくらいの非常に厳しい制限です。戦前の持株会社は、よほどのことがないかぎり株は売らないわけですから、子会社の経営者からみると、非常に重要な安定株主でした。その安定株主が一挙にいなくなったのです。

持株会社整理委員会は、集中した株式を原則としてまず第一には従業員に販売する、それで余ればマーケットに売却する方法をとります。そこで、この時代には従業員の持株会とか従業員団体などがそれぞれの会社の大株主として登場してきます。しかし、それでも経営者からみると株式の所有構造が流動的で不安定になったため、ボヤボヤしていると、いつ誰に株を買い占められて自分の首がとぶかわからないという状態になりました。経営者どうしが競争しなければいけないという意味では良いことですが、経営権が危機にさらされる状況が起こり、不安化したのです。

表14－1は一九四五年から五三年にかけて、日本で発行されている株式を誰が所有しているかを示したものですが、一九四五年から四九年の間に財閥解体で個人その他が五三・一％から六九・一％に急激に増えています。この部分が財閥の解体によってもたらされた変化です。その他法人が二四・六％から五・六％に下がったのが、持株会社が株を放出した影響を表しています。

ここからわかるように、財閥の解体は、日本の経済の中から持株会社という安定株主を一挙に追い出し、個人所有が多数の分散的な株式所有構造を作り出しました。

ところが、一九五三（昭和二八）年までくると、個人の所有が五三・八％に下がってしまいます。短期的にしか効果がないのです。急に個人株主が増えるものの、しばらくすると戦争が終わった時点と変わらない状況になりました。分散はしたけれど、再度また法人、とくにここで見るとわかるように金融機関を中心に株式保有の再集中、

	1945	1949	1950	1951	1952	1953
政府・公共団体	8.3	2.8	3.2	1.8	1.0	0.7
金融機関	11.2	9.9	12.6	18.2	21.8	23.0
うち投資信託	—	—	—	5.2	6.0	6.7
証券業者	2.8	12.6	11.9	9.2	8.4	7.3
その他法人	24.6	5.6	11.0	13.8	11.8	13.5
外国人	—	—	—	—	1.2	1.7
個人その他	53.1	69.1	61.3	57.0	55.8	53.8
発行株数(100万株)	444	2,000	2,581	3,547	5,365	7,472

(単位:%)

表14－1　株式分布状況（株数比率）
（出典：大蔵省理財局経済課『株式分布状況調査　昭和28年度』1955年、9頁）

法人株主の再進出が起こってしまうのです。ここにこの時期の経営者のかかえていた問題が示されていたと考えることができます。このような流動的な株主に対抗して安定株主対策が必要で、そのために企業集団が形成される方向が出てくることになります。

表14－2は四九年時点で、持株会社整理委員会がたいへん多くの株式を持っていたことを示しており、同時に証券会社がたくさん株を持っていたことも示しています。しかし、証券会社が株を持っていること自体がおかしなことです。証券会社は仲介機関で、売買の手数料を取るのが本務です。

なぜ、こんなことが起こっているのかについてその理由は、持株会社整理委員会が放出する株を、証券会社が誰かの依頼で引き受け預かっていたためではないかと考えられています。それによって株式の分散をおさえようとする意図が働いていたと推定されています。そのカラクリについては、企業集団につながることですから次章でお話しします。

1949年		1952年	
証券会社	24,007	証券会社	33,585
持株会社整理委	18,322	生命保険	29,381
生命保険	9,615	銀行	21,933
持株会社	4,337	信託	19,464
閉鎖機関整理委	4,124	事業法人	15,473
大蔵大臣	1,581	外国	7,175
個人	1,508	損害保険	6,796
銀行	1,288	個人	479
損害保険	1,237	その他	390
戦時金融金庫	974	従業員団体	311
信託	554		
従業員団体	185		
金融機関閉鎖	72		
公共団体	60		
その他	16		

(単位:1,000株)

注)山一証券『株式会社年鑑』各年より集計。

表14－2　有力企業の大株主の推移
(出典：前掲『日本経済の発展と財閥本社』、216頁)

第一五章　企業集団と財閥　三等重役と株式持合い

はじめに

財閥解体後、しばらくしてから「財閥の復活」などと騒がれたりしながら企業集団が姿を現してきます。たとえば、これらの企業集団には「社長会」があります。三菱グループには金曜会という組織があって週に一度くらい社長さんたちが昼食など一緒にしています。「何をしているんですか」と質問すると、「昼食に集まってよもやま話をしている」、要するに情報交換しているというのです。しかし、「それでは中に入ってお話を傍聴させていただいて良いですか」と聞いても即座に断られます。よくわからないけれど何かやっているらしいので、いろいろ想像をたくましくして社長会が企業集団、企業グループの総司令部で、何か全体で相談してグループとしての戦略を練っているのではと考える人もいます。そういう組織があり、それを中心とした企業のグループの役割や機能がさかんに議論されています。財閥の歴史を辿ってきた本書の最後に、この企業集団の特徴を簡単に説明し、財閥との違いを考えていきます。

1　財閥解体の影響

まず、財閥解体後に、企業集団がどうやってできあがってくるかが問題です。それは、財閥解体の歴史的な意義を明らかにすることでもあります。財閥解体は、所有者としての同族や本社の影響力を奪って、あとは子会社群の水平的な関係を作り出すものでした。つまり、財閥のピラミッド型組織の上の部分を解体しました。そして、独占禁止法によって株式をもっぱら保有して子会社へ投資する持株会社は設立できなくなりました。一九五〇年代初めの改正で事業会社が子会社などの株式を持つことに関する制限は緩和されましたが、これはあくまでも本業はその事業であって株式の所有はその事業に必要ということで認められるようになったものです。たとえば松下電器産業がたくさんの子会社の株式を持っていますが、これも主たる事業は電気機械製造を本業として認められています。純粋な持株会社が解禁される独占禁止法の改正は平成に入ってからの出来事ですが、ここでお話しする範囲では持株会社は禁止されています。

財閥解体によって、持株会社整理委員会に移された株式が順次売却されていくと、株式の所有構造は分散し、当時のアメリカで展開していたような株式会社のあり方、つまり所有と経営が分離していく方向に向かっているように見えるものでした。

しかし、この変化は一時的で、戦後の日本では所有と経営の分離は、必ずしもアメリカのようには進みませんでした。結果から見ると、株式持合が展開するからです。それでも本社や同族のような圧倒的な大株主から自由な企業ができたことに意味があります。個々の企業が出資者から自由になったのです。

もう一つ重要なのは、財界追放の結果、経営者が一緒に若返り、経験の浅い人たちに交代したことです。

この少し後に、『三等重役』という源氏鶏太(げんじけいた)さんの小説が出版されますが、等級づけすると三等クラスの人たちが重役になったのです。サラリーマン重役の時代が来たといっても、そのサラリーマン重役は、経営者としての訓練があまり十分ではない、経験を積んでいない人でした。たとえば、工場長は現場のことはよくわかりますが、お金のことはよくわかりません。そういう経営者としての視野や経験がかなり限定された人が経営の担い手になりました。

経営者にはいろんな役割があるわけで、メーカーでも単に物を作るだけとは限りません。現場の技術を改善するために、どういう技術を導入してきたら良いかの判断や、そのための対外交渉の能力を要求されるかもしれませんし、労働改革で急激に盛り上がった労働運動に対処できるかどうかも重要です。それから戦争でガタガタになった企業経営のもとで、自己資本がインフレで目減りしていますから、資金調達する能力も必要になります。こうした要求されるいろいろな能力をすべて兼ね備えている、あるいはすべてに経験のある重役はいなくなって、やむを得ず未経験の若い人たちが登用されたのです。

登用された人たちが困難を克服して経営がうまくいくかどうかに確信があったわけではないでしょう。かつての財閥系の企業であれば、若手で登用されても本社が支持してくれればなんとかできたかもしれません。戦前の財閥企業の経営者は、株主や出資者との関係を考慮することなく、お金のことは余り心配しないで済んだからです。

ところが、本社から切り離されてしまった財閥解体後の各企業の若い経営者はすべてをやらなければいけない立場に立たされていました。しかも株式は分散しており、誰かが買い占めようと思えば買い占められる危険もありました。実際に、陽和不動産や大正海上など、一九五〇年代に企業買収が表面化する事件も頻発します。安定株主がすべていなくなったわけですから、そういう意味で不安な時代が来ました。三等重役という新米のサラリーマン重役にとって、自分の経営を支持してくれる安定的な株主もいない状況になったのが財閥解体の二つ目の影響です。

そのようななかで、持株会社整理委員会に移された株式が市場に放出されます。株価の維持は経営者の責任ですから、放出株に引き受け手がなくて株価が下がってしまっては困ります。しかも、戦争後のインフレの影響で増資しなければいけないという要請もあり、そのためにも株価を維持しなければなりません。

しかも、敗戦後の企業の財務状態は、インフレ進行に加えて戦時補償が打ち切られたこともあって、極度に悪化しています。これに対応して企業の基盤を整えていくためには、企業再建整備法に基づいて不良債権を切り捨てながら自己資本を充実する必要があり、そのために増資が不可欠でした。持株会社整理委員会から六〇億円以上の株が放出されたうえに、一〇〇億近い増資が必要になったために、当時の資本市場（株式市場）では消化できずに、株価が低落する危険性が高かったのです。そうなると、株を買い占められてしまうことも十分に考えられます。日本国内に買える人がいたかどうかが多少問題ですが、いろいろなルートから外国人の投資家が参入する可能性もありました。

それを避けるために、放出株や増資株の一部を証券会社が名義的に持つ状態が、一九五〇年前後くらいには起きています。消化不良を起こした株の一部を、本来仲介すべき証券会社が保有しています。前章の末尾で指摘した証券会社が株式を大量に保有していたのはこういう事情からです。

これは実態としては、自社株保有です。株を発行した企業が、証券会社にお金を出して名義的に保有してもらっているもので、自社株保有と同じ状態です。当時の日本では自社株保有は禁止されていますから、これは違法行為に近いものです。実際に株を持つために別会社を作って自社株保有した例もあります。

しかし、それは長続きしません。増資したのに資金が入ってこないからです。自社株保有には、市場に流通する株数を減らすことにしか意味がないからです。資金的なプラスはありませんから、一時しのぎにしかならないのです。

この間、資金不足の解消は、銀行からの借り入れでしのぐ財務運営が一般化します。戦争中から高まっていた日本企業の借入金依存度の上昇、あるいは自己資本比率の低下は、この時期にさらに急激に進んでいきます。しかし、銀行もインフレで資金が名目的に増えているとはいえ、一般に預金ができるような状態ではないために、貸出の余力には乏しい状態でした。しかも、戦争中の軍需融資指定金融機関制度というリスクの分散ができない貸付関係の影響もあって、銀行の経営にも問題が山積でした。こうした状態を企業も銀行も打開しなければなりませんでした。

2　企業集団の形成

そういう条件のなかで、企業集団がかつての財閥系の企業の結びつきをよりどころにしながら編成され、当時のジャーナリズムでは「財閥の復活」といわれることになります。しかし、財閥の組織と比べると企業集団は原理的にはまったく別のものと考えた方が良いと思います。

なぜかというと、企業集団の結びつき方は水平的なものです。企業間関係は水平的同じ集団にいるB社の株もC社の株もD社の株もE社の株も持っています。集団内のA社は、同じ集団にいるB社の株もC社の株もD社の株もE社の株も持っています。二つの企業だけに焦点を合わせると、A社の重要な株主にB社が、B社の重要な株主にA社がなるという相互的な関係ができあがっています。ピラミッド型の組織ではありません。

実際には、ピラミッド型の組織はこの水平的な関係の下にあります。たとえばD社にはたくさんの子会社があるというようにです。これが戦後の企業集団の特徴で、所有構造からいうと財閥のような本社や同族などの中心がありません。この時に問題にされるのが最初に紹介した「社長会」です。しかし、持株会社のような正式の組織として存在しているわけではなく、社長会という社長の「談合」組織があるだけですから、集団内の企業の独立性は財閥に比べればはるかに強くなります。

もう一つこの企業集団の特徴は、この組織と重なるようにメインバンク・システムが作られており、銀行がそれぞれの企業の資金調達にたいへん重要な役割をしていることです。つまり、A社からみてもB社からみてもC社からみても、このグループ内のX銀行が、メインの銀行として、主としてお金の面倒を見てくれます。すなわち、協調的な融資の幹事銀行として役に立ってくれる銀行になっていました。

一九六六年における三井・三菱・住友の社長会メンバー企業は表15－1の通りです。社長会のメンバーは時期によって変動していますから、これは六六年時点のものです。

このリストでわかるように、代表的な大企業がズラリと並んでいます。そういう大企業が定期的に会合をもち、一つのグループとしての共同の行動をとると認識されています。現実に何か大型のプロジェクトが計画される時には、そういうグループ単位

	三菱系・金曜会	住友系・白水会	三井系・二木会
銀行	三菱銀行 三菱信託	住友銀行 住友信託	三井銀行 三井信託
保険	明治生命 東京海上	住友生命 住友海上	三井生命 大正海上
商社	三菱商事	住友商事	三井物産
鉱業	三菱鉱業	住友石炭	三井鉱山 北海道炭礦汽船
建設業			三機工業
食料品	麒麟麦酒		
繊維	三菱レイヨン		東洋レーヨン
紙・パルプ	三菱製紙		
化学	三菱化成 三菱油化 三菱樹脂 三菱モンサント化成 三菱江戸川化学	住友化学	三井化学 東洋高圧 三井石油化学
石油	三菱石油		
窯業	旭硝子 三菱セメント	日本板硝子 住友セメント	
鉄鋼	三菱製鋼	住友金属工業	日本製鋼所
非鉄金属	三菱金属	住友金属鉱山 住友電工 住友軽金属	三井金属
電気機械	三菱電機	日本電気	
輸送用機器	三菱重工業		三井造船
機械	三菱化工機	住友機械	
不動産業	三菱地所	住友不動産	三井不動産
海運業	日本郵船		
倉庫業	三菱倉庫	住友倉庫	三井倉庫

表 15－1　三菱系・住友系・三井系の社長メンバー企業
（出典：橘川武郎「戦後型企業集団の形成」法政大学産業情報センター・橋本寿朗・武田晴人編『日本経済の発展と企業集団』東京大学出版会、1992 年、278 頁）

での行動がみられます。典型的には一九五〇年代後半ですが、石油化学の大型プラントを作ろうとすると、住友は住友化学を中心に、三菱は三菱石油を中心にというようなグループ単位の行動が出て注目を浴びました。だからこれは、きっと何か作戦を練っているに違いないという話になるわけです。

この社長会が一番早く確認されているのが一九五一年に住友系で結成された白水会です。住友の再結集のスピードが一番早くて、一番遅れるのは三井です。一九五四年に三菱系の金曜会が結成されます。一九六一年に三井系の二木会というのが結成されるという順です。

三井系については、それ以前に別の組織で月曜会というのが存在したという記録は残っているのですが、いつできたかは確認できません。社長会が結成されてくる時期には、旧三大財閥系、諸企業の商号の回復問題が起こっています。財閥解体の措置の一環として旧財閥の商号、三井、三菱、住友などの名称の使用がＧＨＱの命令で禁止されていました。その結果、たとえば住友金属は、新扶桑金属という名前になりますし、安田が富士という名前に、これは戻らなかった例ですが名称を変更しました。三菱重工は分割されたうえで、中日本重工とか東日本重工、西日本重工という名前で三菱という名前をとってしまいます。三井物産や三菱商事はばらばらにされましたので、第一物産とかの名前が使われます。とにかく三井というような商号は使えませんでした。しかし、講和条約の成立と前後して、このGHQの命令が事実上解除され、財閥の商号を使うことが認められました。

三井・三菱・住友という名前を使えるのは、商売上からいうとたいへん重要なことです。外国にも名前が通っているわけですから、それをどの会社に名乗ることを認めるかを決める必要が生じました。かつては同族・持株会社が権限をもっていましたから、大正海上のようになかなか認めてもらえず、戦前から関係会社でありながら傍系のままになっていたものもありました。財閥の解体によって商号を管理する主体がなくなってしまったのです。この商号の復活にからんで、どこに旧財閥の商号を認めていくかという管理を社長会がやっていたと推定されています。

ついでに社長会としては、この後に富士銀行系、三和銀行系、それから第一銀行系の社長会が少し遅れてでてきますが、「財閥の復活」とは少し違っています。

商号の復活問題以外にも、企業経営はいろいろな問題をかかえていました。それをどう解決するかが社長会の課題だったと指摘されています。

企業経営のかかえていた問題の一端を示しているのが表15－2です。一九五〇年から五二年にかけての時期における企業の借入依存度を計算した表ですが、五〇年から五二年にかけて財閥系の企業も借入金の依存度が極めて高くなっています。四〇％から五〇％をグループ内の銀行から供給されている状態でした。五〇年より前のデータ

		1950年	1951年	1952年
住友　7社	借入金依存度A	48.0	47.6	49.8
	借入金依存度B	29.5	28.7	29.8
	融資比率	5.5	4.6	4.8
三菱　10社	借入金依存度A	33.8	34.0	33.7
	借入金依存度B	22.0	23.7	16.3
	融資比率	10.8	9.0	7.4
三井　12社	借入金依存度A	30.9	26.8	28.4
	借入金依存度B	14.4	13.9	17.6
	融資比率	13.3	10.3	14.5
		1952年	1953年	1954年
住友　9社	借入金依存度A	55.3	52.0	55.3
	借入金依存度B	26.1	24.3	27.5
	借入金依存度C	32.7	35.3	34.9
	融資比率	8.1	8.5	11.3
三菱　15社	借入金依存度A	45.5	37.4	44.0
	借入金依存度B	21.6	16.4	15.7
	借入金依存度C	25.8	21.1	22.1
	融資比率	16.3	11.3	11.0
三井　15社	借入金依存度A	30.8	32.2	33.9
	借入金依存度B	17.7	18.1	20.1
	借入金依存度C	19.7	19.7	24.9
	融資比率	15.6	14.8	13.6

依存度A=同系列金融機関借入/(総借入－政府系金融機関借入)
依存度B=同系列銀行借入／総借入
依存度C=同系列金融機関借入／総借入
融資比率=同系企業貸出／総貸出

表15－2　三大財閥系企業の借入金依存度と融資集中度
(出典：宮島英昭「財閥解体」前掲『日本経済の発展と企業集団』、232頁)

がないので正確なことはいえないのですが、四五年時点では軍需融資指定金融機関制度でほぼ一〇〇%近い集中がありました。それが一度下がって、ドッジ・ライン以降にもう一回上がったと考えられます。

銀行への借入金依存度が高いうえに、しかもたとえば住友系の企業から見ると住友銀行に対する依存度（表の借入金依存度B）が三割近くになっています。これに住友系の生保、損保、信託を加えると五割を超えます。つまり、住友系企業は借入金の半分くらいをグループ内で調達しています。その状態は三井も三菱も似たようなものですが、住友が一番内部的な結合度も相互融通の度合いも高く、社長会の結成も早かったことになります。

住友に比べると、三井や三菱は借入金の集中度も低く、関連して社長会ができるのも遅くなります。そういう差を含みながらグループ内と目される企業について銀行を中心とした金融機関が「お金の面倒を見る」体制ができあがってきます。

ただこの体制はメインバンク・システムが定着してくる状況を示していますが、銀行の方からみると、融資比率がわずかながら下がっていく傾向と同時に進みます。それはさきほど言いましたように、銀行がリスクを分散しようとしていることにかかわっています。それが五〇年代の初めまでのところです。

この時期には、お金の関係だけではなく、人的な結合も強まります。宮島英昭（みやじまひであき）さんが三菱銀行のケースについて調べていますが、それによると三菱銀行から重工、製紙、地所、電機などの会社に対して役職者を派遣するという人的なネットワーク、人的な結合が強められています。一九五一年前後にわかっているケースだけでも、大量の役職者が三菱系企業に派遣されています（宮島「財閥解体」）。メインバンクができるとともに人のつながりもできる、こういう変化が生じていました。

もう一つ重要なことは、一九五二年から五三年にかけて独占禁止法が改正されて、銀行や法人が関係企業の株式を持つ制限が少し緩和されたことです。そういう制限の緩和のなかで行き場をもとめていた株式が処理されました。グループの外側の証券会社を名義人にして持っていた自己株がグループ内に配分され、はめ込まれていくことになります。引き受けたのは、保険会社や信託銀行だけではなく、すでに取引のあるグループ内の企業にもそういう形で割り当てられたと思われる株式保有が増えていきます。

一九五二年を境に、グループ内での株式の相互持合比率が急激に上がります。この変化は非常にドラスティックで、表15-3に示してありますが、一番変化しているのは五一年くらいから五三年です。

三菱を例にとると、表15-3の持合比率は集団内の企業の総発行株数に対して、系列内でどれだけ株を持っているかを示しているのですが、五一年で二・七%、それが五二年になると九・八%になり、五三年には一〇・六%になります。住友では同じ時期に〇・三%から一一・二%に上がります。三井はどうも結集力が弱くて一・九%から五・二%ですが、三井物産が壊滅的な打撃をうけた影響があるようです。

このように持合比率が、この五二年前後で急激に上昇しました。メインバンクが作

		1951	1952	1953	1954	1956	1958
三菱	持合比率	2.7	9.8	10.6	11.5	11.6	14.1
	銀行	0.6	1.5	1.9	1.8	2.1	2.5
	信託	1.0	2.7	2.6	3.0	1.0	3.7
	生保	0.3	2.3	2.2	2.5	3.4	3.0
	損保	0.4	2.8	3.0	3.4	3.5	3.2
	その他	0.3	0.6	0.9	0.9	1.5	1.8
住友	持合比率	0.3	9.5	11.2	14.0	14.7	17.1
	銀行	0.0	2.0	1.8	2.7	2.9	3.7
	信託	0.2	3.3	3.6	4.0	2.1	3.1
	生保	0.0	1.6	1.5	2.0	2.7	3.1
	損保	0.0	1.0	1.0	1.3	1.4	1.4
	その他	0.1	1.6	3.3	4.1	5.6	5.8
三井	持合比率	1.9	4.0	5.2	5.8	6.2	6.7
	銀行	0.2	0.5	0.9	1.0	1.1	1.3
	信託	0.3	0.7	0.6	0.5	0.1	0.8
	生保	0.0	0.2	0.0	0.0	1.0	1.3
	損保	0.5	0.9	1.5	1.5	1.6	1.0
	その他	0.9	1.7	2.3	2.8	2.3	2.3

(単位:%)

表15－3　株式持合比率
(出典：前掲「戦後型企業集団の形成」『日本経済の発展と企業集団』、264頁)

られていき、役員派遣が行われていく状態のなかで独占禁止法の改正という制度的な条件が整って、株式をグループ内で持ち合う方向に進みました。

それによって、大正海上や陽和不動産に対する企業の乗っ取り事件への対策が進みます。旧財閥系の企業といえども本当に危なかったので、江戸英雄などが別働隊を使って株を買い占めています。発覚すると法律違反ですから、みんな口をぬぐって三〇年くらい言わなかったわけですが、そういう状態が起こっていたのをなんとかしたかったというのが当時の経営者の追いつめられた心境でした。

そこで、安心できる同じ釜の飯を食った相手に配分していくわけです。三井なら三井、三菱なら三菱という同じ商号をもっている仲間に株を配分します。しかもここが重要なのですが、お互いに相手の株も買います。株を持ってもらうことによって、安定株主を得ると同時に、相手の株も持つという相互持合いによって力関係はお互いに殺し合えることになります。そういう形で相互に安定的な株主ができあがってきます。

企業集団はこうしてかなり高い相互持合比率を実現しています。相互持合いの比率はメンバーの変化などがあってデータは連続して取ることはできないのですが、全体としてみると一九五二年前後に急激に持合比率が上がって、しばらくはずっと横ばいです。その後のデータは省略しますが、一九六〇年代に入って、もう一回持合いの比率が上がったことが観察されています。

この六〇年代の上昇の理由は、資本自由化です。それまでは資本輸入に関しては鎖国状態になっていた日本が、国際社会に開放された体制を作っていく要請が強まり、それに対応していくことになりました。そのもっとも影響が大きいと考えられたのが資本自由化です。これに対して経営者たちは大きな不安をかかえました。今までは国内同士の争いだったので、それなりに対抗できたとはいえ、アメリカやヨーロッパの大企業、大投資銀行などが資本自由化で日本市場に参入してきたら、自分たちの経営権が維持できるのかは判らない、買収されてしまうかもしれないということです。

日本は弱小国であり、その弱小国の弱小な企業と自らを捉えていたからです。乗っ取りの危険があるとすると、乗っ取られないように株を買い占められないようにしておこうという意思が働くことになり、持合いの関係をより強化しようとします。資金に関しては消し合ってしまって何の役にも立たないのですが、発行株式の二割以上、三割近い部分を同系企業で持つことになります。持合関係の企業が一致団結すれば、簡単に株を買い占められて乗っ取られる危険はない、そういう状態を作り出そうとしたのです。

こうして資本自由化という条件のなかで、企業集団の持合比率が六〇年ごろに再上昇していきます。現実には、日本の企業の多くは、外国の企業に完全に乗っ取られることはありませんでした。その中核にあったのが、企業集団内部での相互持合いによる企業防衛でした。

3 自由度の高い経営者

以上のように企業集団が成立してくる上で際立った役割は、安定株主を作り出すことによって企業防衛をしたことです。企業集団という単一の主体があったわけではなく、結局は個々の企業の経営者にとってみると自由度の高い状態を作り、乗っ取りに対して安全な状態を作り出します。

相互持合いは、かつて本社が果たしていたような安定株主が財閥解体によって失われたことに代わる手段でした。それは三等重役たちが自らの経営権を守るために作り出した企業集団の機能です。

アメリカの企業は、いつでも株式市場でTOB（株式の公開買付け）されるかわからない危険にさらされていますから、企業経営者は株価をできるだけ高くしておこうとします。したがって、配当を増やそうとするような株式市場をにらんだ短期的な行動をとらざるをえないのに比べると、日本企業は株価を気にすることは少なく、資本市場から比較的自由になっています。したがって、よく言えば長期的な成長をねらうことができます。もちろん長期政権になって困ることもあります。一番長い人で三〇年以上も社長をやった人がいます。そういう長期政権もありますが、ともかく安定的な経営ができる状態になりました。

トップの経営者が注意していなければならないのは企業の内側だけになります。生産をどうやるか、技術をどう導入するか、それによって会社をどう多角化しながらどう成長させるかを考えていれば良いわけです。そういうことで、内部の経営の充実に専念できるような条件を作り出したところに、企業集団の機能があったと思われます。

それでは、その企業集団に重なるようにできあがっているメインバンクや役員派遣は、どのような意味をもつのでしょうか。それは相互の企業の状態とか、企業が得ている固有の情報が相互に交流されることに役立っています。人間が動くのが内部情報が流れるうえでは大きな役割を果たします。

もう一つ重要なのは、このメインバンクが資金供給面で果たした役割です。これには、いろいろな説明があります。銀行がある企業にとってどういう役割をはたすのかを説明する方法には二通りあって、いよいよ困ったら最後に貸してくれる「最後の頼みの綱」とみるのが一つです。つまり、その会社が有望な企業であれば、別にグループの銀行に頼らなくてもお金を貸してくれる銀行はありそうですから、グループ内の銀行の役割は困ったときの貸し手ではないかという考え方です。

もう一つは、その会社の有望性は外部からはわからないので、内部で豊富な情報を得られるメインバンクが資金を供給することができ、これによってその会社が大企業に育つという解釈です。どちらも都合の良い事実をつなぎあわせていくと、ありそうな説明です。

これについては、橘川武郎さんのていねいな分析があって、一九五三年と一九六〇年について、三井・三菱・住友の企業集団に属する企業に対するメインバンクの資金供給のあり方が調査されています。それによると、五三年には、海運業と石炭業では同系列の銀行の融資の比率がそんなに大きくない代わりに、日本開発銀行を中心とした政府系資金が重点産業への融資ということで投入されていました。そのため、そうした重点産業分野についてはメインバンクは関与していませんでした。メインバンクシステムの外側に政府という金主がいて、政府が必要だと思う産業企業は融資が受けられたからです。

この比率は高度成長期に入るとだんだん下がってきて、一九六〇年になると、産業間の差が小さくなります。この時期には、不況産業であった石炭と海運に対する同系列の銀行や金融機関からの資金供給の比率は、電気機械や鉄鋼、石油・石油化学などの成長産業と目される産業分野に対する貸出しの比率より、一般的に低い水準に止まっていました。つまり、メインバンクを中心とした系列内の金融機関は、成長する企業へと資金を供給していて、不況産業への供給量は小さく、そこへは政府の補助金や開銀を通した低利融資が投入されていたのです。メインバンク・システムは、そうした政策金融の役割とセットになって機能していました。

言い換えると、企業集団は必要な資金を十分に調達できたわけではなく、政策金融が補完的な役割を果たすという、政・民の分業システムのもとで、メインバンクは機能していました。このようなシステムとして、企業集団とメインバンク・システムは重なっていたと考えることができます。

企業集団の主たる機能として考えられるのは以上のようなもので、それ以外にも、宮崎義一（みやざきよしかず）さんは、社長会が大型の共同プロジェクトを計画するなど独自の役割を果たしていると指摘しています。しかしながら、それが本当に機能といえるかについては論争のあるところで、企業集団が社長会を中心に結合力が強いと考えている代表的な論者は宮崎さんです。そうではないと言っている人には橘川武郎さんなどがいます。私は、どちらかというと何かやっていたのではないかと思っていた方なのですが、これについては実証的な根拠がある説明は誰にもできてはいないと思います。

しかし、企業集団にふくまれる企業が一九六〇年代の資本自由化の時期を含めて、新たに結成されてくる富士・三和・第一勧銀というような新しいグループを含めて、戦後の長い期間、日本経済の主要な部分を占めていたことは事実で、戦前の財閥が日本の経済の主要な部分を占めていたのと同じような意味をもっているという視点で考えていく必要はあると思います。それはこれからの研究が解明すべき課題です。

財閥と企業集団は、以上のようにその組織の原理、あり方が異なっていますが、たとえば安定株主を作り出すことで企業の経営者の自由度が高まっていたというような特徴点では一貫している面があります。これは橘川武郎さんが強調しているポイントです（橘川武郎『日本の企業集団』）。そして、そのことがたとえば、現場には強いけれど財務などには十分な経験がない経営者を育てたのではないか、という気もしています。一九八〇年代のバブルの時に企業の「財テク」のずさんさが、そのことを裏側から証明していると私は感じていますが、それはともかく、八〇年に近い戦前の歴史を通して、経済構造の変化にある程度対応しながらつねに中心にいられたことからみると、財閥は時代の変化に即応しながら柔軟に対応していました。また、解体という措置を通して、企業集団に再編されたあとにも、財閥の遺産をある程度受け継ぎながら、日本企業の成長力を高めていく役割を企業集団は果たしていたと評価できると思います。

参考文献

青木一男『聖山随想』日本経済新聞社、一九五九年
麻島昭一『戦間期住友財閥経営史』東京大学出版会、一九八三年
阿部武司「政商から財閥へ」、法政大学産業情報センター・橋本寿朗・武田晴人編『日本経済の発展と企業集団』東京大学出版会、一九九二年
E・M・ハードレイ『日本財閥の解体と再編成』東洋経済新報社、一九七三年
石井寛治『大系日本の歴史12』小学館、一九八九年
――『日本の産業化と財閥』岩波書店、一九九二年
梅津和郎『成金時代』教育社、一九七八年
大蔵省財政史室編『昭和財政史　終戦から講和まで　2独占禁止』（三和良一執筆）、東洋経済新報社、一九八二年
小倉信次『戦前期三井銀行企業取引関係史の研究』泉文堂、一九九〇年
春日豊「戦時体制への移行と財閥の再編成」、『三井文庫論叢』二一号、一九八七年
粕谷誠『豪商の明治』名古屋大学出版会、二〇〇二年

粕谷誠・武田晴人「両大戦間の同族持株会社」、『経済学論集』五六巻一号、一九九〇年
桂芳男『総合商社の源流』日本経済新聞社、一九七七年
橘川武郎『日本の企業集団』有斐閣、一九九六年
――「戦後型企業集団の形成」、法政大学産業情報センター・橋本寿朗・武田晴人編『日本経済の発展と企業集団』東京大学出版会、一九九二年
小林正彬『日本の工業化と官業払下げ』東洋経済新報社、一九七七年
斉藤尚文『鈴木商店と台湾』晃洋書房、二〇一七年
沢井実「戦時経済と財閥」、法政大学産業情報センター・橋本寿朗・武田晴人編『日本経済の発展と企業集団』東京大学出版会、一九九二年
柴垣和夫『日本金融資本分析』東京大学出版会、一九六五年
下谷政弘「いわゆる「財閥」考」、『住友史料館報』四九号、二〇一八年
城山三郎『鼠―鈴木商店焼打ち事件』文藝春秋、一九八八年
末岡照啓「明治維新期の住友」、『住友史料館報』二〇号、一九九〇年
鈴木邦夫「財閥から企業集団・企業系列へ」、『土地制度史学』一三五号、一九九二年
関口かをり・武田晴人「郵便汽船三菱会社と共同運輸会社の「競争」実態について」、『三菱史料館論集』一一号、二〇一〇年
高橋亀吉『日本財閥の解剖』中央公論社、一九三〇年

――『大正昭和財界変動史』東洋経済新報社、一九五五年
高橋伸夫『経営の再生』有斐閣、一九九五年
武田晴人『帝国主義と民本主義』集英社、一九九二年
――『談合の経済学』集英社、一九九四年
――『新版　日本経済の事件簿』日本経済評論社、二〇〇九年
――『岩崎弥太郎』ミネルヴァ書房、二〇一一年
――『鈴木商店の経営破綻』日本経済評論社、二〇一七年
――『日本経済の発展と財閥本社』東京大学出版会、二〇二〇年
――『岩崎小彌太』ＰＨＰ新書、二〇二〇年
――「古河商事と大連事件」、『社会科学研究』三二巻二号、一九八〇年
――「第一次大戦後の古河財閥」、『経営史学』一五巻二号、一九八〇年
――「明治前期の藤田組と毛利家融資」、『経済学論集』四八巻三号、一九八二年
――「競争構造」、武田晴人編『日本経済の戦後復興』有斐閣、二〇〇七年
西野喜與作『住友コンツェルン読本』春秋社、一九三七年
日本経営史研究所編『創業一〇〇年史』古河鉱業、一九七六年
橋本寿朗「財閥のコンツェルン化」、法政大学産業情報センター・橋本寿朗・武田晴人編『日本経済の発展と企業集団』東京大学出版会、一九九二年

畠山秀樹『住友財閥成立史の研究』同文館、一九八八年
旗手勲『日本の財閥と三菱』楽游書房、一九七八年
松元宏『三井財閥の研究』吉川弘文館、一九七九年
三井文庫編『三井事業史』三井文庫、本篇第二巻、一九八〇年、本篇第三巻上、一九八〇年、本篇第三巻中、一九九四年、本篇第三巻下、二〇〇三年
宮崎義一『戦後日本の経済機構』新評論、一九六六年
宮島英昭「財閥解体」、法政大学産業情報センター・橋本寿朗・武田晴人編『日本経済の発展と企業集団』東京大学出版会、一九九二年
持株会社整理委員会『日本財閥とその解体』一九五一年
森川英正『財閥の経営史的研究』東洋経済新報社、一九八〇年
――『日本財閥史』教育社、一九七八年
――『日本経営史』日本経済新聞社、一九八一年
――編『経営者企業の時代』有斐閣、一九九一年
安岡重明『財閥の経営史』社会思想社、一九九〇年
山崎広明「〃ドル買い〃と横浜正金銀行」、山口和雄・加藤俊彦編『両大戦間の横浜正金銀行』日本経営史研究所、一九八八年
山本一雄『住友本社経営史』京都大学学術出版会、二〇一〇年

『稿本三井物産株式会社一〇〇年史』日本経営史研究所、一九七八年
『日本銀行百年史　第三巻』日本銀行、一九八三年
『三井八郎右衛門高棟伝』三井文庫、一九八八年

あとがき

本書のなりたちについては、本書の姉妹篇にあたる『日本経済の事件簿――開国から石油危機まで』に記したので、ここでは省略させていただくことにしたい。講義録としてまとめられた本書のオリジナル版は、一九九三年秋に世田谷市民大学で行われた「日本財閥史」という講義である。実のところ、私はこのタイトルで講義をするのは初めてのことだったから、講義の内容は十分に計画され、練り上げられたものではなかった。つまり、熟練した職人がてなれた作品を仕上げたというわけではなく、全く初めての経験を記録したものである。

これまで、さまざまな形で財閥に関する研究論文を書く機会があったが、そうした論文を念頭におきながら、財閥の歴史を全体を通して考えてみるとどのようなイメージが描けるかを、講義という形式をかりて試みたものということになる。そのため、まだイメージがあいまいな点もあり、先行の研究の消化が不十分なところもある。

おそらく、財閥の歴史に関してほど、日本の経済史・経営史の研究書がたくさん書かれている研究領域は少ないだろう。そうした豊富な研究の積み重ねからみれば、ここでまとめられた内容は、そのごく一部を利用したにすぎない。いつか本格的に日本の財閥史に関する研究書をまとめたいと考えているので、課題はその時まで残しておくことになるが、本書の不十分な点など、いろいろな角度から教えていただければと思う。

講義録という性格上、研究仲間からみれば厳密さに欠ける点も多く、また、多くの方々の先行の研究に完全に依拠してしまっている部分もある。できるだけ参考文献などで明示したつもりだが、不備な点はお許しいただきたいと思う。専門領域からかなりはみだしているので誤りも多いかもしれないが、その点も教えていただければと思う。

週一回の講義は、準備が大変だったとはいえ楽しいものだった。おしゃべりは楽しいのだけれども、それを文章にしていくのはひどく疲れる仕事だった。土台の悪いところに、いかに化粧をほどこしても、そうそう外見を良くはできないことは十分承知しているつもりだったが、もとの講義の安普請ぶりに自分のことながらあきれる毎日だった。オリジナルのものより多少は改善されたとは思うが、時間的な余裕がなかったこともあって手直しは最小限のものにとどめた。そうした一連の作業は、速記録を作成した鈴木亜希子さん、ワープロ入力を担当した近藤靖子さんなどの奮闘によってどうにか完成に至るまで続けられたものである。とくに記して謝意をあらわしておきたい。

また、出版を勧めて下さった市民大学の倉沢進先生はじめ関係者の方々、とりわけ事務局の司波総子さんと、出版を引き受けて下さった新曜社の堀江洪社長や編集の全般にわたりお世話いただいた宮崎恵理子さんにも、お礼を申し上げたい。

文庫版へのあとがき

『財閥の時代』（新曜社、一九九五年）が刊行されてから二五年が経過した。二〇世紀の終わりに実現した独占禁止法改正によって持株会社の設立が解禁され、今日では持株会社が珍しくなくなった。現在では持株会社が経営統合の一つの手段となり、その果たすべき機能に期待が高まっているが、そうした今日的な課題を考えるうえでも、第二次世界大戦直後の戦後改革で解体されるまで、日本経済の発展に中心的な役割を果たした財閥の歴史を見直すことも意義深いのではないかと思われる。経済発展の主役であり続けたという意味で、第二次大戦前の日本経済は「財閥の時代」であった。その時代に、財閥は持株会社を中核に産業横断的な事業展開を果たした。それは産業構造の変容に柔軟に対応したことによって可能になった。その柔軟さは、同族などの出資者との特異な関係を維持しながらも、企業組織のあり方を変革し、集権と分権という組織のあり方に工夫を凝らし、専門経営者に経営を委ねていくことによって実現された。そうした歴史の経験は、現代に生きる我々にも示唆に富むものであろう。

今回、この旧著を角川ソフィア文庫の一冊として再刊する機会をいただいた。そこで、財閥研究などの新しい動向も視野に入れて加筆修正し、文庫版という判型を考慮して図表などを簡略化して本書をまとめることとした。とはいえ、旧版のあとがきにも書いたように、たくさんの先行研究を十分に消化できているわけではなく、それらを紹介するかたちで、実質的にはそれに寄りかかっているところも少なくない。それでも、旧著は、出版直後にたくさんの原稿ミスが見つかって恥ずかしい思いをし、また出版元の新曜社にも多大の迷惑をかけたという苦い経験がある。その轍を踏まないように努めたつもりだが、どこまで行き届いたかは分からない。不備な点はお許しいただきたい。

新曜社には、文庫版の出版を快く許諾いただいたことを心より感謝したい。また、出版事情の厳しい折に、文庫版の刊行をご提案いただいた株式会社KADOKAWAの文芸局学芸ノンフィクション編集部、とりわけ編集に当たった中村洸太さんには大変お世話になった。とくに記して謝意を表したい。

この本が日本の経済発展や財閥の歴史への関心を高めることを期待している。

武田　晴人

本書は『財閥の時代――日本型企業の源流をさぐる』（新曜社、一九九五年）を加筆・修正のうえ、文庫化したものです。

図版作成：小林美和子

財閥の時代

武田晴人

令和2年 3月25日　初版発行
令和6年 5月30日　再版発行

発行者●山下直久

発行●株式会社KADOKAWA
〒102-8177　東京都千代田区富士見2-13-3
電話　0570-002-301(ナビダイヤル)

角川文庫 22106

印刷所●株式会社KADOKAWA
製本所●株式会社KADOKAWA

表紙画●和田三造

ISBN 978-4-04-400562-7　C0121

角川ソフィア文庫ベストセラー

リンドバーグ第二次大戦日記（下）

チャールズ・A・リンドバーグ
新庄哲夫＝訳

零戦との一騎打ち、日本軍との壮絶な戦闘、アメリカ兵による日本人捕虜への残虐行為――。戦争とは何かが問われる今、アメリカの英雄でありながら西欧批判も辞さないリンドバーグの真摯な証言が重く響く。

アメリカの鏡・日本 完全版

ヘレン・ミアーズ
伊藤延司＝訳

近代日本は西洋列強がつくり出した鏡であり、そこに映るのは西洋自身の姿なのだ――。開国を境に平和主義であった日本がどう変化し、戦争への道を突き進んだのか。マッカーサーが邦訳を禁じた日本論の名著。

経済学 上巻

編著／宇野弘蔵

「宇野が原理論、段階論、現状分析のすべてについて体系的に編集した、唯一の著作」（佐藤優氏）。宇野弘蔵が宇野学派を代表する研究者と共に、大学の教養課程における経済学の入門書としてまとめた名著。

経済学 下巻

編著／宇野弘蔵

「リストに注目した宇野と玉野井の慧眼に脱帽する」（佐藤優氏）。下巻では、上巻で解説された原理論、段階論と経済学説史を踏まえ、マルクスの経済学の解説から入り、現状分析となる日本経済論が展開される。

シリーズ江戸学 江戸の金・女・出世

山本博文

ローンに追われる下級武士の日常、出世のための厳しい掟、リストラ武士の妻たちの末路、大奥女中のお財布事情――。武士や女たちのリアルな実態や事件を、現代にも通じるエピソードを交えつつ楽しく紹介！

角川ソフィア文庫ベストセラー

江戸の高利貸
北原　進

江戸時代の金融の流れを紹介しつつ、武士社会になくてはならなかった高利貸の成立と繁栄、金を借りた武士の困窮と借金の棒引きの歴史を解説。「粋」や「通」の文化を生んだ金貸し商人の実態に迫る。

大政事家　大久保利通
近代日本の設計者

勝田政治

王政復古のクーデター、廃藩置県の断行、征韓論での西郷隆盛との確執……。「意志の政治家」と呼ばれた、明治政府最高の政治家が描いた国家構想とは何か。激動の明治維新期をたどりつつ、その真相を捉え直す。

日英同盟
同盟の選択と国家の盛衰

平間洋一

明治維新後の日本が列強入りをした日英同盟、破滅に追い込まれたドイツとの同盟。軍事外交史研究の泰斗が日本の命運を決めた歴史的な選択を再検証。同盟国選定の要件と政策の意義から、近代外交の要諦を探る。

ペリー提督日本遠征記　(上)
M・C・ペリー
編纂／F・L・ホークス
監訳／宮崎壽子

喜望峰をめぐる大航海の末ペリー艦隊が日本に到着、幕府に国書を手渡すまでの克明な記録。当時の琉球王朝や庶民の姿、小笠原をめぐる各国のせめぎあいを描く。美しい図版も多数収録、読みやすい完全翻訳版！

ペリー提督日本遠征記　(下)
M・C・ペリー
編纂／F・L・ホークス
監訳／宮崎壽子

刻々と変化する世界情勢を背景に江戸を再訪したペリーと、出迎えた幕府の精鋭たち。緊迫した腹の探り合いが始まる――。日米和親条約の締結、そして幕末日本の素顔や文化を活写した一次資料の決定版！

角川ソフィア文庫ベストセラー

ビギナーズ 日本の思想
福沢諭吉「学問のすすめ」
福沢諭吉
訳／佐藤きむ
解説／坂井達朗

国際社会にふさわしい人間となるために学問をしよう！　維新直後の明治の人々を励ます福沢のことばは現代にも生きている。現代語訳と解説で福沢の生き方と思想が身近な存在になる。略年表、読書案内付き。

ビギナーズ 日本の思想
新版 南洲翁遺訓
西郷隆盛
訳・解説／猪飼隆明

明治新政府への批判を込め、国家や為政者のあるべき姿と社会で活躍する心構えを説いた遺訓を、原文、現代語訳、くわしい解説で丁寧に読みとく。生き生きとした西郷の言葉と人生を読む！　略年譜・読書案内付き。

ビギナーズ 日本の思想
新訳 弓と禅
付・「武士道的な弓道」講演録
オイゲン・ヘリゲル
魚住孝至＝訳・解説

弓道を学び、無の心で的を射よという師の言葉に禅の奥義を感得した哲学者ヘリゲル。帰国後に著された本書には、あらゆる道に通底する無心の教えが刻み込まれている。最新研究に基づく解説を付す新訳決定版！

ビギナーズ 日本の思想
文明論之概略
福澤諭吉
先崎彰容＝訳

福沢諭吉の代表作の1つ。文明の本質を論じ、今、もっとも優先すべき課題は日本国の独立であり、西洋文明を学ぶのもそのためであると説く。確かな考察に基づいた平易で読みやすい現代語訳に解説を付した保存版。

氷川清話
付勝海舟伝
勝海舟
編／勝部真長

現代政治の混迷は、西欧の政治理論の無定見な導入と信奉にあるのではないか――。先見の洞察力と生粋の江戸っ子気質をもつ海舟が、晩年、幕末維新の思い出や人物評を問われるままに語った談話録。略年譜付載。

角川ソフィア文庫ベストセラー

角川ソフィア文庫ベストセラー

買い物の日本史　本郷恵子

米や魚などの日常品はもとより、朝廷の官位までも買っていた中世人。政情不安の時代、彼らはどのような経済感覚を持っていたのか。その購買行動から、当時の実情や価値観、道徳意識や信仰心のあり方に迫る。

日本人とキリスト教　井上章一

近世から近代にかけて、日本ではキリスト教にまつわる多くの説が生まれ、流布した。奇想天外な妄説・珍説を、人々はなぜ紡ぎ出したのか。キリスト教受容をめぐる諸説をたどり、歴史が作られる謎を解明する。

百万都市　江戸の経済　北原　進

「宵越しの銭は持たぬ」が信条の江戸っ子たちの暮らしぶりとはどのようなものだったのか。四季折々の庶民行事と祭祀、諸国への旅、富くじ……名所図会など、豊富な史料を使いつつ、江戸人の経済事情に迫る。

日本人の給与明細　古典で読み解く物価事情　山口　博

古代から近世まで、古典に登場する人物の給料を、米や土地などの値段をもとに現代のお金に換算。丁寧な古典資料分析で、山上憶良、菅原道真、紫式部など、いにしえのひとびとの生活を浮き彫りにする。

小さな藩の奇跡　伊予小松藩会所日記を読む　増川宏一　原典解読／北村六合光

城もなく武士は僅か数十人。人口一万人余りの伊予小松藩には、一五〇年以上も続いた日記があり、領民の命が優先された善政が綴られている。天災、幕府の圧政を乗り越えたもう一つの江戸がわかる貴重な記録。

角川ソフィア文庫ベストセラー

失敗のメカニズム
忘れ物から巨大事故まで

芳賀　繁

物忘れ、間違い電話、交通事故、原発事故――。当人の能力や意図にかかわらず引き起こされてしまう失敗を「ヒューマンエラー」と位置付け、ミスをおかしやすい人や組織、環境、その仕組みと対策を解き明かす！

いまだ人間を幸福にしない日本というシステム

カレル・ヴァン・ウォルフレン
井上　実＝訳

米国の庇護と官僚独裁主義、説明責任なき行政システム――。日本社会の本質を喝破した衝撃作に書き下ろしを加え大幅改稿。政権交代や東日本大震災などを経て、いまだ迷走し続ける政治の正体を抉り出す！

もし、日本という国がなかったら

ロジャー・パルバース
坂野由紀子＝訳

「日本ほど豊かな祭と文化を誇れる国はない」。ベトナム戦争の徴兵から逃れるためなんとなく来日した著者は、日本に魅了され、結局半世紀を過ごす。自身の数奇な半生と共に日本と日本人の魅力を軽快に語る！

僕の見た「大日本帝国」

西牟田　靖

十字架と共存する鳥居、見せしめにされている記念碑。かつて日本の領土だった国や地域に残る不可思議な光景は何か。戦争を知らない世代の著者が、埋もれてしまった「あの時代」を丹念に見つめ直す意欲作。

黒船の世紀
〈外圧〉と〈世論〉の日米開戦秘史

猪瀬直樹

戦争に至る空気はいかに醸成されたのか。黒船以後の〈外圧〉と戦争を後押しした〈世論〉を、日露戦争以後多数出版された「日米未来戦記」と膨大な周辺取材から炙り出した、作家・猪瀬直樹の不朽の名著。